上島　有編

山城国上桂庄史料　中巻

東京堂出版

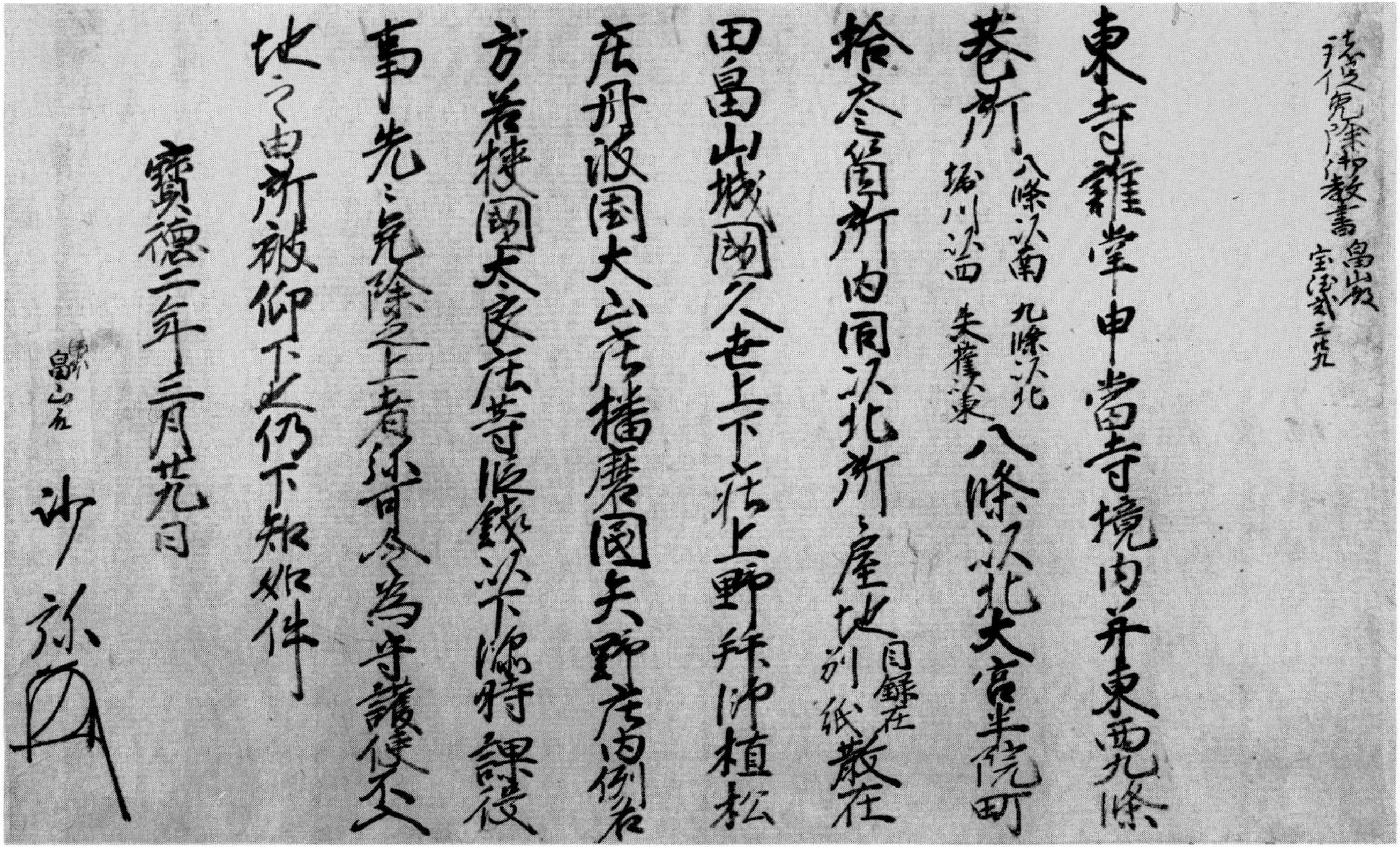
徳政免除御教書　畠山殿　宝徳二三廿九

東寺雑掌申当寺境内并東西九条
巷所〈八条以南 九条以北　堀川以西 朱雀以東〉八条以北大宮半院町
拾参箇所同以北所々屋地〈目録在別紙〉散在
田畠山城国久世上下荘上野拝師植松
荘丹波国大山荘播磨国矢野荘同例名
方若狭国太良荘等段銭以下臨時課役
事、先々免除之上者、不可為守護使入
之由、所被仰下也、仍下知如件
宝徳二年三月廿九日
畠山左　沙弥（花押）

管領畠山持国下知状（東寺宝物館蔵）

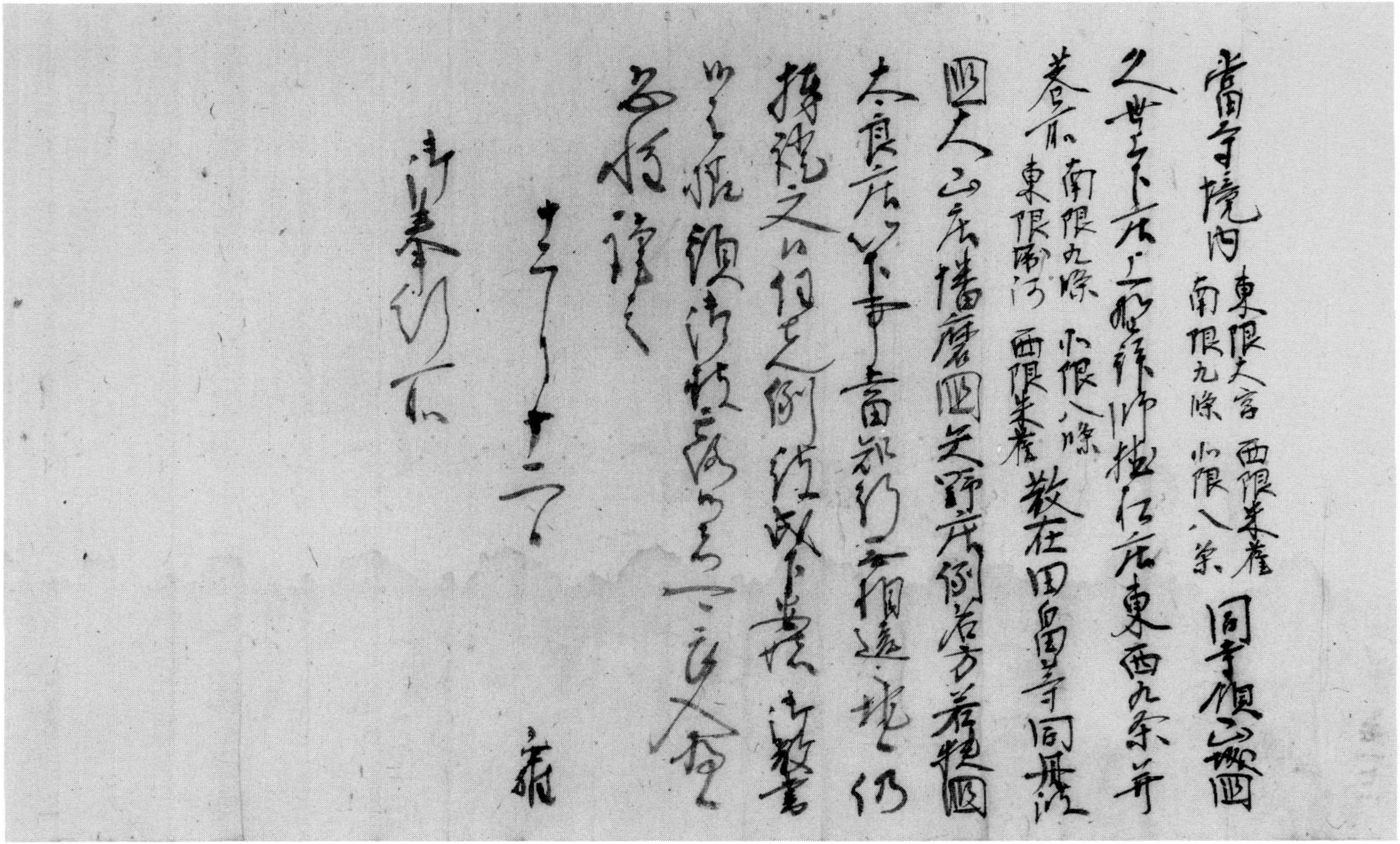

寺崎玄雅申状案（京都府立総合資料館蔵）

凡　例

一　本書には、東寺百合文書をはじめとする東寺関係文書を中心に、その他の関係文書から山城国上桂庄に関する史料をを収録した。
一　文書は原史料の形態に従い、一点に複数の文書を収める場合には、(1)(2)……の番号などを付した。
一　文書の配列は原則として編年順とし、概ね京都府立総合資料館編『東寺百合文書目録』の凡例に従った。ただし、年未詳あるいは年月日未詳の文書でも、推定ないしは確定が可能な場合には該当の個所に配列した。
一　漢字は原則として常用漢字を用いた。ただし、異体字・略字・俗字などで原文書のままを用いた方がよいと思われる場合にはそれに従った。
一　仮名は、変体仮名を平仮名に改めた他は、原文書に従った。ただし、東寺百合文書の函の表記については、「ゑ函」「ゐ函」を用いた。
一　紙継目は、文書の形態・史料的意義を考えるに必要と思われる場合に限って記載し、他は省略した。
一　本文・尚々書などの改行は原文書の形によらず、その行末を」印で、折紙の表の末尾を』印で示した。ただし、散らし書きに限って、原文書の形態に従い、①②③でその順序を示した。

一　署名（自署・草名・花押）は、初出の順に一連番号を付し、該当の頭注にその形態を示した。ただしそこに掲げた署名の形態は、必ずしも初出の署名とは限らず、同じ形態で鮮明なものを掲載した場合がある。

一　複数の同一文書については、正文あるいはそれに準ずる案文を掲げ、他は省略した。ただし、文書の作成あるいは保存、また史料的意義に関して必要と考えられる場合には重複掲載した。

一　必要に応じて編者の按文を付したが、見解の相違もあろうかと考える。史料利用の一つの手掛かりとして付した。

一　文書名は、原則として『東寺百合文書目録』に従ったが、適宜変更を加えたものもある。

一　各文書の文書名の下に典拠を示した。東寺百合文書は、函名およびその番号のみを記した。

一　編者の加えた文字・人名などに関する傍注には（　）を付し、必要に応じて傍注に（ママ）（ママ以下同じ）を付した。傍注は原則として各文書初出の個所とし、以後は省略した。なお義・儀・議など混用されることの多い文字は、傍注を省略した場合がある。

一　右の他は、東京大学史料編纂所編『大日本古文書』の「例言」などにみられる史料集の通例に従った。

一　花押の写真は、京都府立総合資料館（東寺百合文書）・東寺宝物館（東寺文書）・京都大学総合博物館（教王護国寺文書）をはじめ、それぞれの文書の典拠に示した各所蔵者の許可を得て掲載した。

一　本書は平成十一年度文部省科学研究費補助金「研究成果公開促進費」の補助を受けた。

目次

二六四　貞治　四年一一月一五日　上桂庄下司是南等連署田地売券（東京大学文学部所蔵雑文書二）……3
二六五　貞治　四年一一月一五日　上桂庄下司是南書状（尊経閣古文書纂長福寺文書）……3
二六六　貞治　六年　七月　四日　上桂庄下司是妙請文（ヨ函一一八号）……4
二六七　貞治　六年　八月　日　功徳院住持比丘尼慈成申状（ヨ函一一九号）……5
二六八　応安　元年　七月　八日　上桂庄下司是妙新開宛行状（尊経閣古文書纂長福寺文書）……6
二六九　応安　元年　七月二八日　上桂庄早田注進状（教王護国寺文書五〇〇号）……7
二七〇　応安　二年　八月一一日　上桂庄早田注進状（チ函三〇号）……8
二七一　応安　二年一二月一七日　上桂庄年貢算用状（チ函三一号）……9
二七二　応安　三年一二月二五日　上桂庄下司是妙等連署田地売券（国立国会図書館所蔵長禄文書）……10
二七三　応安　三年一二月二五日　上桂庄年貢算用状案（チ函三三号）……11
二七四　応安　四年　七月二八日　上桂庄水損田注進状（教王護国寺文書五一一号）……12
二七五　応安　四年　七月二八日　上桂庄早田注進状案（ヨ函一二二号）……14
二七六　応安　四年　七月二八日　上桂庄水損検見注進状（チ函三四号）……15

二七七　応安五年一二月　六日　上桂庄年貢算用状（を函一七号）……17
二七八　応安六年　正月　東寺湯結番定文（教王護国寺文書五一七号）……19
二七九　応安六年　三月　日　上桂庄下司是妙書状案（教王護国寺文書五二一号）……22
二八〇　応安六年一一月　日　上桂庄百姓等申状案（教王護国寺文書五二三号）……23
二八一　応安六年一二月二七日　上桂庄草銭算用状（チ函三五号）……23
二八二　応安七年　正月二五日　比丘尼真証田地寄進状（東京大学史料編纂所所蔵影写本狩野文書四）……24
二八三　応安七年　六月二八日　上桂庄水損畠注進状（な函一二五号）……25
二八四　応安七年　□（六）月□（二）八日　上桂庄水損畠注進状案（ト函六二号）……26
二八五　応安七年　八月二一日　上桂庄新開田地水損注進状（教王護国寺文書五二九号）……27
二八六　応安七年　八月二一日　上桂庄水損河成注進状（を函一八号）……29
二八七　応安七年一二月　八日　上桂庄年貢算用状（タ函二五号）……31
二八八　応安七年一二月　八日　上桂庄年貢算用状案（教王護国寺文書五三一号）……32
二八九　永和元年一二月二六日　上桂庄年貢算用状（教王護国寺文書五三九号）……33
二九〇　永和三年　一月一八日　上桂庄学衆方年貢算用状（を函一二一号）……34
二九一　永和四年一二月一一日　阿古女田地売券（東寺文書　追加購入分八号）……37
二九二　永和四年　上桂庄田数注進状（教王護国寺文書五六〇号）……38
紙背　某書状……39

二九三　康暦元年　六月二〇日　上桂庄河成不作畠注進状案（教王護国寺文書五六七号）……39
二九四　康暦元年一二月　五日　東寺重宝出納目録（教王護国寺文書五七二号）……40
二九五　康暦元年一二月二三日　上桂庄河成不作畠注進状（教王護国寺文書五七三号）……42
二九六　康暦二年　二月　日　上桂庄某申状（や函三九号）……44
二九七　康暦二年　三月　五日　室町幕府奉行人布施基連書状（ム函五四号）……45
二九八　康暦二年　三月　六日　室町幕府奉行人奉書（ヤ函三五号）……45
二九九　康暦二年　六月一五日　上桂庄河成不作畠注進状案（教王護国寺文書五八〇号）……46
三〇〇「康暦二年」八月一五日　上桂庄早田水損田地注文（を函二五号）……47
三〇一　康暦二年一二月二五日　上桂庄年貢算用状（教王護国寺文書五八四号）……48
三〇二（康暦二年）　東寺領段銭免除諸庄園目録（ル函二六五号）……50
三〇三（康暦二年）　東寺領段銭免除諸庄園目録（ル函二六六号）……52
三〇四　永徳元年　八月二三日　法橋某書下案（教王護国寺文書五九五号）……54
三〇五　永徳元年　八月二五日　上桂庄下司是妙起請文（チ函四一号）……55
三〇六　永徳元年一二月二五日　上桂庄年貢算用状（教王護国寺文書五九九号）……56
三〇七（至徳元年　三月一六日）　大林家春具書目録（教王護国寺文書六一三号）……57
三〇八（至徳元年　三月一六日）　大林家春具書目録案（教王護国寺文書六一四号）……59
三〇九　至徳二年　六月　六日　大林家春申状案（フ函五九号）……59

三一〇　至徳二年　八月一一日　上桂庄早田田数注文（教王護国寺文書六一三号）……60
三一一　至徳二年　八月　日　東寺雑掌頼勝陳状并具書（さ函五八号）……61
(1) 至徳二年　八月　東寺雑掌頼勝陳状……61
(2) 正和二年一二月　七日　後宇多法皇宸筆庄園敷地施入状抄……62
(3) 文保元年一〇月　日　後宇多院庁下文抄……62
(4)（嘉暦三年）一〇月二〇日　北条守時請文案……62
(5) 建武三年一二月　八日　光厳上皇院宣案……62
(6) 観応二年一〇月二五日　足利義詮御判御教書案……62
(7) 観応三年　三月一八日　室町幕府禁制案……63
三一二　至徳二年　八月　東寺雑掌頼勝陳状案（教王護国寺文書六一四号）……63
三一三「至徳二年　九月一三日」上桂庄陳状具書注文（チ函四七号）……63
三一四　至徳二年　九月一三日　管領斯波義将奉書（東寺文書　数九）……64
三一五　至徳二年　九月一三日　管領斯波義将奉書案（ノ函八九号）……65
三一六　至徳二年　九月一三日　上桂庄并矢野庄文書案（ミ函五一号）……65
(1) 永和元年　五月　九日　万里小路仲房書状案……65
(2) 康永四年　四月二七日　光厳上皇院宣案……65
(3) 貞和二年一一月一三日　光厳上皇院宣案……65

(4) 延文二年閏七月一九日 後光厳天皇綸旨案……65
(5) 延文四年一一月 二日 後光厳天皇綸旨案……65
(6) 貞治三年 九月一七日 執事斯波義将奉書案……66
(7) 文保元年 二月一八日 後宇多法皇院宣案……66
(8) 至徳二年 九月一二日 管領斯波義将奉書案……66
(9) 康永四年 五月一八日 光厳上皇院宣案……66
(10) 貞和四年 八月一一日 足利直義施行状案……66
(11) 康暦二年 三月一八日 管領斯波義将奉書案……66
(12) 延文元年 一一月 八日 後光厳天皇綸旨案……66
(13) 建武三年 一二月 八日 光厳上皇院宣案……66
三一七 至徳二年一一月二六日 上桂庄下司是妙請文（教王護国寺文書六二五号）……67
三一八「至徳三年」 上桂庄学衆方年貢仕足注文（ヨ函一二七号）……68
三一九 至徳四年 六月 八日 上桂庄内名主職并里坪付本年貢加地子等注進状（ほ函五〇号）……69
三二〇 康応元年 三月二三日 上桂庄新開百姓注進状（カ函七四号）……77
三二一 康応元年 七月 二日 上桂庄内畠宛行状案（さ函六三号）……79
三二二「明徳元年」六月 五日 石川□成書状（オ函八三号）……79
三二三 明徳元年一〇月二七日 上桂庄下司清定請文案（ソ函六〇号）……80

三一四　明徳 元年一〇月二七日　上桂庄下司清定請文案（教王護国寺文書六五六号）……81
三一五　明徳 二年　八月一〇日　上桂庄興行分注進状（ほ函五五号）……81
三一六　明徳 三年一一月二一日　管領細川頼元奉書（せ函武家御教書并達六二号）……83
三一七　明徳 四年　三月　七日　山城国段銭文書案（ナ函二一号）……83
(1) 明徳 四年　三月　七日　室町幕府奉行人奉書案……83
(2)（康暦 元年）一一月三〇日　室町幕府奉行人連署奉書案……84
三一八　明徳 四年　八月　七日　錬山禅師是訓田地寄進状（尊経閣古文書纂長福寺文書）……84
三一九　明徳 四年一二月　五日　上桂庄年貢算用状（タ函四八号）……85
三二〇　明徳 五年　正月二二日　上野与藤太作職請文（国立国会図書館所蔵文書）……87
三二一　明徳 五年　正月二二日　上野与一作職請文（神奈川県立金沢文庫保管文書）……87
三二二（明徳 五年）六月二九日　山城国守護結城満藤奉行人連署奉書（な函二三九号）……88
参考五「明徳 五年」六月二九日　山城国守護結城満藤奉行人連署奉書（ヲ函三四号）……89
三二三　明徳 五年　六月二九日　上桂庄并久世上下庄諸役免除文書案（な函一四三号）……89
(1) 明徳 五年　六月二九日　山城国守護結城満藤奉行人連署奉書案……90
(2) 明徳 五年　六月二九日　山城国守護結城満藤奉行人連署奉書案……90
三二四　応永 元年　八月二七日　東寺領山城国当知行分所領目録（キ函一四号）……90
三二五　応永 元年　八月二八日　山城国守護結城満藤書下（せ函足利将軍家下文二四号）……92

三三六 応永 元年 八月二八日 山城国守護結城満藤書下（つ函一号㈤）……92
三三七 応永 元年 九月 二日 山城国守護代牧秀忠遵行状（せ函武家御教書并達六五号）……93
三三八 応永 元年 九月一四日 山城国守護代使節犬原秀光打渡状（京函八四号）……93
三三九 応永 元年一一月 一日 山城国守護代使節糀井久基遵行状（め函三三号）……94
参考六 応永 元年一〇月二六日 山城国守護代使節犬原秀光遵行状（ヱ函七一号）……95
三四〇（応永 元年） 東寺領段銭納帳（教王護国寺文書七二〇号）……95
三四一 応永 二年 七月 二日 慶阿・現阿連署放状案（教王護国寺文書七二五号）……97
三四二 応永 二年 七月 二日 上桂庄楢原里田地文書案（教王護国寺文書七二四号）……98
(1) 応永 二年 七月 二日 慶阿等連署田地寄進状案……98
(2) 康永 四年 九月二五日 円性等連署田地売券案……98
(3) 康永 四年 九月二五日 円性等連署田地譲状案……99
(4) 康永 三年一二月一〇日 法光明院随智田地譲状案……99
(5) 暦応 四年一〇月二五日 藤原景綱等連署田地売券案……100
(6) 暦応 三年 九月 二日 比丘尼心念等連署田地売券案……101
(7) 暦応 三年 九月 二日 秦清兼等連署田地売券案……101
(8) 元弘 三年 六月二六日 上桂庄下司職等券契紛失状案……102
三四三 応永 六年 四月 四日 興福寺供養段銭未進等注文（タ函五六号）……105

三四四（応永六年）八月　晦日　相国寺塔供養段銭文書（教王護国寺文書七八〇号）……109
(1)（応永六年）八月二八日　相国寺塔供養段銭請取……109
(2)（応永六年）八月　晦日　快舜書状……109
三四五　応永六年　九月　六日　相国寺塔供養段銭支配状（教王護国寺文書七八一号）……110
三四六（応永七年）一一月一二日　山城国段銭文書案（ミ函五四号）……110
(1)明徳三年　一一月二一日　管領細川頼元奉書案……110
(2)康暦二年　三月　五日　室町幕府奉行人布施基連書状案……111
(3)康暦二年　三月　六日　室町幕府奉行人奉書案……111
(4)明徳四年　三月　七日　室町幕府奉行人奉書案……111
(5)（康暦元年）一一月三〇日　室町幕府奉行人連署奉書案……111
(6)応永七年　九月　五日　山城国守護結城満藤奉行人神戸性全奉書案……111
(7)（応永七年）一一月一二日　山城国守護代牧秀忠書下案……111
三四七（応永七年）一一月一二日　山城国段銭文書案（め函三六号）……112
(1)明徳三年　一一月二一日　管領細川頼元奉書案……112
(2)（応永七年）九月二三日　山城国守護結城満藤奉行人神戸性全書状案……112
(3)応永七年　九月　五日　山城国守護結城満藤奉行人神戸性全奉書案……112
(4)（応永七年）一一月一二日　山城国守護代牧秀忠書下案……112

(5)（康暦二年）三月　五日　室町幕府奉行人布施基連書状案……112
(6)明徳四年　三月　七日　室町幕府奉行人奉書案……113
(7)（康暦元年）一一月三〇日　室町幕府奉行人連署奉書案……113
三四八「応永　七年」一〇月二八日　西芳寺曾永書状（や函四二号）……113
三四九　応永　七年　一二月　八日　上桂庄下司分河成并沽却地坪付注進状（教王護国寺文書七九三号）……114
三五〇　応永　八年　六月　日　上桂庄田数注文案（教王護国寺文書八〇六号）……116
三五一　応永　八年　七月二三日　五壇法段銭算用状（教王護国寺文書八〇七号）……117
三五二　応永一〇年　三月　五日　上桂庄新井堀分注文（コ函一五号）……119
三五三　応永一〇年　九月　日　蔵龍院清調蔵主本所年貢請文案（教王護国寺文書八一五号）……120
三五四（応永一〇年　九月）　日　某奉書案（教王護国寺文書八一六号）……121
三五五「応永一〇年」一一月二一日　光明蔵院雑掌申状（や函四四号）……122
三五六（応永一〇年　一一月二一日）　光明蔵院雑掌申状案（や函一五七号）……122
三五七（応永一〇年　一一月二一日）　光明蔵院雑掌申状案（教王護国寺文書一二六三号）……123
三五八　応永一〇年　一二月二一日　蔵龍院清調蔵主本所年貢請文（教王護国寺文書八三〇号）……124
三五九　応永一〇年　一二月（二一日）　蔵龍院清調蔵主本所年貢請文案（や函四五号）……124
三六〇　応永一〇年　一二月（二一日）　蔵龍院清調蔵主本所年貢請文案（や函四六号）……125
三六一　応永一〇年　一二月二三日　宝珠庵梵聖上桂庄名主職請文（チ函六一号）……125

三六二　応永一〇年一二月　日　上桂庄名主職宛行状案（ヨ函一三三号）……126
三六三　応永一〇年一二月　日　某書状案（教王護国寺文書八三三号）……127
三六四（応永一〇年）　上桂庄内段銭所出田数注文（教王護国寺文書八三九号）……128
三六五　応永一一年　九月二六日　山城国東寺領段銭文書案（ウ函七二号）……130
(1)応永一一年　九月二六日　山城国守護高師英奉行人片山正覚奉書案……130
(2)応永　七年　九月　五日　山城国守護結城満藤奉行人神戸性全奉書案……130
(3)（康暦　元年）一一月三〇日　室町幕府奉行人連署奉書案……131
(4)明徳　四年　三月　七日　室町幕府奉行人奉書案……131
三六六　応永一二年　七月　日　東寺雑掌頼勝申状案（を函四九号）……131
三六七　応永一二年一〇月一四日　大塔用木配符（ミ函五八号）……132
三六八　応永一二年一〇月　日　東寺八幡宮雑掌申状案（を函五一号）……132
三六九　応永一二年一二月一九日　山城国守護高師英遵行状（ニ函三二号・イ函二六一号）……133
三七〇　応永一三年　七月二六日　法橋快舜条々請文（セ函三二号）……134
三七一　応永一三年　七月二六日　法橋快舜条々請文案（教王護国寺文書八八一号）……135
三七二　応永一三年　七月二八日　織田与三書状（教王護国寺文書八八二号）……135
三七三　応永一三年　八月一八日　山城国諸庄園段銭文書案（ツ函九六号）……136
(1)八月一八日　中沢行靖奉書案……136

(2) 応永一三年 八月一八日 山城国守護高師英奉行人片山光如奉書案……137
三七四 (応永一三年) 九月一五日 山城国東寺領段銭文書案(教王護国寺文書八八四号)……137
(1) 山城国東寺領段銭算用状案……137
(2) 応永一三年 九月一一日 中沢行靖奉書案……140
(3)(応永一三年) 九月一五日 山城国守護高師英奉行人片山光如奉書案……140
三七五 応永一三年 九月 日 山城国東寺領段銭注進状案(教王護国寺文書八八五号)……141
三七六 応永一三年一〇月 四日 山城国東寺領京御所修理要脚段銭請取(な函一五三号)……142
三七七 応永一三年一〇月 四日 山城国東寺領京御所修理要脚段銭請取案(教王護国寺文書八八七号)……143
三七八 応永一三年一〇月 四日 山城国東寺領段銭注進状并京御所修理要脚段銭請取案(教王護国寺文書八八六号)……143
(1) 応永一三年 九月 山城国東寺領段銭注進状案……143
(2) 応永一三年一〇月 四日 山城国東寺領京御所修理要脚段銭請取案……144
三七九「応永一三年一〇月 日」上桂庄年貢弁済分注進状(チ函六三号)……145
三八〇 応永一四年 七月一七日 東寺領段銭京済請文案(し函六三号)……147
(1) 応永一四年 七月一七日 高井祐尊東寺領山城国所々段銭京済請文案……148
(2) 応永一四年 七月一七日 高井祐尊播磨国矢野庄等段銭京済請文案……148
三八一 (応永一四年) 七月二〇日 山城国守護高師英奉行人片山光如奉書案(ニ函三三号(一))……148

三八二　応永一四年　八月二一日　山城国東寺領段銭送進状案（を函六一号）……149
三八三　応永一四年　八月二一日　山城国東寺領段銭請取（な函一五四号）……150
三八四　応永一四年　八月二一日　山城国東寺領段銭請取案（教王護国寺文書八九三号）……151
三八五「応永一四年」　山城国東寺領段銭仕足算用状案（教王護国寺文書九〇一号）……151
三八六　応永一五年　四月　四日　比丘尼善孚田地寄進状（斎藤直成氏所蔵長福寺文書）……154
三八七　応永一五年　五月一三日　山城国東寺領段銭仕足算用状（を函七〇号）……155
三八八　応永一六年一二月一五日　管領斯波義淳奉書案（を函七九号）……157
三八九　応永一七年　三月二〇日　東寺公文所書下案（教王護国寺文書九三六号）……158
三九〇　応永一七年　五月二□日（七）　諸方御年貢有足并仕足算用状案（ア函一三一号）……158
三九一　応永一七年一〇月一九日　室町幕府奉行人奉書案（を函八〇号）……159
三九二　応永一八年　八月二二日　東寺公文所書下案（教王護国寺文書九五七号）……160
(1)応永一八年　八月一三日　東寺公文所書下案……160
(2)応永一八年　八月二二日　東寺公文所書下案……160
三九三　応永一八年　八月二二日　上桂庄徳大寺田地注文（教王護国寺文書九五八号）……161
三九四　応永一八年一一月一〇日　西院文庫文書出納帳抄（天地之部一九号）……162
三九五　応永一九年　四月二八日　阿久津浄燈上桂庄内百姓職年貢請文（テ函八六号）……162
三九六（応永一九年　四月二八日）　安井某上桂庄内百姓職年貢請文（テ函一六一号）……163

三九七　応永一九年　七月一〇日　西院文庫文書出納帳抄（天地之部一九号）……164
三九八　応永一九年一一月一五日　上桂庄徳大寺田雑用日記（教王護国寺文書九七三号）……165
三九九　応永二〇年一二月二一日　管領細川満元奉書案（を函八四号）……166
四〇〇　応永二一年　七月　日　東寺領田数注進状案（ソ函一五七号）……167
四〇一　応永二一年　七月一八日　西院文庫文書出納帳抄（天地之部一九号）……168
四〇二　応永二一年閏七月一四日　室町幕府奉行人奉書（イ函六七号）……168
四〇三　応永二一年　八月　晦日　能登法橋快禅請人請文（ヱ函一二二号）……169
四〇四　応永二三年一二月二五日　上桂庄所務条々事書案（教王護国寺文書七四一号紙背）……169
四〇五　応永二三年一二月　日　上桂庄年貢学衆方算用状（ヤ函六〇号）……170
四〇六　応永二四年　二月　三日　上桂庄年貢算用状案（教王護国寺文書一〇一九号）……172
四〇七「応永二四年」　上桂庄納帳（や函五六号）……176
四〇八（応永二四年）　上桂庄未進分年貢算用状案（教王護国寺文書一〇二三号）……185
四〇九　応永二六年　七月　権僧正隆禅等連署申状并具書（い函二一号）……189
(1)応永二六年　七月　権僧正隆禅等連署申状……189
(2)　東寺八幡宮神事等注文案……190
(3)　桂川用水差図……192
四一〇（応永二九年）　某書状案（や函一五八号）……193

四一一　応永三〇年一〇月一六日　弁賀田地譲状案（さ函一〇五号）……194
四一二　応永三一年　六月一一日　足利義持御判御教書（旧東寺文書　五常義五）……195
四一三　応永三一年　六月一一日　足利義持御判御教書案（と函九〇号）……196
四一四　応永三一年　六月一一日　足利義持御判御教書案（ひ函四九号）……196
四一五　応永三一年　六月一一日　足利義持御判御教書案（廿一口方重書案（東寺文書追加之部二二号㈢））……196
四一六　応永三一年　六月一一日　足利義持御判御教書案（廿一口方重書案（東寺文書追加之部二三号㈢））……198
四一七　応永三一年　六月一一日　山城国国役免除文書案（ひ函四八号）……199
(1) 応永三一年　六月一一日　足利義持御判御教書案……199
(2) 応永一二年　九月一六日　管領斯波義教奉書案……199
(3) 応永一二年　八月一二日　山城国守護高師英遵行状案……199
(4) 応永一二年　七月　四日　管領畠山基国奉書案……199
(5) 応永　六年一一月一二日　管領畠山基国奉書案……199
(6) 応永　元年一〇月二六日　山城国守護代使節犬原秀光遵行状案……199
四一八　応永三一年　九月二四日　管領畠山満家施行状（い函二二号）……200
四一九　応永三二年　四月二八日　上桂庄検封家屋雑具注文（教王護国寺文書一一〇九号）……200
四二〇　応永三二年　五月一八日　上桂庄行泉等連署請文（や函七一号）……202
四二一　正長　元年　九月　三日　西院文庫文書出納帳抄（リ函九四号）……203

四二二　正長　元年一〇月一五日　上桂庄東田井畠成田畠注進状（教王護国寺文書一一二四号）……204
四二三　永享　元年一二月二三日　室町幕府奉行人連署奉書案（を函一二一号）……206
四二四　永享　元年一二月二五日　神祇伯家雑掌基満奉書案（を函一二二号）……207
四二五　永享　三年一〇月一一日　室町幕府奉行人連署奉書案（廿一ロ方重書案（東寺文書追加之部二二号㈣））……208
四二六　永享　三年一〇月一一日　室町幕府奉行人連署奉書案（廿一ロ方重書案（東寺文書追加之部二三号㈣））……208
四二七　永享　六年　九月一五日　鴨社正殿造替料段銭文書（な函一六九号）……209
(1)　永享　四年一〇月二〇日　室町幕府奉行人連署奉書……209
(2)　永享　五年　九月一八日　室町幕府奉行人連署奉書案……209
(3)「永享　六年」四月　八日　鞍河久利書状……210
(4)　永享　六年　九月一五日　室町幕府奉行人連署奉書……210
四二八　永享　七年　四月　九日　山城国国役免除文書案（ア函一八三号）……211
(1)　応永　三一年　六月一一日　足利義持御判御教書案……211
(2)　応永　一二年　九月一六日　管領斯波義教奉書案……211
(3)　応永　一三年　二月二三日　管領斯波義教奉書案……211
(4)　応永　一二年　八月一二日　山城国守護高師英遵行状案……211
(5)　応永　一二年　七月　四日　管領畠山基国奉書案……211
(6)　応永　六年一一月一二日　管領畠山基国奉書案……211

(7) 応永　元年一〇月二六日　山城国守護代使節犬原秀光遵行状案……211
(8) 永享　七年　四月　九日　室町幕府奉行人連署奉書案……212
四二九　永享　七年　八月　　日　東寺申状案（を函一三六号）……212
四三〇　永享　七年　八月二九日　室町幕府奉行人連署奉書案（を函一三七号）……213
四三一　永享　七年一〇月　八日　室町幕府奉行人連署奉書案（を函一三九号）……213
四三二　永享　七年一〇月　八日　山城国東寺領段銭文書案（な函一七一号）……213
(1) 永享　七年一〇月　八日　室町幕府奉行人連署奉書案……213
(2) 永享　元年一二月二三日　室町幕府奉行人連署奉書案……213
四三三　永享　八年　六月二三日　鴨社正殿造替料段銭文書（京函九六号）……214
(1) 永享　七年　八月二九日　室町幕府奉行人連署奉書……214
(2) 永享　七年一〇月　八日　室町幕府奉行人連署奉書……214
(3) 永享　八年　六月二三日　室町幕府奉行人連署奉書……215
四三四　永享　九年一〇月　日　東寺申状（案）（を函一四七号）……215
四三五　永享　九年一〇月　日　東寺申状案（を函一四八号）……216
四三六（永享一〇年）　上桂庄溝堀入足算用状（教王護国寺文書一二〇九号）……216
四三七　永享一一年　五月　　日　東寺雑掌申状案（教王護国寺文書一二二三号）……217
四三八　永享一一年　六月　　日　東寺申状案（教王護国寺文書一二二四号）……218

四三九　永享一一年　七月　日　東寺雑掌陳状案（や函七四号）……219
四四〇　永享一二年　七月　日　革嶋貞安上桂庄代官職条々請文（や函七五号）……221
四四一　永享一二年　八月　四日　上桂庄代官職補任状案（や函七六号）……222
四四二（永享一二年）　上桂庄代官職契状案（教王護国寺文書一二四一号）……224
四四三　永享一二年　九月二九日　山城国諸庄園公事并人夫役文書（京函九七号）……226
(1)永享一二年　九月二九日　山城国小守護斎藤良承折紙……226
(2)永享　七年　四月　九日　室町幕府奉行人連署奉書……226
(3)応永一三年　二月二三日　管領斯波義教奉書……226
(4)応永一二年　九月一六日　管領斯波義教奉書……226
(5)応永一二年　八月一二日　山城国守護高師英遵行状……227
(6)応永一二年　七月　四日　管領畠山基国奉書……227
四四四　嘉吉二年　五月一一日　西福寺清祐上桂庄名主職請文（尊経閣古文書纂編年文書一九三号）……228
四四五　嘉吉三年　九月二一日　上桂庄内検注進状（教王護国寺文書一三六九号）……228
四四六　嘉吉三年一二月二九日　上桂庄一方代官職補任状（そ函四五号）……230
四四七（文安元年）　上桂庄散在田未進徴符并先未進免除人数注文（メ函二四二号）……231
四四八　文安二年　二月二一日　山城国東寺領造内裏段銭送進状案（な函一七九号）……233
四四九　文安二年　三月二一日　山城国東寺領造内裏段銭請取（な函一八〇号）……233

四五〇　文安二年　四月　五日　寺崎玄雅上桂庄内田地寄進状
（東京大学史料編纂所所蔵影写本梅宮神社文書）…………234
四五一　文安二年　四月一一日　寺崎玄雅・乗真祐算連署上桂庄代官職条々請文（シ函五二号）…………235
四五二　文安二年　四月一一日　寺崎玄雅・乗真祐算連署上桂庄代官職条々請文（シ函五一号）…………236
四五三　文安二年　四月一一日　寺崎玄雅・乗真祐算連署上桂庄代官職条々請文案（ユ函六九号）…………237
四五四　文安二年　四月一一日　宝泉院快寿等連署置文案（シ函五三号）…………238
四五五　文安二年　四月一一日　宝泉院快寿等連署置文案（ユ函七一号）…………240
四五六　文安二年　四月一一日　宝泉院快寿等連署置文案（セ函三六号）…………241
四五七　文安二年　四月一一日　宝泉院快寿等連署置文案（ユ函七〇号）…………241
四五八　文安二年一二月　五日　寺崎玄雅上桂庄名主職寄進状（京都大学所蔵古文書集二）…………242
四五九　文安二年一二月一三日　東寺公文所法眼浄聡書状（革島家文書）…………244
四六〇　文安二年　上桂庄代官職請文等包紙（東寺文書　無号之部四九号）…………244
四六一　文安三年一〇月一五日　東寺領造内宮料役夫工米配符（を函一六九号）…………245
四六二　文安三年一〇月二五日　室町幕府神宮頭人挙状案（ヰ函八七号）…………245
四六三　文安三年一〇月二七日　室町幕府奉行人連署奉書（イ函八五号）…………246
四六四　文安三年一〇月二七日　室町幕府奉行人連署奉書案（リ函一五五号）…………246
四六五　文安四年　九月　六日　学衆方第一箱所納重書目録（ム函六三号）…………247

四六六　文安　四年　九月　六日　学衆方第二箱所納重書目録（メ函二四三号）……250
四六七　文安　四年　九月二一日　管領細川勝元下知状（せ函武家御教書并達七六号）……251
四六八　文安　四年　九月二一日　管領細川勝元下知状案（い函二五号）……252
四六九　文安　四年　九月二一日　管領細川勝元下知状案（廿一口方重書案（東寺文書追加之部二三号㈤））……253
四七〇　文安　四年　九月二一日　管領細川勝元下知状案（廿一口方重書案（東寺文書追加之部二三号㈤））……253
四七一　文安　四年　九月二一日　東寺領山城国諸庄園国役等免除文書案（つ函三号㈩）……253
(1)　応永　三一年　六月一一日　足利義持御判御教書案……253
(2)　文安　四年　九月二一日　管領細川勝元下知状案……254
四七二　文安　四年一二月二七日　長国寺住持亮印上桂庄内田地名主職請文（ヤ函七八号・テ函二一七号）……254
四七三　文安　五年　三月　四日　寺崎玄雅上桂庄名主職売券（思文閣出版待賈文書）……255
四七四　文安　五年　五月一四日　梅宮神宮寺別当賢祐上桂庄田地名主職条々請文（シ函五四号）……256
四七五　文安　五年　五月一四日　梅宮神宮寺別当賢祐上桂庄田地名主職条々請文案（広島大学所蔵猪熊文書）……257
四七六　文安　五年　五月一五日　上桂庄名主職宛行状（国立国会図書館所蔵長禄文書）……257
四七七　文安　五年　九月　日　寺崎玄雅申状（メ函二四四号）……258
四七八　文安　五年　九月　日　寺崎玄雅申状案（し函一一四号）……259
四七九　文安　五年一〇月二三日　寺崎玄雅上桂庄名主職売券（カ函一一三号）……260

四八〇　文安五年一〇月二三日　寺崎玄雅上桂庄名主職寄進状（み函六五号）……261
四八一　文安五年一〇月二三日　上桂庄田地名主職文書（を函一七五号）……261
(1)　文安五年一〇月二三日　寺崎玄雅上桂庄名主職寄進状……261
(2)　文安五年一〇月二三日　寺崎玄雅上桂庄名主職売券……262
四八二　文安五年一〇月二三日　寺崎玄雅請文并書状（ユ函七六号）……262
(1)　文安五年一〇月二三日　寺崎玄雅請文……262
(2)　文安五年九月二二日　寺崎玄雅書状……263
四八三　文安五年一二月日　光明講方年貢注文（教王護国寺文書一四〇七号）……263
四八四　文安六年二月一三日　上桂庄本庄年貢米未進徴符（メ函二四五号）……264
四八五　文安六年四月日　東寺夏衆等申状（し函一一六号）……266
四八六　宝徳元年一一月日　東寺雑掌申状（む函四六号）……267
四八七　（宝徳元年）一二月一二日　寺崎玄雅申状案（モ函一七一号）……268
四八八　宝徳元年一二月二六日　管領畠山持国下知状（せ函武家御教書并達七七号）……268
四八九　（宝徳元年）　上桂庄年貢未進河成等注文并未進徴符（チ函一〇三号）……269
四九〇　宝徳二年三月二九日　管領畠山持国下知状（東寺文書　書一二）……271
四九一　宝徳二年三月二九日　管領畠山持国下知状案（め函五六号㈣）……272
四九二　宝徳二年三月二九日　管領畠山持国下知状案（廿一口方重書案（東寺文書追加之部二二号㈦））……272

四九三　宝徳二年　三月二九日　管領畠山持国下知状案（東寺文書追加之部二三号㈦）……273
四九四　宝徳二年　三月二九日　山城国守護畠山持国遵行状（東寺文書　射一四）……273
四九五　宝徳二年　三月二九日　山城国守護畠山持国遵行状案（ル函一五二号）……274
四九六　宝徳二年　三月二九日　山城国守護畠山持国遵行状案（ノ函二五五号）……274
四九七　宝徳二年　三月二九日　山城国守護畠山持国遵行状案（京函九九号）……275
四九八　宝徳二年　三月二九日　山城国守護畠山持国遵行状案（を函一七九号）……275
四九九　宝徳二年　三月二九日　山城国守護畠山持国遵行状案（廿一口方重書案（東寺文書追加之部二三号㈥））……275
五〇〇　宝徳二年　三月二九日　山城国守護畠山持国遵行状案（廿一口方重書案（東寺文書追加之部二三号㈥））……276
五〇一　宝徳二年　四月　六日　上桂庄文書等納状（教王護国寺文書一四一六号）……276
五〇二　宝徳二年　五月　八日　山城国守護代遊佐国助遵行状（ヌ函一六四号）……277
五〇三　宝徳二年　五月　八日　山城国守護代遊佐国助遵行状案（な函一八一号）……278
五〇四　宝徳二年　五月　八日　山城国守護代遊佐国助遵行状案（め函五七号）……278
五〇五　宝徳二年　五月　八日　山城国守護代遊佐国助遵行状案（を函一八〇号）……279
五〇六　宝徳二年一一月一八日　上桂庄光明講方年貢米算用状（ヌ函一六五号）……279
五〇七　宝徳二年一二月二七日　梅宮神宮寺別当賢祐書状（や函八三号）……280
五〇八　宝徳三年　四月二〇日　寺崎玄雅等連署請文案（教王護国寺文書一四二六号）……281
五〇九　宝徳三年　四月二六日　上桂庄用水溝契状案（教王護国寺文書一四二七号）……282

五一〇　宝徳三年　六月　日　松尾社契状案（教王護国寺文書一四三〇号）……282
五一一　宝徳三年　七月一九日　宝泉院快寿書状案（教王護国寺文書一四三一号）……283
五一二　宝徳三年　七月二三日　上桂庄井水一献方用途注文（教王護国寺文書一四三二号）……284
五一三　宝徳三年一一月　三日　後花園天皇綸旨（東寺文書　書七）……285
五一四　宝徳三年一一月　三日　後花園天皇綸旨案（に函一九五号）……285
五一五　宝徳三年一一月　三日　後花園天皇綸旨案（つ函三号㈢）……286
五一六　宝徳三年一一月　三日　後花園天皇綸旨案（ア函二〇二号㈩）……286
五一七　宝徳三年一一月　三日　後花園天皇綸旨案（ミ函一〇八号㈨）……287
五一八　宝徳三年一一月　三日　後花園天皇綸旨案（廿一口方重書案（東寺文書追加之部二二号㈡））……287
五一九　宝徳三年一一月　三日　後花園天皇綸旨案（廿一口方重書案（東寺文書追加之部二三号㈡））……288
五二〇　宝徳三年一二月　山城国諸庄園文書包紙（ニ函五四三号）……288
五二一　（宝徳三年）　上桂庄光明講方年貢米算用状（ヌ函一七〇号）……289
五二二　享徳元年一〇月一四日　文書出納日記抄（あ函四三号）……289
五二三　享徳三年　四月一三日　寺崎玄雅書状案（教王護国寺文書一五四〇号）……290
五二四　享徳三年　四月一三日　寺崎玄雅上桂庄名主職売券案（シ函五七号）……291
五二五　康正元年一二月一五日　東寺領諸庄園斗升増減帳（ニ函六〇号）……292
五二六　康正元年一二月一五日　東寺領諸庄園斗升増減帳案（東寺文書　霊宝蔵中世文書）……302

五二七　康正元年一二月二一日　東寺領諸庄園請文等文書目録（テ函一一二号）……302
五二八　康正元年一二月二九日　文書出納日記抄（あ函四三号）……303
五二九　康正二年　九月　八日　文書出納日記抄（あ函四三号）……304
五三〇　康正二年一二月三〇日　光明講方年貢注文（ヌ函一八三号）……304
五三一　康正三年　五月二四日　文書出納日記抄（さ函一一一号）……305
五三二「康正三年」六月　二日　寺崎玄雅書状（京函一〇三号・ニ函六二号）……305
五三三　康正三年　六月二一日　文書出納日記抄（さ函一一一号）……307
五三四　康正三年　七月　四日　公文所法眼浄聰・公文法橋祐賢連署契約状案（ア函二一八号）……307
五三五「康正三年　七月　七日」光聚院某書状（マ函九一号）……308
五三六　康正三年　八月　四日　乗円祐深・乗観祐成連署上桂庄代官職条々請文
（セ函四三号・テ函一一六号）……310
五三七　康正三年　八月　四日　乗円祐深・乗観祐成連署上桂庄代官職条々請文案（し函一三三号）……312
五三八　康正三年　八月　四日　乗円祐深・乗観祐成連署上桂庄代官職条々請文案（教王護国寺文書一五九〇号）……313
五三九　康正三年　八月　四日　室町幕府奉行人連署奉書（つ函三号二一・教王護国寺文書一五九一号）……314
五四〇　康正三年　八月一一日　宝光院尭全・仏乗院仁然連署避状（ミ函一二二号）……315
五四一　康正三年　九月一〇日　室町幕府奉行人連署奉書（東寺文書　射一七）……316
五四二　康正三年　九月一〇日　室町幕府奉行人連署奉書案（チ函一一八号）……316

五四三　康正　三年　九月一〇日　室町幕府奉行人連署奉書案（ほ函六七号）……317
五四四「康正　三年」九月二一日　寺崎玄雅書状（京函一〇四号）……317
五四五「康正　三年」　宝荘厳院并上桂庄法式（ナ函四三号）……318
参考七（康正　三年）　西岡諸所本所注文（を函五七八号）……320
五四六（康正　三年）　東寺陳状案（や函一五九号）……321
五四七（康正　三年）　東寺申状案（教王護国寺文書一五八七号）……322
五四八（康正　三年）　東寺雑掌陳状案（や函一六〇号）……324
五四九（康正　三年）　東寺申状案（教王護国寺文書一五八八号）……325
五五〇　長禄　元年一〇月二五日　室町幕府奉行人連署奉書（み函六七号・教王護国寺文書一五九四号）……326
五五一　長禄　元年一一月一四日　文書出納日記抄（さ函一一一号）……327
五五二　長禄　元年一一月一八日　文書出納日記抄（さ函一一一号）……327
五五三　長禄　元年一一月二六日　上桂庄光明講方年貢送進状（ヱ函一八六号）……328
五五四　長禄　元年一一月三〇日　上桂庄臨時仕足算用状（や函八九号）……328
五五五　長禄　元年一二月一二日　上桂庄代官職并名主職文書案（ゐ函七一号）……336
(1) 康正　三年　八月　四日　室町幕府奉行人連署奉書案……336
(2) 長禄　元年一〇月二五日　室町幕府奉行人連署奉書案……336
(3) 長禄　元年一一月一四日　室町幕府奉行人連署奉書案……337

(4) 長禄 元年一二月一二日 室町幕府奉行人連署奉書案 …… 337
五五六 長禄 元年一二月一三日 上桂方料足借状（や函一〇〇号三） …… 338
五五七 長禄 元年一二月二〇日 寺崎玄雅上桂庄代官職請文（滋賀県立琵琶湖博物館所蔵東寺文書） …… 339
五五八 長禄 元年一二月三〇日 寺崎玄雅書状案（教王護国寺文書一六〇一号） …… 341
五五九 長禄 元年一二月 上桂庄給主職請文等包紙（テ函一一九号） …… 341
五六〇 長禄 元年 上桂庄文書包紙（ア函二一九号） …… 343
五六一 長禄 二年 一月一六日 寺崎玄雅上桂庄所務条々注進状（教王護国寺文書一六〇四号） …… 343
五六二 長禄 二年 四月 七日 賢祐上桂庄藪地子請文（東寺文書 無号之部五〇号） …… 344
五六三 長禄 二年一〇月 日 上桂庄東西年貢算用状（教王護国寺文書一六二〇号） …… 345
五六四 長禄 二年一二月一五日 上桂庄年貢米未進徴符（ア函二二五号） …… 346
五六五 長禄 三年 四月二三日 山城国守護代誉田祥栄書下（セ函四五号） …… 347
五六六 長禄 三年 四月二三日 山城国守護代誉田祥栄書下案（を函二二四号） …… 348
五六七 （長禄 三年一一月 四日） 上桂願果論議着到状（東寺観智院金剛蔵聖教又別五二函三〇〇号） …… 348
五六八 「長禄 三年一〇月 五日」 廿一口方所出文書目録（ケ函一六五号） …… 349
五六九 長禄 三年一一月二六日 上桂庄名主中野申状包紙（ア函二三二号） …… 352
五七〇 長禄 三年一二月二〇日 足利義政御判御教書（東寺文書 書一二） …… 352
五七一 長禄 三年一二月二〇日 足利義政御判御教書案（ヰ函一〇六号） …… 353

五七二　長禄　三年一二月二〇日　足利義政御判御教書案（廿一口方重書案（東寺文書追加之部二二号⑽））…… 353
五七三　長禄　三年一二月二〇日　足利義政御判御教書案（廿一口方重書案（東寺文書追加之部二三号⑽））…… 354
五七四　長禄　三年一二月二〇日　足利義政御判御教書（東寺文書　書一二）…… 354
五七五　長禄　三年一二月二〇日　足利義政御判御教書案（レ函一六七号）…… 355
五七六　長禄　三年一二月二〇日　足利義政御判御教書案（サ函七九号）…… 355
五七七　長禄　三年一二月二〇日　足利義政御判御教書案（廿一口方重書案（東寺文書追加之部二二号⑼））…… 356
五七八　長禄　三年一二月二〇日　足利義政御判御教書案（廿一口方重書案（東寺文書追加之部二三号⑼））…… 356
五七九　長禄　三年一二月二〇日　東寺領諸庄園諸役等免除文書案（京函一〇八号）…… 357
(1)長禄　三年一二月二〇日　足利義政御判御教書案…… 357
(2)宝徳　二年　三月二九日　山城国守護畠山持国遵行状案…… 357
(3)宝徳　元年一二月二六日　管領畠山持国下知状案…… 357
(4)文安　四年　九月二一日　管領細川勝元下知状案…… 357
(5)応永　三一年六月一一日　足利義持御判御教書案…… 357
(6)永享　三年一〇月一一日　室町幕府奉行人連署奉書案…… 357
五八〇　長禄　三年一二月二〇日　寺領惣安堵文書案（ミ函一二四号）…… 358
(1)長禄　三年一二月二〇日　足利義政御判御教書案…… 358
(2)宝徳　元年一二月二六日　管領畠山持国下知状案…… 358

五八一　長禄四年八月二九日　宝生院杲覚上桂庄預所職条々請文（ヤ函一〇一号）……358
五八二　長禄四年九月二二日　上桂庄興行畠検注分注進状（教王護国寺文書一六五六号）……359
五八三　長禄四年九月二六日　越後法橋祐算請文（東寺文書　無号之部五一号）……360
五八四　長禄四年九月二六日　越後法橋祐算請文案（教王護国寺文書一六五七号）……360
五八五　寛正二年一月一九日　上桂庄内検封屋注文（う函一五号）……361
五八六　寛正二年一月二九日　乗観祐成折紙（滋賀県立琵琶湖博物館所蔵東寺文書）……362
五八七「寛正二年」二月三日　左衛門等連署請文案（う函一六号）……363
五八八「寛正二年二月九日」　鎮守八幡宮論義廻請（教王護国寺文書一六六八号）……363
五八九　寛正二年二月七日　鎮守八幡宮論義着到状（教王護国寺文書一六六三号）……364
五九〇「寛正二年二月九日」　西院論義廻請（教王護国寺文書一六六七号）……366
五九一　寛正二年二月九日　西院論義着到状（教王護国寺文書一六六四号）……367
五九二「寛正二年二月九日」　上桂庄立願果論義問題注文（し函一三六号）……368
五九三　寛正二年二月二八日　上桂庄百姓次郎四郎注進状（う函一七号）……369
五九四「寛正二年」二月晦日　藪田則徳書状（う函一八号）……369
五九五　寛正二年二月　日　東寺雑掌申状案（ほ函六八号）……370
五九六　寛正二年三月二日　東寺雑掌聰快・増祐連署書状案（う函一九号）……371
五九七　寛正二年三月一七日　藪田則徳書状（う函二〇号）……371

五九八　寛正二年　三月二八日　道春・三郎次郎連署注進状案（ヌ函二一五号）……372
(1)寛正二年　三月二八日　道春・三郎次郎連署注進状案……372
(2)寛正二年　三月二八日　道春・三郎次郎連署注進状案……373
五九九　寛正二年　三月　日　上桂庄年貢米未進徴符（ア函二四一号）……373
六〇〇　寛正二年　三月　日　東寺申状案（ほ函六九号）……374
六〇一「寛正二年」四月　四日　高畑安貞注進状（う函二一号）……375
六〇二　寛正二年　四月一五日　室町幕府奉行人連署奉書（ヰ函一〇七号）……376
六〇三　寛正二年　四月一五日　室町幕府奉行人連署奉書案（ニ函六四号）……377
六〇四「寛正二年　四月二三日」宝寿院領山城国千代原庄四至注文（う函二二号）……377
六〇五　寛正二年　四月　日　宝寿院雑掌陳状案（ほ函七〇号）……378
六〇六　寛正二年　四月　日　東寺雑掌重申状案（ほ函七二号）……379
六〇七　寛正二年　四月　日　東寺雑掌重申状案（ほ函七一号）……380
紙背　某書状……380
六〇八　寛正二年　五月　六日　上桂庄内千代原西跡以下在地注進状（チ函一二五号）……381
六〇九　寛正二年　五月一五日　次郎四郎右衛門上桂庄田地年貢等請文（セ函五〇号・テ函一一七号）……383
六一〇　寛正二年　六月　五日　上桂庄并女御田代官乗観祐成請文（ヤ函一〇三号）……384

六一一　寛正二年　六月　五日　上桂庄并女御田代官乗観祐成請文案（し函一三七号）……384
六一二　寛正二年　七月　二日　上桂庄道春等連署注進状（ケ函一六八号）……385
六一三　寛正二年　七月　上桂庄千代原闕所文書包紙（モ函九四号）……385
六一四　寛正二年　上桂庄千代原闕所屋相論文書包紙（ヰ函一〇九号）……386
六一五　寛正二年一〇月二四日　上桂庄百姓次郎三郎作分下地注進状（チ函一二六号）……388
六一六「寛正二年」　光明講方年貢算用状（へ函一〇五号）……389
六一七　寛正三年　九月　日　御成方料足下行切符抄（タ函一六九号）……391
(12)寛正三年　八月二三日　御成方料足下行切符……391
(71)寛正三年　七月二三日　上桂庄竹人夫酒直下行切符……391
六一八「寛正三年一一月一〇日」　某書状（テ函一二九号）……392
六一九　寛正三年一一月一〇日　聖祐請文（し函一四五号）……393
六二〇　寛正三年一一月二九日　上桂庄御成段銭算用状（教王護国寺文書一六九八号）……393
六二一　寛正三年一二月二七日　光明講方年貢算用状（ゐ函一〇六号）……395
六二二　寛正三年一二月三〇日　御成方算用状（タ函一七〇号）……397
六二三　寛正四年　光明講方年貢算用状（ヌ函一九七号）……399
六二四　寛正五年　三月二七日　公文所法眼浄聡請文案（ツ函一四五号）……400
六二五　寛正五年一二月　八日　譲位要脚段銭配符（な函一九五号）……401

六二六　寛正 五年一二月　八日　譲位要脚段銭配符案（を函二三九号）……402
六二七　寛正 五年一二月二六日　山城国段銭文書（京函一一一号）……402
(1) 寛正 五年一二月二六日　室町幕府奉行人連署奉書……402
(2) 応永 七年　九月　五日　山城国守護結城満藤奉行人神戸性全奉書……403
(3)（応永七年）一一月一二日　山城国守護代牧秀忠書下……403
六二八　寛正 五年一二月二六日　室町幕府奉行人連署奉書案（を函二四〇号）……404
六二九　寛正 六年　一月三〇日　譲位要脚段銭配符（教王護国寺文書一七二九号）……404
六三〇　寛正 六年　三月　二日　光明講方年貢算用状（教王護国寺文書一七三一号）……405
六三一　寛正 六年　三月一二日　上桂庄譲位段銭一献料送進状（ゐ函一一〇号）……406
六三二　寛正 六年　九月　八日　上桂庄春日社参竹木并人夫等配符（教王護国寺文書一七四四号）……407
六三三　寛正 六年一二月二七日　光明講方年貢算用状（ゐ函一一一号・教王護国寺文書一七五五号）……408
六三四　寛正 七年　二月一八日　山城国東寺領大奉幣米文書（な函一九六号）……410
(1) 永享 元年一二月二六日　山城国守護代神保久吉奉書……410
(2) 永享 元年一二月二三日　室町幕府奉行人連署奉書案……410
(3) 永享 元年一二月二五日　神祇伯家雑掌基満奉書案……411
(4) 応永 二二年三月一一日　室町幕府奉行人奉書……411
(5) 寛正 七年　二月一八日　神祇伯家雑掌清有・資兼連署奉書案……411

(6) 寛正七年二月一一日 室町幕府奉行人連署奉書案……412
(7) 寛正七年二月一八日 神祇伯家雑掌清有・資兼連署奉書……412
六三五 寛正七年二月一八日 山城国東寺領大奉幣米文書案（ヰ函一一八号）……413
(1) 応永二二年三月一一日 室町幕府奉行人奉書案……413
(2) 永享元年一二月二六日 山城国守護代神保久吉奉書案……413
(3) 永享元年一二月二三日 室町幕府奉行人連署奉書案……413
(4)（永享元年）一二月二五日 神祇伯家雑掌基満奉書案……413
(5) 寛正七年二月一一日 室町幕府奉行人連署奉書案……413
(6) 寛正七年二月一八日 神祇伯家雑掌清有・資兼連署奉書案……413
六三六 文正元年八月一三日 上桂庄中野知行分田畠売券案（教王護国寺文書一七七〇号）……414
六三七 応仁元年九月三日 山名宗全奉行人垣屋豊遠奉書（ヲ函九五号）……415
六三八 応仁元年一〇月二六日 室町幕府奉行人連署奉書（ヲ函九六号）……415
六三九 応仁元年□□（一二）月二六日 光明講方年貢算用状（ゐ函一一八号）……416
六四〇 応仁二年三月四日 永隆奉書（ヲ函九八号）……417
六四一 応仁二年三月九日 山城国東寺領半済免除証文等包紙（な函一九七号）……418
六四二 応仁二年七月二四日 管領細川勝元奉行人連署奉書（を函二四六号）……418
六四三 応仁二年七月二四日 管領細川勝元奉行人連署奉書案（を函二四七号）……419

六四四　応仁 二年　七月　日　某奉書案（を函二四八号）……420
六四五　応仁 二年一〇月二九日　山城国守護畠山義就奉行人連署奉書（ヲ函九九号）……420
六四六　応仁 二年一一月二七日　（長福寺）紹儀・井上道林連署年貢米請文（テ函一四一号）……421
六四七　応仁 三年 □□（二月）一二日　光明講方年貢算用状（ゑ函一一九号）……422
六四八　文明 二年　光明講方年貢算用状（教王護国寺文書一八〇九号）……423
六四九　文明 三年　二月　日　光明講方年貢算用状（レ函一七八号）……424
六五〇　文明 三年一二月二九日　光明講方年貢算用状（レ函一七九号）……425
六五一　文明 五年　二月　日　光明講方年貢算用状（レ函一八二号）……427
六五二　文明 七年　九月一七日　乗観祐成・乗円祐深連署年貢請文（滋賀県立琵琶湖博物館所蔵東寺文書）……428
六五三　文明 九年　九月二六日　室町幕府奉行人連署奉書（東寺文書　楽甲六）……429
六五四　文明 九年一一月二三日　室町幕府奉行人連署奉書案（を函二五一号）……430
(1) 文明 九年　九月二六日　室町幕府奉行人連署奉書案……430
(2) 文明 九年一一月二三日　室町幕府奉行人連署奉書案……430
六五五　文明 九年一二月一九日　山名政豊奉行人田公豊職奉書（を函二五三号）……430
六五六　文明 九年一二月一九日　山城国守護代垣屋宗続遵行状（を函二五二号）……431
六五七　文明 一〇年　二月　日　光明講方年貢算用状（レ函一八四号）……431
六五八　文明 一〇年　六月　九日　足利義政御判御教書（東寺文書　千字文）……432

六五九　文明一〇年　六月　九日　足利義政御判御教書案（ニ函七四号㈤）……433

六六〇　文明一〇年　六月　九日　足利義政御判御教書案（ト函一二九号㈣）……434

六六一　文明一〇年　六月　九日　足利義政御判御教書案（廿一口方重書案（東寺文書追加之部二三号㈡））……434

六六二　文明一〇年　六月　九日　足利義政御判御教書案（廿一口方重書案（東寺文書追加之部二三号㈡））……435

六六三　文明一〇年　七月　日　東寺領山城国諸所年貢公事銭等注進状案（を函二五四号）……435

六六四（文明一〇年）八月二〇日　室町幕府奉行人奉書（を函四七八号）……438

六六五　文明一〇年　八月　日　東寺領山城国土貢注文案（ゐ函一一七号）……438

裏(1)寛正五年一二月二六日　室町幕府奉行人連署奉書案……440

裏(2)宝徳二年　三月二九日　山城国守護畠山持国遵行状案……440

裏(3)永享七年　八月二九日　室町幕府奉行人連署奉書案……440

裏(4)永享七年一二月二三日　室町幕府奉行人連署奉書案……440

六六六　文明一一年　二月二五日　光明講方年貢算用状（教王護国寺文書一八五一号）……441

六六七　文明一二年　二月　日　光明講方年貢算用状（レ函一八七号）……442

六六八　文明一二年一〇月一六日　土一揆以下入足配当注文（テ函一四六号）……444

六六九　文明一二年一二月二九日　光明講方年貢算用状（レ函一八八号）……445

六七〇　文明一四年　二月　日　光明講方年貢算用状（レ函一九一号）……447

六七一　文明一五年　二月　日　光明講方年貢算用状（レ函一九二号）……448

六七二	文明一六年 二月 日	光明講方年貢算用状（ゐ函一二九号）	450
六七三	文明一六年一二月一三日	上桂庄太郎衛門等連署申状（ア函二六〇号）	451
六七四	文明一七年 二月 日	光明講方年貢算用状（ゐ函一三一号）	452
六七五	文明一八年 三月 日	東山殿普請料納帳（リ函二〇二号）	454
六七六	文明一八年 六月 五日	室町幕府奉行人奉書（ホ函六三号）	457
六七七	文明一八年 六月一一日	後土御門天皇綸旨（東寺文書 楽甲五）	457
六七八	文明一八年 六月一一日	後土御門天皇綸旨案（廿一口方重書案（東寺文書追加之部二三号（五〇））	458
六七九	文明一八年 六月一一日	後土御門天皇綸旨案（廿一口方重書案（東寺文書追加之部二三号（五〇））	458
六八〇	文明一八年 六月一七日	室町幕府奉行人連署奉書（ト函一三〇号）	459
六八一	文明一八年 六月一七日	室町幕府奉行人連署奉書案（廿一口方重書案（東寺文書追加之部二三号（五一））	459
六八二	文明一八年 六月一七日	室町幕府奉行人連署奉書案（廿一口方重書案（東寺文書追加之部二三号（五一））	460
六八三	文明一八年一〇月一九日	東山殿普請料文書（リ函二〇四号）	460
	(1)	東山殿普請料等注文	460
	(2) 文明一八年一〇月一九日	東山殿普請方入足配当注文案	461
六八四	文明一九年 二月 日	東山殿普請料算用状（リ函二〇九号）	462
六八五	文明一九年 二月 日	光明講方年貢算用状（レ函一九九号）	464
六八六	長享元年一一月一六日	東山殿普請方入足配当注文（ひ函一一九号）	465

六八七　長享元年一一月一六日　東山殿普請方入足配当注文案（リ函二一一号）……467
六八八　長享元年一二月三〇日　光明講方年貢算用状（レ函二〇一号）……467
六八九　長享二年三月九日　上桂庄年貢算用状（教王護国寺文書二〇一八号）……469
六九〇　長享二年一一月三日　東山殿普請方入足配当注文（ひ函一二〇号）……470
六九一　長享二年一二月九日　室町幕府奉行人連署奉書（東寺文書　千字文）……472
六九二　長享二年一二月九日　室町幕府奉行人連署奉書案（東寺文書　書一四）……472
六九三　長享二年一二月九日　室町幕府奉行人連署奉書（東寺文書　楽甲六・教王護国寺文書二〇二三号）……473
六九四　長享二年一二月九日　室町幕府奉行人連署奉書案（に函二四八号）……473
六九五　長享三年二月　日　光明講方年貢算用状（ゐ函一三六号）……474
六九六　長享三年四月二三日　石見上座聡我上桂庄代官職請文（ヤ函一五〇号）……476
六九七　長享三年五月九日　兵衛太郎上野庄内屋敷売券（尊経閣古文書纂編年文書三四二）……477
六九八　延徳元年一〇月一七日　東山殿普請方入足算用状（リ函二一三号）……478
六九九　延徳二年二月　日　光明講方年貢算用状（レ函二〇五号）……479
七〇〇　延徳二年八月二八日　足利義材御判御教書（東寺文書　書一二）……481
七〇一　延徳二年八月二八日　足利義材御判御教書案（廿一口方重書案（東寺文書追加之部二三号㈢））……481
七〇二　延徳二年八月二八日　足利義材御判御教書案（廿一口方重書案（東寺文書追加之部二三号㈢））……482

七〇三　延徳 三年　二月　日　光明講方年貢算用状（ゐ函一三九号）……482
七〇四　延徳 三年　六月一一日　越前法橋弘慶上桂庄代官職条々請文（ヤ函一五四号）……484
七〇五　延徳 三年一二月二〇日　上桂庄預所職請文（セ函六一号）……485
(1) 文安 四年一〇月　七日　権大僧都甚清上桂庄預所職条々請文……485
(2) 康正 元年一一月一九日　定清上桂庄預所職請文……485
(3) 延徳 三年一二月二〇日　融盛上桂庄預所職請文……486
七〇六　延徳 三年一二月二八日　上桂庄年貢請文（教王護国寺文書二〇四七号）……486
七〇七　延徳 四年　二月　日　光明講方年貢算用状（レ函二一一号）……487
七〇八　延徳 四年　五月一〇日　備後法橋聡秀上桂庄代官職条々請文（ヤ函一五六号）……488
七〇九　明応 二年　一月一一日　某書状案（ゆ函四九号）……489
紙背(1)（宝徳三年）　上桂庄給主分未進注文……490
紙背(2)　二月　三日　妹尾重康書状……490
七一〇　明応 二年　五月二六日　寺領惣安堵文書包紙（テ函一五一号）……490
七一一　明応 二年　九月　日　山城国東寺領注文案（を函三二二号）……492
七一二　明応 二年　九月　日　山城国東寺領注文案（教王護国寺文書二〇六八号）……493
七一三「明応 二年」一一月一七日　上桂庄百姓右衛門九郎書状（チ函一四四号）……493
七一四　明応 三年　一月二七日　上桂庄百姓等連署請文（教王護国寺文書二〇八二号）……494

七一五 明応 三年 一月二九日 上桂庄百姓兵衛三郎・与五郎連署請文（教王護国寺文書二〇八三号）…… 496

七一六 明応 三年 二月一七日 光明講方年貢算用状（レ函二一五号）…… 496

七一七 明応 三年 三月一二日 納所乗慶上桂庄代官職条々請文（ヤ函一六〇号）…… 498

七一八 明応 三年 五月 日 山城国配当算用状（な函二〇〇号）…… 499

七一九 明応 四年 二月一六日 光明講方年貢算用状（ゑ函一四〇号）…… 502

七二〇 明応 五年 二月一七日 室町幕府奉行人連署奉書（東寺文書 楽甲六）…… 504

七二一 明応 五年 二月一七日 室町幕府奉行人連署奉書案（廿一口方重書案（東寺文書追加之部二二号㈦））…… 505

七二二 明応 五年 二月一七日 室町幕府奉行人連署奉書案（廿一口方重書案（東寺文書追加之部二三号㈦））…… 505

七二三 明応 五年 二月一七日 山城国東西九条女御田文書案（ミ函一四四号）…… 505

(1) 明応 五年 二月一七日 室町幕府奉行人連署奉書案 …… 505

(2) 文明 一〇年 六月 九日 足利義政御判御教書案 …… 506

(3) 長禄 三年一二月二〇日 足利義政御判御教書案 …… 506

七二四 明応 五年 二月一八日 光明講方年貢算用状（レ函二二二号）…… 506

七二五 明応 五年一一月一四日 正覚院慶清田地名主職売券（革嶋家文書）…… 508

七二六「明応 六年」四月二一日 中路広次等連署書状（キ函一一七号）…… 508

七二七「明応 六年」五月 九日 中路広次・革嶋泰宣連署書状（キ函一一八号）…… 509

七二八「明応 六年」六月 二日 中路広次・革嶋泰宣連署書状（キ函一一九号）…… 510

七二九「明応 六年」六月二六日 上桂庄名主革嶋泰宣書状（ニ函九九号）……511
七三〇 明応 六年 六月二八日 用水一献料請取（チ函一四五号）……512
七三一 明応 七年 二月一三日 光明講方年貢算用状（レ函二三一号）……513
七三二 明応 八年 五月 三日 寂福寺谷東南坊住持豪晴田地売券
（宮内庁書陵部所蔵革嶋文書）……514
七三三 明応 八年 七月 日 山城国東寺領注進状（を函三六九号）……515
七三四 明応 八年 七月 日 山城国東寺領注進状案（を函三七〇号）……516
七三五 明応 八年 八月一六日 室町幕府奉行人連署奉書（ト函一四五号）……516
七三六 明応 八年 九月 三日 室町幕府奉行人連署奉書（高山寺所蔵東寺文書）……517
七三七（明応 八年）一〇月 一日 寒川家光等連署折紙（つ函五号(三〇)）……518
七三八 明応 八年一〇月一四日 室町幕府奉行人連署奉書案（リ函二二八号）……518
七三九 明応 八年一〇月一四日 室町幕府奉行人連署奉書案（を函三七四号）……519
七四〇 明応 八年一〇月一四日 室町幕府奉行人連署奉書（チ函一四七号）……520
七四一 明応 八年一〇月一四日 室町幕府奉行人連署奉書案（ミ函一五六号）……521
七四二 明応 九年 二月一二日 光明講方年貢算用状（ゐ函一四六号）……521
七四三 明応 九年 四月 七日 室町幕府奉行人連署奉書案（ニ函一二二号）……522
七四四 明応 九年 六月 一日 山城国半済文書案（を函三八〇号）……523

(1) 明応 九年 六月 一日 (赤沢宗益) 奉書案……523
(2) (明応 九年) 六月 一日 (赤沢宗益) 奉書案……523
七四五 (明応 九年) 九月一六日 赤沢宗益書状 (い函一一一号)……524
七四六 明応 九年一〇月一四日 細川政元奉行人斎藤元右奉書 (つ函五号㈤)……524
七四七 明応 九年一〇月一四日 細川政元奉行人斎藤元右奉書 (い函四八号)……525
七四八 明応 一〇年 一月二九日 光明講方年貢算用状 (レ函二三九号)……526
七四九 文亀 元年 八月一九日 上桂庄内検帳 (メ函二七四号)……527
七五〇 文亀 三年 二月 七日 光明講方年貢算用状 (レ函二四三号)……530
七五一 文亀 三年一二月二九日 東寺領諸庄園并寺官等請文出納日記 (あ函四八号)……532
七五二 永正 元年 三月二一日 左衛門太郎屋敷年貢請文 (尊経閣古文書纂編年文書三四三)……534
七五三 永正 二年 二月一三日 光明講方年貢算用状 (レ函二四八号)……535
七五四 永正 三年 二月一六日 光明講方年貢算用状 (ゐ函一五〇号)……537
七五五 永正 三年 三月一六日 東寺領山城国近年押領所々注文 (チ函一四九号)……538
七五六 永正 四年 二月一八日 光明講方年貢算用状 (レ函二五四号)……539
七五七 永正 四年 二月 吉日 革嶋泰宣知行目録 (革嶋家文書)……540
七五八 永正 五年 二月 日 光明講方年貢算用状 (レ函二五六号)……542
七五九 永正 五年一一月 日 山城国東寺領所々散在注進状 (オ函一九九号)……544

七六〇　永正　五年一一月　　日　山城国東寺領所々散在注進状案（リ函二四〇号）……545
七六一　永正　六年　二月二〇日　光明講方年貢算用状（レ函二五七号）……545
七六二　永正　七年　二月一九日　光明講方年貢算用状（ゑ函一五六号）……547
七六三　永正　八年　二月一六日　光明講方年貢算用状（レ函二五九号）……548
七六四　永正　八年　四月一一日　次郎左衛門田地売券（国立歴史民俗博物館所蔵田中敬忠氏旧蔵文書）……550
七六五　永正　九年　三月一二日　敬実興俊上桂庄一方代官職条々請文（ヱ函二五一号）……551
七六六　永正　九年　四月　一日　（西院文庫）文書出納日記抄（さ函一一六号）……552
七六七　永正　九年　九月二〇日　上桂庄内検帳（ヌ函二三七号）……553
七六八　永正　九年一〇月二一日　正幢院住持周琛田地売券（革嶋家文書）……556
七六九　永正　九年一〇月二六日　上桂庄重内検帳（た函一三五号）……557
七七〇　永正　一〇年　二月一七日　光明講方年貢算用状（ゑ函一六〇号）……560
七七一　永正　一〇年　三月二二日　植松下司助衛門田地作職売券（宮内庁書陵部所蔵革嶋文書）……562
七七二　永正　一〇年　四月　晦日　鳥居橋基宗田地売券（尊経閣文書纂編年雑纂二一三―一五）……563
七七三　永正　一一年　二月一七日　光明講方年貢算用状（レ函二六三号）……564

山城国上桂庄史料

中巻

花押136（下司清定）

二六四　上桂庄下司是南等連署田地売券（東京大学文学部所蔵雑文書二）

（端裏書）
「上野沽却状真証大姉」

沽却　私領田地事

合壱段者　在山城国葛野郡上野御庄内 楢原里十坪参斗代云々

右件田者、是南相伝田也、而依有要用、代銭捌貫」伍百文、限永代、比丘尼真証御房仁所奉沽却実也、」本所当米参斗陸升・藁五束・糠五斗之外、万」雑公事不可有之、但加地子得分壱石陸斗肆升」庄斗定、此上者不可有他妨、万一於此田有違乱」煩者、以余足可入立申、随而雖可相副本券文、」依有類地不渡申者也、仍為後日沽却状如件、

貞治肆年乙巳十一月十五日

掃部助清定（花押）136

対馬守入道是南（花押）128

二六五　上桂庄下司是南書状（折紙）（尊経閣古文書纂長福寺文書）

於此田万一、」自領家方煩」事候者、是南可」明申候、あなかしく、

貞治四年十一月十五日
是南（花押）128
真証御房

二六六　上桂庄下司是妙請文（ヨ函一一八号）

（端裏書）
「上桂庄下司是妙請文当庄検断事」

東寺御領山城国上桂庄検断事、」犯科人出来之時者、申入于寺家、」宜仰御成敗、雖為小事
私而不可」致沙汰、若背此旨、不日可被召放」所職、仍請文如件、

貞治六年七月四日　下司是妙（花押）137

○この文書以降にみられる下司是妙は、これ以前の下司是南と同一人で、花押137は花押128と同じである。

花押137（下司是妙）

二六七　功徳院住持比丘尼慈成申状　（ヨ函一一九号）

（端裏書）
「比丘尼慈成申状 上野庄内三段三百歩名主職事 貞治六 八 廿八」

目安

功徳院住持比丘尼慈成歎申、東寺御領山城国上野庄内田地参段」三百歩名主職間事、

右当田者、依源氏女之相伝分明、被奇（弃）捐月蔵坊之姧訴、去文和元年十一月、」氏女預寺家御下知之後、寄進功徳院之処、替面改名字禅蔵房、重雖令」致違乱、任先日御沙汰之旨、被止彼掠訴、全当院之領掌、奉専本所御年」貢之条、先々言上事旧訖、而就四条（四条隆蔭）大納言家非拠口入、追年無一粒未進、乍」被召之、被仰年貢対捍之由、及無理之御沙汰、被付彼名田於禅蔵房」間、申子細之処、宜差申替地、不然者、暫可相待之旨被仰出之、貞治元年」以来于至（至于）当年貞治六、懐愁訴已以及六ケ年、爰去々年貞治四春比、彼大」納言家逝去之間、依難黙止愁訴、同八月如元可返給当田之旨、捧状之」処、可相待当年計之由、被仰出之、不及是非御沙汰、而送三ケ年之条、不」便之至、且大師冥助争無御哀憐之哉、所詮□四条亜相・黄門親子」逝去之上者、被直（置カ）参差御沙汰、任御下知状之旨、上野庄内三段三百歩田地、」如元被返付功徳院之者、併奉仰寺家之憲法、□（弥カ）開多年愁眉、欲令」致勤行精誠矣、仍目安言上如件、

貞治六年八月　日

○この文書には、「去〻年貞治四春比、彼大納言家逝去之間」とあるが、四条隆蔭の死去は貞治三年三月十四日である。

二六八　上桂庄下司是妙新開宛行状（尊経閣古文書纂長福寺文書）

宛行　上野庄西河原新開事

合二所者　溝ヨリ南北　彦三郎

右新開者、永代更不有相違者也、」有限於御年貢ハ、可致其沙汰者也、」若難渋之時者、可下地召放」者也、仍宛状如件、

応安元年戊申七月八日

下司対馬入道是妙（花押）137

二六九　上桂庄早田注進状（教王護国寺文書五〇〇号）

注進　上野御□（庄）早田事

　合弐町六段半者

除

一段　松尾　　二反　仁王講田

一反　井料　　三反　領（預）所□（分）

三反□下司給　半　　職事給

　　已上壱町半

残定田壱町□（六）段　本新両庄分

　分米□（漆）石伍斗

右注進之状如件、

　応安元年七月廿八日　　是妙（花押）137

二七〇　上桂庄早田注進状　（チ函三〇号）

（端裏書）
「早田検注」

注進　　上野御庄早田事

　　合三町二段半者

除

一段　松尾　　　　　三段　仁王講田

一段　井料　　　　　四段　預所方

四段　下司給　　　　壱段　職事給

　已上　壱町四段

定田　壱町八段半

　分米　九石□斗

右注進状如件、

　応安二年八月十一日　　下司是妙（花押）137

二七一　上桂庄年貢算用状（チ函三一号）

（端裏書）
「上野庄年貢散用応安二」
注進　上野御庄応安二年御年貢散用事
合参拾弐石漆斗玖升弐合四夕九才
但本河成自今年開分御米加定
除
参斗　御倉付
弐斗　徳大寺井料
壱石玖斗　御仏□（事）料足 本壱貫弐百文 利参百陸十文 自六月至十月分
弐石　船料足
陸斗伍升　郡里廿三坪半河成分
除以上伍石伍升
定御米　弐拾漆石漆斗四升弐合四夕九才之内
運送　弐拾陸石玖斗弐升捌合之内
去年未進　漆斗弐升六合九夕八才弁

当年分御米　弐拾陸石弐斗弐合弁
　定残　壱石伍斗四升四夕九才欤
右大概注進状如件、
　応安二年己丑十二月十七日　下司対馬入道是妙(花押)137

二七二　上桂庄下司是妙等連署田地売券（上部欠）
（国立国会図書館所蔵長禄文書）

（端裏書）
「□田売文」
売渡　相伝田地事
　合参段者在山城国葛野郡上野庄内檜原里十坪
　四至限東類地　限西芝岸
　　　限南芝原　限北地蔵堂田
右田地者、下司是妙相伝之私領也、依有要用、直銭弐拾弐貫」□佰文仁、永代所売渡藤原徳寿丸也、於公方所役者、本所当」□□弐斗・藁伍束・糠一俵之外者、無万雑公事之地也、若又於彼地」□□違乱煩出来之時、不日可明申也、令違期者、是妙知行之内」□□田地相

花押138（清員）

当参段之程、可被押知行也、其時或仮権門勢家」□募神社仏事号、不可申一言之子細者也、
将又子孫等□」□異儀輩之時者、為不孝之仁、可被申行罪科也、仍為」□□（亀鏡）放券之状如
件、
応安三年十二月廿五日　下司是妙（花押）137
子息清員（花押）138

二七三　上桂庄年貢算用状案（チ函三三号）

（端裏書）
「□（上）野庄散用状応安三年」
注進　上野御庄応安三年御年貢散用事
合
御米　参拾弐石漆斗玖升弐合四夕九才内
除
三斗　御倉付
二斗　徳大寺井料

一石九斗五升　御仏事料足本一貫二百文 利三百六十文　自六月至于十月
一石五斗　新井料
三斗五升　梅宮損亡歎申分
六斗五升　郡里廿三坪半河成分一石三斗代
　已上　四石九斗五升
残定御米　弐拾漆石捌斗四升二合四夕九才内
運送分　弐拾八石三斗四升内壱石五斗四升四夕九才 去年未進立用之
残定未進　壱石四升二合九夕八才
右大概注進如件、
　応安三年十二月廿五日　下司対馬入道是妙

二七四　上桂庄水損田注進状（前欠）（教王護国寺文書五一一号）

（前欠）
皆水損　源内
得三分一　藤次郎

□　四分一得　一郎
小卅歩　三分一得　道阿弥
小四十歩　皆損　藤五
□卅歩　三分一得　五郎
小卅歩　三分一得　法願
小廿歩　六分一得　正義
小十歩　三分一得　五郎
小十歩　五分一得　七郎
小十歩　五分一得　彦□□(郎カ)
小十歩　七分一得　十郎《タムハ》
大　三分一得　与藤太
百歩　三分一得　十郎
(付箋)「此一反三百歩下司給ニ御免之」
□反三百歩　三分一得　五郎
大　十分一得　是能
小廿歩　五分一得　浄法
小畠　縁覚
百歩　三分二得　八郎

百歩　　　　三分二得　　円正
丗歩　　　　皆損　　　七郎
大畠　　　　　　　　　五郎
都合壱町半此内畠一反
右大概注進如件、　　預所祐盛（花押）127
応安三年辛亥七月廿八日　　下司是妙（花押）137

二七五　上野庄早田注進状案（ヨ函一二二号）

上野御庄早田注進事
合参町陸段小之内
除分
二反　松尾田　　三反　仁王講田
半　　三宮田　　一反　井料田
四反　預所御方　四反　下□（司カ）
一反　職事田

以上　壱丁五反半
残定田　弐町参佰歩
分米　拾石弐斗□升
右注進状如件、
応安三年辛亥七月廿八日　是妙

二七六　上桂庄水損検見注進状　（チ函三四号）

（端裏書）
「上野庄水損検見応安四年七月」
注進　上野御庄之内水損□□事
合
檜原里　五坪　三斗代　十歩　水損分米八合三夕四才　作八郎
同、、　九坪　三斗代　十五歩　水損分米一升二合五夕一才　五郎
同、、　、、　七斗代　十歩　水損分米一升九合四夕五才　行円
同、、　十坪　三斗代　十五歩　水損分米一升二合五夕一才　五郎

同、、　　、、　二斗代　半　　水損分米一斗此内四十歩皆河成小廿歩水損　　五郎

同、、　十六坪　二斗代三百歩内小　水損分米六升六合六夕八才　　藤次郎

六斗代一反半内小卅歩　水損分米二斗五升　　行円

同、、　　二斗代　六十歩　水損分米三升三合三夕五才　　五郎

同、、　十七坪　二斗代　六十歩　水損分米三升三合三夕五才　　五郎

同、、　　八斗代　七十歩　水損分米一斗五升五合六夕三才　　五郎

郡里　一坪　石代　一反大　水損分米一石六斗六升六合六夕七才　　五郎

同、、　二坪　石代　卅歩　水損分米八升三合三夕四才　　五郎

同、、　　石代　六十歩　皆河成分米一斗六升六合七夕　　五郎

同、、　　石代　八十歩　水損分米二斗二升二合二夕六才　　藤次郎

同、、　　五斗代　小廿歩　水損分米一斗九升三合四夕八才　　正義

同、、　十一坪　石代　小四十歩　水損分米四斗四升四合五夕二才　　大蔵入道五郎

同、、　　石代　百六十歩　水損分米四斗四升四合五夕二才　　八郎

同、、　　石代　廿歩　水損分米五升五合五夕六才　　八郎

足長里　三坪　　四十歩　皆河成分米七升二合　　四郎

五斗代以上損免　参石漆斗二合一夕三才

四斗代以下損免　肆斗陸合五夕六才
加定□(交カ)分
惣都合損免　肆石壱斗八合六夕九才
右大概注進状如件、
若此旨偽申上候者、「大師」八幡大菩薩御罰可蒙罷候、
応安三年七月廿八日　下司是妙（花押）137
預所祐盛（花押）127

二七七　上桂庄年貢算用状　（を函一七号）

(端裏書)「上野庄年貢散用状」
注進　上野御庄応安五年御年貢散用事
合
御米　参拾弐石漆斗玖升弐合四夕九才内
除
三斗　御倉付

二斗　　　　　　　　徳大寺井料
一石九斗七升九合　御仏事料足本一貫二百文利三百六十文自六月至于」十月
六斗七升七合　　　御湯料足本四百文利百廿文自六月至于十月
五石　　　　　　　堤料足
六斗　　　　　　　新井料歎申之
六斗一升五合　　　藤三郎損亡三分一
六斗五升　　　　　梅宮同損亡
一石八升　　　　　飯(朝カ)原損亡
四石一斗八合六夕九才　去年依水損下地減之間、無其□(弁カ)云々
六斗五升　　　　　郡里廿三坪　半河成分一石三斗代
　　　已上　十五石八斗五升九合六夕九才
残定御米　十六石九斗三升二合八夕内
　運送分　十七石五斗二升七夕
　　此内　一石六斗四升二合八夕　去年未進引之間
定運上分　十五石八斗七升七合九夕
　　未進　一石五升四合九夕　弁了
右大概注進如件、

応安五年十二月六日　下司是妙（花押）137

二七八　東寺湯結番定文（教王護国寺文書五一七号）

定

湯結番事

正月四日　弓削嶋　　八日　院町

十一日　梅小路　　十七日　宝護院（頼我）僧正御房

廿三日　三位（朝源）大僧都、、（御房、以下同じ）　　廿七日　大輔阿闍梨、、

二月二日　久世庄地頭代　　七日　院町預所

十一日　梅小路　　十七日　大慈院（全海）僧正、、

廿三日　金蓮院（禅聖）大僧都、、　　廿七日　大蔵卿阿闍梨、、

三月三日　供僧方公文所　　七日　新勅旨田

十一日　梅小路　　十七日　増長院（清我）法印、、

廿三日　西方院（賢耀）大僧都、、　　廿七日　二位阿闍梨、、

四月二日　保一色　　七日　垂水庄今者東西九条

十一日　梅小路　　十七日　(行賀)実相寺法印、、
廿三日　(光信)証菩提院大僧都、、　　廿七日　(杲淳)兵部卿公、、
五月五日　学衆方公文所　　八日　太良庄地頭代
十一日　梅小路　　十七日　(弘雅)花厳院法印、、
廿三日　(義宝)弁僧都、、　　廿七日
六月二日　保一色　　七日　上桂庄。八日弓削嶋
十二日　梅小路　　十七日　(寛覚)建立院法印、、
廿二日　(賢宝)観智院僧都、、　　廿五日　拝師庄下司
晦日　柳原
七月七日　久世庄　　九日　角坊寄進田
十一日　梅小路　　十七日　(成聖)民部卿法印、、
廿三日　(教深)中納言僧都、、
八月二日　保一色　　七日　矢野庄預所
十一日　梅小路　　十七日　(親運)助法印、、
廿三日　(良宝)助律師、、　　廿七日　拝師庄
九月二日　太良庄預所下久世下司公文沙汰畢　　九日　上久世庄公文
十一日　梅小路　　十七日　(道憲)三位法印、、

廿三日　宝厳院(実成)律師、、　廿七日　新見庄
十月二日　角坊寄進田　七日　上桂庄預所并下司
十一日　梅小路　十七日　宝菩提院(亮忠)法印、、
廿三日　刑部卿(頼暁)律師、、　廿七日　矢野庄
閏十月二日　大輔(快俊)大僧都、、　七日　介(常全)律師、、
十一日　梅小路　十七日　三聖人
廿三日　下久世公文并下司
十一月二日　本寄進田　七日　宝荘厳院
十一日　梅小路　十七日　宰相大僧都、、
廿三日　中将(教遍)律師、、　廿七日　楠葉
十二月二日　新寄進田　十一日　梅小路
十五日　弓削嶋預所　十七日　弁大僧都、、
廿三日　少納言(寛紹)阿闍梨　廿八日　平野殿庄預所

右結番如件、

応安六年正月　日

○　この文書は、湯結番定文の初見の文書である。湯結番定文は、この後年次を逐って（応安六年から文亀三年まで）三十九通（同年のものを入れると四十一通）残されているが、上桂

庄に関係のない記事が多いので、上桂庄に関する記事のみ巻末に整理して記載する。

二七九　上桂庄下司是妙書状案（折紙）（教王護国寺文書五二一号）

上野御庄□（百）［　　］」歎申間事

一　梅宮堤事、□□□大切」渠留候之処、□□□（自彼堤）水」爪（詰）、至于梅宮鳥居之脇、」毎度洪水通［　　］□（致）難」儀候、仍少破之［　　］修理者、」可為大営珍事之上者、梅津庄・」当御領相共令□□□（合力、可加）修理」由、自長福寺［　　］」下給彼料足、忩可被興行之」旨、百姓等歎申候、

一　本庄入［　　］」洪□（水）［　　］」［　　　］』知之由、同歎申之、

一　新田堤、近年毎度□□」時馳埋候、然間、当年□□」植松・当御領相共致合力、」可加修理之旨、催促申之」間、以事次、同可下給其料足」由、百姓等歎申候、条ゝ以」此旨、厳密能様可有御」披露候、恐惶謹言、

応安六年三月　日　　是妙

御奉行所

二八〇　上桂庄百姓等申状案（折紙）（教王護国寺文書五二三号）

上野御庄□□（百姓）□□□事

右子細者、就新田之御」年貢、如□（去）□□□」御免、於当年、可致其沙汰」由、相存候之処、可被召糺得」分之由、被仰□□□、□□□□（百姓）等」依難成安堵之思、則全（令）参上、」雖歎申、更不可有御免」由、被仰下□□」次第候、所詮去大風仁、」至于中晩田、悉令不熟」間、百□□」□□□」惣半分御年貢可究済」仕候也、以此旨、能様厳密」可有御披露候、恐惶謹言、

応安六年十一月　日　　百姓等上

御奉行所

二八一　上桂庄草銭算用状（チ函三五号）

（端裏書）「□□散用状応安六　十二　廿九」

注進　上野御庄応安六年草銭事

合三貫五百三十文者

此内
一貫文　四月七日　百種
五百文　十一月晦日
五百文　　十二月九日
　已上二貫文
残　一貫五百三十文　当年依旱水大風等不熟、百姓等三分一分歎申之間、
定未進　三百五十七文内百文、応安四年ヨリ畠ヲアラシテタサス桂ノハシモト
右注進如件、
　応安六年十二月廿七日　　下司是妙（花押）137

二八二　比丘尼真証田地寄進状

（東京大学史料編纂所所蔵影写本狩野文書四）

（端裏書）
「真証大姉寄進状　田参段大二十歩文書陸通在所上野」
奉寄進　清涼院田地事
　合参段大弐拾歩者

右件田地者壱段者在山城国葛野郡上野御庄内檜原里十坪、大弐拾歩者同庄郡里十三坪矣、弐段者在乙訓郡内大井里廿坪自東縄本一反目二反目也、四至境見本券文真証買得相伝無相違」私領也、然而本寺開山国師依崇敬殊他、」師資之儀不浅、相副本券等、奉寄附彼」御塔頭清凉院所実也、但可有御訪真証」菩提者也、仍為後日寄進状如件、

応安七年甲寅正月廿五日　　比丘尼真証（花押）

○この文書は、影写本によったので花押の掲載は省略する。

二八三　上桂庄水損畠注進状（な函一二五号）

（端裏書）
「上野庄洪水損亡注進応安七」

注進　上野御庄四月廿日依大洪水畠小損事

　合

郡里十五坪　　半二十歩　　正義作皆河

同里　　半　　五郎　　同里　　大　　五郎

同里廿二坪　　三百四十歩　　八郎　　同里　　大廿歩　　五郎

同里　　大廿歩　　八郎　　同里　　三十歩　　五郎

同里　一反　行円　同里廿五坪　半　正義□
楢原里三十二坪　半　□(新庄皆)ウラ　是ハ自辰歳皆河成了
皆河也
以上六反七十歩　分麦壱石九升三合四夕
一尾花里二坪　三反　分麦壱斗五升　水損ニ歎申入候
惣都合麦壱石弐○斗四升三合四夕
右大概注□(進)如此、若於此旨聊虚言申入候者、」大師八幡可有御□罰候、
応安七年六月廿八日　下司是妙（花押）137

二八四　上桂庄水損畠注進状案　（ト函六二号）

注進　上野御庄五月廿□(日)依大洪水畠之損」事
合
郡里十五坪　半二十歩　正義　皆河
同里　半　五郎
同里　大　五郎　同里廿二坪　三百四十歩　八郎

同里　大廿歩　五郎　同里　大廿歩　八郎

同里　三十歩　五郎　同里　一反　行円

同里廿五坪　半　正義

楢原里三十二坪　半　新庄皆ウラ皆河也

已上六反七十歩　分麦壱石九升三合四夕

一尾花里二坪　三反　分麦壱斗五升　水損歎申入候

惣都合麦壱石弐斗四升壱（ママ）合四夕

右大概注進如件、若於此旨聊虚言申入候者、」大師八幡可有御□罰候、

応安七年□（六）月□（廿）八日　下司是妙

二八五　上桂庄新開田地水損注進状　（教王護国寺文書五二九号）

（端裏書）「上野庄新開水損事 応安七年八月廿一日 預所・下司注進」

注進　上野御庄内新開田地水損事

合

半内　得三十歩　源内

半内　　得三十歩　　藤二郎
半内　　十歩水損　　一郎
小三十歩内　　十歩　損　　道阿弥
小四十歩内　　十歩　損　　藤五
小三十歩内　　得五十□(歩)　　五郎
小□(二カ)十歩内　　十歩　損　　五郎入道
小廿歩内　　十歩　損　　正義
小十歩内　　三十歩　損　　五郎
小十歩内　　十歩　損　　七郎
小十歩内　　十歩　損　　彦三郎
小十歩内　　半　損　　十郎
大内　　十歩　損　　余藤太
百□(歩)内　　半　損　　十郎
大内　　六十歩損　　是能
小廿歩内　　十歩　損　　浄法
百歩内　　十歩　損　　円性
百歩内　　十歩　損　　八郎

三十歩内　　十歩　損　　七郎

已上　一段三百廿歩

右此旨、若偽申候者、可罷蒙大師八幡御罰者也、」仍注進如件、

応安七年八月廿一日　　下司是妙（花押）137

預所祐盛（花押）127

二八六　上桂庄水損河成注進状（を函一八号）

（端裏書）
「上野庄水損河成事応安七年八月廿一日 預所・下司注進」

注進　上野御庄内水損河成等事

合

榰原里

五坪　五歩　水損　八郎

九坪　十歩　水損　行円

九坪　十五歩　水損　五郎

十坪　六十歩　大水損　五郎　今行円

十坪　一反　皆白河原　五郎
十六坪　二百廿歩　水損　行円
十七坪　半　水損　五郎
十七坪　小　皆水損　五郎

郡里

一坪　二百五十歩　河成　五郎
百歩　水損　正義・浄法
二坪　六十歩　水損　行円・八郎
十一坪　六十歩　水損　藤二郎
十三坪　十歩　水損　正義

足長里

三坪　七十歩　河成　妙空

已上四段八十歩

右此旨、偽申候者、可罷蒙大師八幡御罰者也、」仍注進如件、

応安七年八月廿一日　下司是妙（花押）137
預所祐盛（花押）127

二八七　上桂庄年貢算用状　（タ函二一五号）

（端裏書）
「応安七年上野庄散用状」

注進　上野御庄応安七年御年貢散用事

合

御米　参拾弐石七斗九升二合四夕九才内

除

三斗　御倉付

二斗　徳大□（寺）井料

一石九斗八升六合　御仏事料足本一貫二百文 利三百六十文　自六月至于十月

六斗七升九合　御湯料足本四百文 利百廿文　自六月至于十月

三石五斗　井料

□（四）斗　梅宮新溝料足歎申之

七斗二升二合　飯原（朝）

二石五斗七升二合二才　当年水損新本河原田等分　四反八十歩

□（六）斗五升　佃半　一石三斗代

□（四）斗三升六夕二才（ママ）　応安四年河成　半三十歩

已上　十一石四斗三升九合□（六）夕五才

残定御米廿一石三斗五升二合八夕四才内

運送分廿一石三斗八升内二石六斗九合三夕九才　去年未進引之間

定運送　十八石七斗七升六夕一才

未進二石五斗八升二合二夕三才

右大概注進如件、

応安七年十二月八日　　下司是妙（花押）137

二八八　上桂庄年貢算用状案　（教王護国寺文書五三一号）

（端裏書）
「□野庄年貢散用地下応安七年」

○この文書は、前号（夕函二五号）とほぼ同文の案文なので本文を省略する。

二八九　上桂庄年貢算用状　（教王護国寺文書五三九号）

（端裏書）
「上野庄 地下 散用 永和元年分」

注進　上野御庄永和元年御年貢散用事

合

御米参拾弐石七斗九升二合四夕九才内

除

三斗　　御倉付

二斗　　徳大寺井料

二石三斗八升□（九）合二夕　　御仏事料足本一貫二百文 利三百六十文　自六月至十月

七斗九升六合四夕　　御湯料足本四百文 □（利）百□十文　自六月至十月

七斗二升二合　　朝原三分一

六斗五升　　佃半　河成　一石三斗代

二斗　　藤三□（郎）□損亡歎申之

四斗三升六合三才　　応安四年河成　半三十歩

二石五斗七升□（一）合二才　　応安四年水損河成　新本河□（原）田等分 四反八十歩

已上八石二斗六升五合六夕五才

残定御米廿四石五斗二升六合八夕四才内

運送分廿□(三)石七斗□(四)升内去年未進二石五斗八升二合二夕□(二)才引

定運上廿一石一斗五升□(七)合一夕七□(才)

未進三石三斗六升九合七才

右大概注進如件、

永和元年十二月廿六日　　下司是妙（花押）137

二九〇　上桂庄学衆方年貢算用状（を函二二一号）

上野庄学衆御方御年貢散用事　永和二年八月廿日

合

十二石二升内

八石一升三合三夕　三分二定　夏衆方

二石三合三夕三才　供僧御方

二石三合三夕　学衆御方

延定　二石一斗六升四合内
一石六斗八升　　代一貫文　コントウハら
三斗　　　　　　　門指
一斗八升　　　　残
十月　納
六石　内　（四石カ）□　夏衆方　　一石　供僧御方
一石　　学衆御方
　延定　一石八升内
三斗　　　門指残分
三斗二升　　代二百文　十月十九日　御神事料足
　残　四斗六升
　又　一斗□升四合　八月廿日　納残
以上　六斗四升四合　八月廿日　納加定
　代　四百文　　　　円良借申
十一月十六日　納
一石六斗六升　　三分二　夏衆方
　用途　六百六十四文　同

四斗一升六合六夕六才
延定　四斗五升　代二百八十一文
用途　　百六十六文
以上　四百五十文　御奉行かり候
十二月一日
十二月二日　納
二貫文内　一貫三百三十三文　夏衆方
三百三十二文　供僧御方
三百三十二文内　学衆御方
百文　　正月廿七日　御布施
十文　　同　支具
残　二百二十二文
十二月九日　納　一石八斗
代　一貫五百文　　一貫文　夏衆方
二百五十文　供僧御方　　二百五十文　学衆御方
同十七日　納　三斗六升　代三百文　　二百文　夏衆方
五十文　供僧御方

五十文　学衆御方
以上　五百二十三文　円良借申
右散用状如件、
永和三年正月十八日　公文円良(浄円)(花押)132

○この文書の紙継目裏に、宝厳院宏寿の花押139がある。

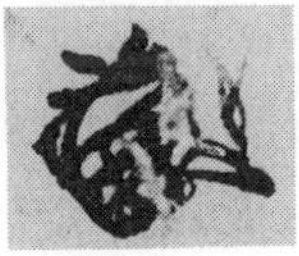
花押139（宏寿）

二九一　阿古女田地売券（東寺文書　追加購入分八号）

(端裏書)
「上野□散田所」

売渡　私領田地事

合半者

在山城国葛野郡上野御庄櫓原里内十坪

右件田地者、阿古女相続地明白也、然間依有」要用、以現銭三貫二百文仁、限永代清琛御房」所奉沽却実也、但本年貢弐斗庄斗定、同藁二束」五把、糠半俵為沙汰作職、毎年無懈怠可致」其沙汰者也、此外雖為一塵万雑公事無之、」次加地子米陸斗十合舛定、同可有其弁者也、」此上相副手継証文等申上者、末代不可有違乱煩」候、若猶以於彼下地有其妨時者、至屋敷藪」不日可被壊召候、其時更不可申異儀候、仍為後」亀鏡、証文状如件、

永和四年十二月十一日　売主阿古女（略押）140

相共嫡女孫夜叉女（略押）141

是妙（花押）137　清定（花押）136

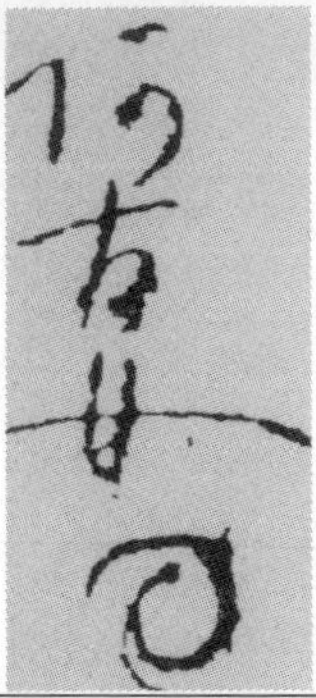

略押140（阿古女）

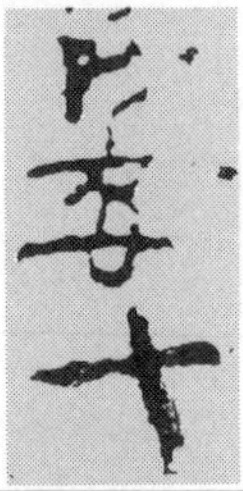

略押141（孫夜叉女）

二九二　上桂庄田数注進状（教王護国寺文書五六〇号）

（端裏書）「□進状□」

□（八）丁□（九）段□

合

除

一丁八反三百歩　□□（応安）六年河成

一丁大　□（永）和四年河成

□□（巳上）二丁□□□（百）二十歩

残定田数六町□□（弐段）六歩　神講田并人給不除之定

花押142（下司道本）

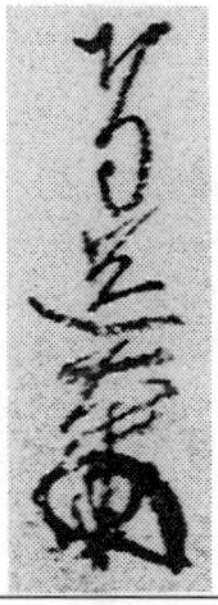

紙背　某書状

分銭□□□（百）文一反別五十文宛定

□（永）和八四年□月　日　下司道本（花押142）

○この文書は、上桂庄と関係がないので省略する。

二九三　上桂庄河成不作畠注進状案（教王護国寺文書五六七号）

（端裏書）「上野」

注進　上野御庄畠河成・不作□

合

郡里一坪　半　河成

同十伍坪　半廿歩　河成

同坪　大　河成

同坪　半　不作

同廿二坪　三反小二十歩内　河成□

同廿五坪　半　河成

□(尾)花里二坪　百歩　河成
足長里　小三十歩　河成
都合六反大五十歩内　河成分三反□
分麦一石一斗八升二合二夕□
定残九斗二升一才
康暦元年六月廿日

二九四　東寺重宝出納目録（折冊子）（教王護国寺文書五七二号）

（前略）

東寺宝蔵
　自供僧方所納物
御筆箱一合
法花文字塔一鋪　箱納
鐃鉢　納桶
文書

太良庄地頭方
上桂庄
新見庄
手文 散所
大国 付矢野地下帳
大山
太良庄 乙
廿一口方雑〻
学衆方正文
学衆方 上野 院町 拝師
廿一口方惣安堵
鎮守 因嶋
寄進田 徳泉寺
宸勝光院
宝荘厳院
已上十五合（自実相」寺渡分
納目六宝蔵ニ」同在之

康暦元　十二　五夜

（後略）

○この文書は、五紙からなる折冊子の第三紙に書かれている。なお五紙の筆跡は、それぞれ別である。

二九五　上桂庄河成不作畠注進状（教王護国寺文書五七三号）

（端裏書）
「□□庄畠不作・河成注進康暦元　十二　廿三」

注進　上野御庄内畠并不作等事

合

郡里

一坪　半　河成

十五坪　半廿歩　河成

同坪　大　河成

同坪　半　不作

廿二坪　　　三反廿歩　不作
同坪　　　　小　　　河成
廿五坪　　　半　　　河成
尾花里
二坪　　　　百歩　　河成
已上六段小廿歩　麦畠分
一　草畠不作・河成等事
楢原里
五坪　　　　大　　　不作
八坪　　　　一反　　不作
同坪　　　　三反四十歩　不作
足長里
七坪　　　　三十歩　河成
已上四反三百十歩　分銭一貫四百六十文
右大概注進如件、
康暦元年十二月廿三日　　　下司是妙（花押）
137

二九六　上桂庄某申状（折紙）（や函三九号）

（折紙端裏書）
「上野　夫役免状
　　　　康暦二　」

東寺御領上野庄名田三段」三百歩人夫事
件田作人藤三郎入道、」多年巨多人夫四十人、令」勤仕候之間、及牢籠、去年」冬捨住屋、忽令逐電候」旱、不便之次第、言語道断」候、随而、相尋新百姓候之」処、人夫過分之間、更不請取」候、如何可仕候哉、既向耕作、」不作之条、勿論事候、可然」者、人夫半分二十人蒙御」免、付新百姓、云御年貢云人夫、」向後無懈怠可令勤仕候、」僅不及四段名田、四十人之」夫足過分之条、可足上察候、』且云当庄云他庄、無傍例」者哉、不便之至極、歎而有」余者欤、凡此夫足者、供花」花摘候欤、而近年者被召仕」他用、被遣紀州辺候旱、」是又不便之次第候、所詮」預撫民之御沙汰、人夫半分」蒙御免、為全耕□（作カ）粗言上」如件、

康暦二年二月　日

花押143（布施基連）

二九七　室町幕府奉行人布施基連書状（ム函五四号）

（端裏書）
「奉行布施民部丞状□□□（山城国）段銭免除事」

当寺□（領）山城国□□□（所〻日吉）」段銭事、可止催促之由」被仰出之間、令下知使節」□□（等也）、□□□（可得御）
□□（意候）、恐〻」謹言、

（別筆）「康暦二」
三月五日　　　（布施）基□（連）（花押）143

東寺御坊

○この文書は、破損が甚だしく、不明部分は案文三四六号(2)（ミ函五四号(二)）によって補った。

二九八　室町幕府奉行人奉書（ヤ函三五号）

（端裏書）
「奉行斎藤筑前五郎左衛門□状　山城国段銭免除事」

当寺領山城国日吉」□□（段銭）事、可止催促□□（之由）」被仰出之上者、可□□□（令下知）」使節候也、恐〻謹
言、

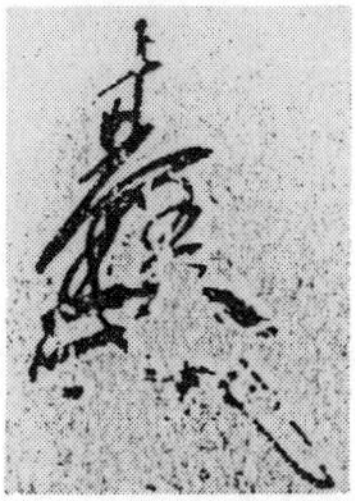
花押144（斎藤基繁）

（別筆）「康暦二」
三月六日　　　（斎藤）基□（繁）（花押）144

東寺御坊

○この文書は、破損が甚だしく、不明部分は案文三四六号(3)（ミ函五四号㈢）によって補った。

二九九　上桂庄河成不作畠注進状案（教王護国寺文書五八〇号）

注進　上野御庄内畠并不作河成事

合

郡里

一坪　半　河成　　同里　半　不

同十五坪　半廿歩　河成　　同坪　大　河成

同坪　半　不　　同廿二坪三反小五十歩内一反河成

同廿五坪　半　河成

一　尾花里二坪　百歩　河成　　同九坪　一反　不

一　村合里六坪　半　　不　　　藤三郎
　　都合八反小五十歩
　　分麦一石五斗三升
一　五石二斗四合二夕二才内　一石五斗三升　不作・河成
定　三石六斗七升四合二夕二才内
進上分　二石八斗
残分　八斗七升四合二夕二才
　康暦二年六月十五日　　　是妙

三〇〇　上桂庄早田水損田地注文（を函二五号）

康暦二年早田内水損事河原方四反内
　合
一反　下作人　五郎　大　下作　藤二郎
一反　下作　弥五郎　半　作　与藤太
小　下作　与藤太　半　下作　八郎

都合四反　半分御免候へと申入候、

八月十五日　　是妙（花押）137

三〇一　上桂庄年貢算用状（教王護国寺文書五八四号）

（端裏書）「上野庄散用状康暦二年分」

注進　上野御庄康暦二年御年貢散用事

合

御米三十八石壱斗五升八合九夕九才

新開五石三斗六升六合二夕入定

除

三斗　　御倉付

二斗　　徳大寺井料

一石八斗七升二合　　御仏事料足本一貫二百文リ三百六十文　自六月十月マテ

六斗二升四合　　御湯料足自六月十月マテ本四百文リ百廿文

六斗五升　　佃半　一石三斗代　河成

二石壹斗四升八合六夕八才　自応安四年・同七年　河成
三石八斗八升八合四□　自永和四年河成□百七十歩
八石　当年井料　徳大寺庄入定
二石　当損毛水損□(分)
一石八升　朝原不作損毛
一斗九升五合　新開不作
以上二十石九□(斗)□(升)□八合八才
定御米十七石二□(斗)四夕一□(才)
進上分十八石四斗□(八)升　此内四石二斗□□□合八夕四才□(去)年未進立用
定進上十四石一斗九升六合一夕六才
八石一升　九月三日　二石四斗　同九日
一石三斗　十月十一日定使給　三石六斗　同十四日
一石八升　十一月十八日　九斗九升　十二月廿一日
一石一斗　十二月十七日
未進三石四合□(七)夕五才
右大概注進如件、
康暦二年十二月廿五日　下司是妙（花押）137

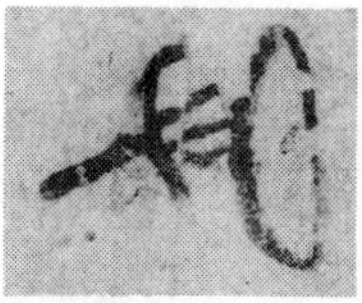
花押145(某一〇)

○ この文書の紙継目裏に、某一〇の花押145がある。

三〇二　東寺領段銭免除諸庄園目録(折紙)　(ル函二六五号)

(折紙端裏書)
「段銭免除寺領目六」

東寺領目録

山城国 基連(布施)奉行
　　　 基繁(斎藤)奉行

上桂庄

拝師庄

久世庄

東西九条

植松庄

八条院〻町

散在敷地

丹波国 詮有(安威)奉行之分 大山庄

摂津国（飯尾）為清奉行　垂水庄

若狭国詮有奉行之　太良庄

大和国　平野庄

近江国（松田）秀経奉行　嶋郷本家方』

遠江国季信奉行

原田庄内　細谷郷

村櫛庄　本家方

播磨国詮有奉行之

矢野例名并重藤名

安芸国詮有奉行

三田

平田

高屋余田

周防国

三輪庄内　兼行方

河内国（門真）周清奉行

徳泉寺庄

○ この文書と次号文書（ル函二六六号）は、康暦二年の日吉社神輿造営段銭の免除に関するものと推定される。

三〇三　東寺領段銭免除諸庄園目録（折紙）（ル函二六六号）

東寺領目録免除事

山城国　奉行基連　布施民部
　　　　　　基繁　斎藤五郎左（衛門尉）□□□

上桂庄

拝師庄

久世庄上下

東西九条

植松庄

八条院〻町

散在敷地

丹波国　奉行詮有安威新左衛門尉

大山庄

若狭国　同

太良庄

播磨国　同

矢野例名

并重藤名

安芸国　同両使未下

三田

平田

高屋余田』

摂津国　奉行為清飯尾四郎左衛門尉

垂水庄

近江国　奉行秀経松田主計

嶋郷

遠江国　奉行季信雅楽民部

原田内

細谷郷
村櫛庄
本家方
河内国　奉行周清門真
徳泉寺庄
周防国　奉行不定
三輪庄内
兼行方
大和国　奉行不定
平野庄

三〇四　法橋某書下案　（教王護国寺文書五九五号）

（端裏書）
「上野書下折紙案夏麦未進事永徳元」

当庄夏麦事、本員数五石余毎年」無懈□（怠）之処、此四ヶ年大略及」半分、未進之条不可然之〻間、〻仍年〻分当年」悉可責立之由、及御沙汰之間、被下」御使之処、不及是非沙汰、相誘於使、」

被返申之条、以外次第也、所詮」四ケ年之分、悉不被四ケ年運送」候者、不可立於御使候、
懸四ケ年分」続於請取、一不可被遂結解、○（於未進分者、御使在庄□沙汰）□由、」被仰下候也、仍執達如件、
永徳元
八月廿三日　　法橋□判
上野庄下司（是妙）殿

三〇五　上桂庄下司是妙起請文（チ函四一号）

上桂上野御庄内畠河成等事
右件畠者、応安七年以来至于今、所令水損」河成、無其陰（隠カ）者也、仍近年不作河成等、里坪」悉令注進候畢、若万一於此下地、存私曲偽申」候者、可罷蒙日本国中大小神祇殊大師八幡」松尾大明神等御罰者也、此上下給憲法之御」使、可預御見知候、仍起請文之状如件、
永徳元年八月廿五日　　下司是妙（花押）137

三〇六　上桂庄年貢算用状　（教王護国寺文書五九九号）

（端裏書）
「上野庄地下散用状永徳元年分」

注進　上野御庄永徳元年御年貢散用事

合

御米三十八石壱斗伍升八合九夕九才

新開伍石参斗六升六合七夕加定

除

参斗　御倉付

□（二）斗　徳大寺井料

一石七斗九升五合　御仏事料本一□□（貫二）百文リ三百六十文 自六月十月

五斗七升三合　御湯料本四百文リ百廿文 自六月十月

六斗五升　佃半　河成一石三斗代

二石一斗四升□（六）夕八才　自□□（応安四）年、□□（同七）年河成

三石九斗七升二合二夕一才　自永和四年河成四反小五十歩内　一反五斗代

六石　当年井□（料）

一石八升　　　朝原半損
四斗　　　　　藤三郎入道□《(分)》損亡申
　以上十七石一斗一升八夕九才
定御米廿一石四升八合一夕内
　進上廿石二斗三升内　三石去年未進立用申
定進上十七石二斗三升内　七石三斗三升　九月六日
　　　　　　　　　九石四斗　十月十三日　定使一石三斗マテ
　　　　　　　　　三石　十一月廿七日
　　　　　　　　　五百文　十二月廿一日
　未進三石八斗一升八合一夕
右注進如件、
　永徳元年十二月廿五日　　下司是妙（花押）137

三〇七　大林家春具書目録　（教王護国寺文書六一三号）

上桂庄敵方具書次第

玉手則光譲大納言局状長徳三年九月十日
大納言局譲進大柳姫宮状長久四年正月十日
大柳宮譲賜教子状女房 無之
教子譲内大臣法印清厳状久寿二年十二月廿日
清厳之時上西門院庁御下文寿永元七月 日并関東下
知状嘉禎二八 廿六有之、此外始終無一紙之公験
清厳法印譲猷暹状建保二年九月十日
猷暹譲承雅状弘長二年九月八日
承雅譲聡覚状永仁三年六月十日
聡覚譲栄覚状正中三年三月十一日
栄覚譲紀氏女状延文四年三月十六日
紀氏女譲九条宰相状永和三年八月廿五日
九条宰相寄進高原庵状永徳三年三月十二日 文章大不審
高原庵主僧昌達譲大林左近将監家春状至徳元□(年)三月十六日

三〇八　大林家春具書目録案（下部欠）（教王護国寺文書六一四号）

○この文書は、前号（教王護国寺文書六一三号）の案文なので省略する。

三〇九　大林家春申状案（フ函五九号）

（端裏書）
「敵方目安案」

目安

大林源四郎家春謹言

右子細者、上桂庄代〻相伝無相違地也、而」故錦小路殿（足利直義）御代、俄号闕所之由、無謂自」東寺某申給当所之条、言語道断愁訴」也、所詮被停止彼違乱、任相伝支証状等」道理、被成下安堵御教書、被打渡当庄於」家春為知行、目安言上如件、

至徳弐年六月六日

三一〇　上桂庄早田田数注文（上部欠）（教王護国寺文書六二三号）

（端裏書）
「□(至)徳二」

御庄早田事
五反

松尾田　□(一)反　仁王田
□(三)宮神田　一反半　本井料
地蔵田　二反半　預所方
下司給　半　職事給
□(上)壱丁一反半
丁三反半　分米七石二斗五升
□(此)内八反風(水)ノ損ヲ申
□□(徳)二年八月十一日　下司是妙（花押）137

○この文書は庄名を欠くが、文中の「下司是妙」の記載により上桂庄に関する文書とする。

(1)東寺雑掌頼勝陳状

三一一　東寺雑掌頼勝陳状并具書　（さ函五八号）

（端裏書）
「□□庄申状并具書案小林（マヽ）源四郎」

東寺雑掌頼勝謹支言上

欲早大林源四郎家春以数十年不知行地、□（号）」相伝、擬掠賜御教書条、謀計企顕然上□□、」被弃捐彼奸訴、全御願要脚、山城国上桂庄間事、

副進

一通　後宇多院御起請符案正和二年十二月七日

一通　院庁御下文案文保元年十月　日

一通　関東施行案嘉暦三年十月廿日

一通　惣安堵院宣案建武三年十一（マヽ）月八日

二通　御判御教書并侍所制札案

右当所者、去正和二年

後宇多院忝以　震筆御起請符　勅施入地也、従尓」以来、為重色之料所、及八十箇年当知行、敢無依違」処、大林源四郎家春捧数十箇年不知行之古法古（反）、」擬掠賜御教書之条、濫吹之至極也、且以不知行之地」数代之間、或譲与或寄進之条、太背大法者哉、更非」御沙汰

之限、然者早被弃捐彼奸訴之旨、預御教書、」全御願要脚、弥為抽御祈禱忠勤、粗支言上如件、

至徳二年八月　日

(2)後宇多法皇宸筆庄園敷地施入状抄

（朱）後宇多院震筆御起請符案

○この文書は、二九号（東寺文書　御宸翰）の抄なので本文を省略する。

(3)後宇多院庁下文抄

（朱）庁御下文案

○この文書は、四八号（東寺文書　楽甲一）の抄なので本文を省略する。

(4)北条守時請文案

（朱）関東施行案

○この文書は、七四号（せ函武家御教書并達一〇号）の案文なので本文を省略する。

(5)光厳上皇院宣案

（朱）惣安堵院宣案

○この文書は、八二号（東寺文書　楽甲一〇）の案文なので本文を省略する。

(6)足利義詮御判御教書案

○この文書は、二〇一号（せ函足利将軍家下文六号）の案文なので省略する。

(7)室町幕府禁制案

○この文書は、二〇二号(1)（ホ函二七号㈠）の案文なので省略する。

○この文書の(2)以下の具書案の「上桂庄」という文字には、すべて合点が付されているが、(2)から(5)までの合点は朱であり、(6)(7)は墨である。また本文中の具書目録の最後の二通　御判御教書并侍所制札案も行間に書き込まれており、(6)(7)は同筆であるが後に書き加えられたものと思われる。

三一二　東寺雑掌頼勝陳状案（教王護国寺文書六二四号）

○この文書は、前号(1)（さ函五八号㈠）とほぼ同文なので省略する。

三一三　上桂庄陳状具書注文（チ函四七号）

（端裏書）
「上桂支状之時出具書案至徳二　九　十二」

文書正文注文

後宇多院震筆御起請符　一巻

花押146（斯波義将）

庁下文一巻
関東施行案　一通
惣安堵院宣□　二通　此内於御当代之安堵者、先日不備具書、依撰出進之
一通　（侍所）中御所　御判御教書　此具書外
一通　制札　此具書外

○この文書の内容は、三一一号（さ函五八号）の副進文書の目録と一致する。

三一四　管領斯波義将奉書　（東寺文書　数九）

東寺領山城国上桂庄事、「大林源」四郎家春帯嘉禎等古文書、「相伝之」由雖称之、任正和後宇多院御」寄附・文保庁御下文・建武安堵　」院宣・観応御教書以下証文并当知行之」旨、於家春訴訟者、所被弃置也、早可」被存知之状、依仰執達如件、

至徳二年九月十二日　　左衛門佐（斯波義将）（花押）146

当寺供僧御中

三一五　管領斯波義将奉書案　（ノ函八九号）

○この文書は、前号（東寺文書　数九）の案文なので省略する。

三一六　上桂庄并矢野庄文書案（仮綴）　（ミ函五一号）

（表紙外題）
「学衆方第一箱」

(1)万里小路仲房書状案

○この文書は、上桂庄と関係がないので省略する。

(2)光厳上皇院宣案

○この文書は、上桂庄と関係がないので省略する。

(3)光厳上皇院宣案

○この文書は、上桂庄と関係がないので省略する。

(4)後光厳天皇綸旨案

○この文書は、上桂庄と関係がないので省略する。

(5)後光厳天皇綸旨案

○この文書は、上桂庄と関係がないので省略する。

(6)執事斯波義将奉書案

○この文書は、上桂庄と関係がないので省略する。

(7)後宇多法皇院宣案

○この文書は、上桂庄と関係がないので省略する。

(8)管領斯波義将奉書案

○この文書は、三一四号（東寺文書　数九）の案文なので省略する。

(9)光厳上皇院宣案

○この文書は、一五六号（ホ函二四号）の案文なので省略する。

(10)足利直義施行状案

○この文書は、一八〇号（ホ函八五号）の案文なので省略する。

(11)管領斯波義将奉書案

○この文書は、上桂庄と関係がないので省略する。

(12)後光厳天皇綸旨案

○この文書は、二二九号（東寺文書　書七）の案文なので省略する。

(13)光厳上皇院宣案

○この文書は、八二号（東寺文書　楽甲一〇）の案文なので省略する。

三一七　上桂庄下司是妙請文　（教王護国寺文書六二五号）

（端裏書）
「□《（上）》野下司請□《（文）》未進事
至徳二　十一　廿六　」

上野庄御年貢事
石八斗代　一貫五百文　十二月弁之　残三石三斗二升六合
七石一斗二升六合

右御年貢、今月つこもりに、」ことく〳〵くさいそく仕候へく候、」もしふさた候ハヽ、ならひニけん」せきの御使下され候へく候、」下司しきをも御あらため候へく候、」仍而うけふミ如件、

至徳二年十一月廿六　　下司是妙（花押）137

委細勘定処
七斗六升一合七夕二才未進云〻

三一八　上桂庄学衆方年貢仕足注文（後欠）（ヨ函一二七号）

（端裏書）
「上野庄年貢仕足注文至徳三分」

上野庄至徳三学衆方年貢事

六斗一升　延定　六斗五升八合八夕
一石四斗　延　一石五斗一升
六斗六升六合六夕　延　七斗二升
六斗　延　六斗四升八合
五斗五升　延　五斗九升四合
二斗一升六合　延　二斗一升六合
已上　四石三斗四升◦六合八夕内
一石四斗　代一貫文　進宿坊給分
二斗八升　代二百文　十月十九日御仏事
一斗四升　代百文　正月廿七日御仏□
六斗　同□三人給分
已上　二石四斗二升
残　一石□(九)斗二升□(六)合八夕

代一貫三百六十五文小徳米付之

（後欠）

三一九　上桂庄内名主職并里坪付本年貢加地子等注進状（ほ函五〇号）

（端裏書）
「上野庄散在名主分注進至徳四 嘉慶元　六　八」

注進　桂上野庄内名主職并里坪付本年貢加地子等事

合

一　光明蔵院自禅蔵坊手売得之

村合里六坪　二反半三斗代　分米九斗交分加定

同　八坪　一反小四斗代　分米六斗三升九合三夕四才

已上　本年貢　一石五斗三升九合三夕四才

加地子　一石六斗

一　蓮華坊

郡里十四坪　七反内半元亨年中新河成

現田　六反半石代

本年貢　六石五斗

加地子　三石九斗反別六斗代

一　往生院

桑原里二坪　三反五斗代

本年貢　一石七斗七升交分加定

加地子　彼名主遠所候間不存知候

一　谷性源

曽祢里七坪　六反三百歩七斗代

本年貢　五石一（二カ）斗二升。五合交分加定

加地子　為自作之間不存知候

一　良阿弥

楢原里十八坪　一反八斗代

本年貢　八斗

加地子　一石

一　谷池坊寺中　自下司方相伝之

郡里十四坪　一反半五斗代　分米一石五斗

同里廿四坪　一反小七斗代　分米九斗三升三合三夕
楢原里十七坪　一反　二斗代　分米二斗四升交分加定
已上本年貢　二石六斗七升三合三夕
加地子　為自作之間不存知候

一　同　坊自浄教手売得分
尾花里十五坪　一反四十歩石代
本年貢　一石一斗一升一合一夕三才
加地子　一石

一　池坊侍従殿　自下司方相伝之
郡里廿四坪　一反六十歩内
半七斗代　分米三斗五升
大三斗代　分米二斗四升交分加定
本年貢　已上　五斗九升
加地子　二石一斗

一　谷聖光坊自是能房手売得之
郡里十一坪　三反石代
本年貢　三石

加地子　三石

一　寺戸分

尾花里三坪　一反三百歩 石代

九坪　一反　同

十坪　一反百歩　同

十五坪　五反六十歩 同

已上　九段百歩

本年貢　九石二斗七升八合

加地子　為自作之間不存知候

一　清水井恒坊 自下司方相伝之

郡里十三坪　一反小 五斗代

本年貢　六斗六升八合

加地子　二石

一　飯原覚跡

村合里廿二坪　大　石代

同　廿三坪　一反半 石代

已上　二反六十歩　分米二石一斗六升六合六夕七才

加地子　為自作之間不存知候

一　仁和寺正眼庵　本清景手売得之
檜原里五坪　二反五斗代
同　十坪　一反五斗代
本年貢　一石五斗
加地子　四石五斗

一　六条道場清貝比丘尼妙智房手ヨリ売得之
郡里十一坪　二反石代
同里二坪　半石代
本年貢　二石五斗
加地子　二石五斗

一　臨川寺
郡里十三坪　一反廿歩四斗代　分米四斗二升二合四夕
檜原里五坪　小三斗代　分米一斗八升
郡里十三坪　一反四斗代　分米四斗八升交分加定
本年貢　一石八升二合四夕
加地子　三石八斗

一　谷左衛門入道自正義手売得之

　檜原里八坪　一反半

　　本年貢　八斗

　　加地子　一石二斗

一　北小路自妙智房手売得之

　郡里十一坪　一反内半河成 半現田分米五斗

　檜原里五坪　一反　五斗

　同里十七坪　一反半　五斗四升交分加定

　　本年貢　一石五斗四升

　　加地子　一石四斗六升

一　大覚寺法護院

　檜原里九坪　二反内一反河原田内今河成

　　現田一反　本年貢　六斗

　　　　　　加地子　一石

一　預所殿

　郡里二坪　二反内一反河成 一反現田　分米　五斗

　　加地子　一石

一　梅津比丘尼寺信照御房分
郡里十三坪　一反　分米三斗五升売主民部律師
加地子　一石六斗五升
楢原里十坪　一反　分米三斗五升売主是能房
加地子　一石六斗五升
（付箋）
「古帳ハ一反六十歩
年貢三斗五升也　」
一　梅津塔主自十郎手売得之
郡里十三坪　一反ハセマチ　分米四斗八升交分加定
加地子　八斗五升
一　梅宮三位僧都
郡里十三坪　一反六十歩　分米四斗八升交分加定
楢原里五坪　一反　分米五斗
本年貢　九斗八升
加地子　一石五斗
一　字本阿弥《ミソ》大ノウ
足長里三坪　三反四斗代　分米一石四斗四升交分加定
同　坪　小三斗代　分米一斗二升交分加定

同　十坪　三百廿歩三斗代　分米三斗一升八合二夕七才交分加定

已上本年貢　一石八斗七升八合二夕七才

加地子　二石六斗

一　北斗同所

足長里三坪　一反四斗代

本年貢　四斗八升交分加定

加地子　七斗

右大概注進如件、

至徳四年六月八日　下司清定（花押）136

○　この文書の紙継目裏毎に、宝厳院宏寿の花押139と高井祐尊の花押147がある。また、合点はすべて朱である。

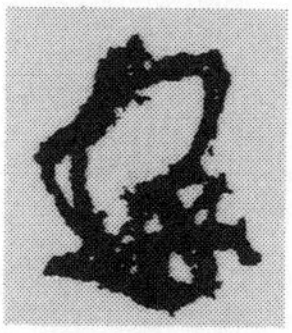

花押147（祐尊一）

三二〇　上桂庄新開百姓注進状　（カ函七四号）

（端裏書）
「上野庄新開百姓注進康応元　三　廿三」

上野庄新開百姓名書事康応元　三　廿三

東ヨリ始之口一丈五尺

一坪　下司　　　　二坪　幸丸

三、　左近四郎　　四、　兵衛五郎

五、　左衛門三郎　　六、　馬二郎

七、　与一　　八、　左藤五

九、　六郎　　十、　左近

十一、　兵衛三郎　　十二、　助二郎

十三、　与藤太　　十四、　行法

十五、　彦五郎　　十六、　下司孫三郎

十七、　彦九郎　　十八、　カツラ彦五郎

十九、　右衛門太郎　　廿、　与四郎

廿一、　左藤四郎

同開西ヨリ始

花押148（快秀）

口二丈

一坪　下司　　二坪　与藤太
三、兵衛三郎　　四、与一
五、左藤四郎　　六、右衛門太郎
七、彦五郎　　八、左近
九、馬二郎　　十、与四郎
十一、左藤五　　十二、助二郎
十三、左衛門三郎　　十四、行法
十五、彦五郎《カツラ》　　十六、彦九郎
十七、西方東ハシ ヨコ残東三坪　兵衛五郎　　十八、下司 孫三郎
十九、幸丸　　廿、左近四郎
廿一、六郎

已上廿一人

右注進如件、

康応元年三月廿三日　（清定）下司（花押）136
（快秀）公文所（花押）148

○　この文書の紙継目裏に、宝厳院宏寿の花押139がある。

三二一　上桂庄内畠宛行状案　（さ函六三号）

かみの丶むかひかわらの畠の事

合一反半二所者

右件畠をとく大し《徳大寺》のかうかく房ニ」ゑいたい《永代》あて《宛》おこなうところ、しち《実》」なり、但なつはく《夏麦》ハ二斗、あきはく《秋麦》」二斗、そのほかハまんさうくし《万雑公事》ハあ」るへからす、仍為後日、あて状如件、

康応元年己巳七月二日

かみの丶下司

三二二　石川□成書状（折紙）（オ函八三号）

（折紙端裏書）「上野庄守護役免状明徳元　六　五」

とう寺ゝ領上のゝ」事、さきたて」所やくおのそかれ」候ぬ、このところハ」別たんのきにて、」御さしおきある所」にて候間、いまさら」諸事さゐそく」のきあるへからす候也、」先日御状ニあつかり候し、』すなハち御返事」不申候、恐入存候、」恐ゝ謹言、

六月五日　石川蔵人□成（花押149）

東寺の（祐尊）
高井殿御宿所

花押149（石川□成）

三二三　上桂庄下司清定請文案（ソ函六〇号）

（端裏書）「上野下司請文案」

しやうけんあん（庵）りやうのてんち（田地）の事

合参段者

右の田ハ、ひころのことく御知行候へく候、」おやにて候物うり申候上ハ、もとより異儀」を申さす候間、向後も子細あるましく候、」子ゝ孫ゝたりといふとも、更異儀を申」へからす候上者、他の妨あるましく候也、」仍請文之状如件、

明徳元年十月廿七日　下司清定在判

三二四　上桂庄下司清定請文案　(教王護国寺文書六五六号)

(端裏書)
「上野下地下司請文案《きつしあんへ》」

○　この文書は、前号(ソ函六〇号)と同文なので本文を省略する。

三二五　上桂庄興行分注進状　(ほ函五五号)

(端裏書)
「上野庄興行分注進康応元年三月廿三日注進新開外 明徳二　八　十」

注進　上野庄検知条〻事明徳二年八月十日

合

一所　　下桂今在家屋敷百性四人有之

　　　本年貢夏麦　一石弁申之

一所　　千代原吉六屋敷

　　　本年貢夏麦　八升八合弁申之

一　新開事反別七斗代

花押150（快舜）

南河原西庄サカイ
一反小　自明年可弁之　左近四郎
一番自西次
大　自明年可弁之　与藤太
本新開次南
百歩　本新開外加増之分米一斗九升四合自当年弁之　円仏
同
百歩　自明年可弁之　分米一斗九升四合　馬次郎
堂前南ノヲリロ南キシ東西へ有之
一反内　小　新開加増時分
　　　　大　分米四斗六升自当年弁之　下司
南キシハタ東ヨリ西へ注之
一反半　自当年可弁之　分米一石五升　道性後家
同所
七十歩　自当年可弁之　分米一斗三升五合　彦六
同
八十歩　自当年可弁之　分米一斗五升五合五夕　道善
同
八十歩　自当年可弁之　分米一斗五升五合五夕　同
フシ原イヌイ南
小　自当年可弁之　分米二斗三升三合三夕　道円

已上　五反大十歩　此内
此内三反小三十歩分米二石四斗五升自当年可弁之
二反百歩　自明年可可弁之
明徳弐年八月十日　下司清定（花押）136
預所快舜（花押）150
上使公文所快秀（花押）148

○　この文書の紙継目裏に、宝厳院宏寿の花押139がある。

三二六　管領細川頼元奉書（せ函武家御教書并達六二号）

東寺領山城国下久世以下」段銭事、先ゝ免除之上者、不日」可被停止催促之状、依仰執達」
如件、

明徳三年十一月廿一日　右京大夫（細川頼元）（花押）151

畠山（基国）右衛門佐殿

三二七　山城国段銭文書案（折紙）（ナ函二一号）

（折紙端裏書）
「山城寺領段銭免除書下案明徳四　三　七」

東寺領山城国内」所ゝ松尾仮殿造」営段銭事、先ゝ」免除之上者、可被」止催促之由、被
仰」出候、恐ゝ謹言、

花押151（細川頼元）

(1)室町幕府奉行人奉書案（折紙）

明徳四
三月七日　　飯尾左衛門大夫
為清判

両御使中

(2)室町幕府奉行人連署奉書案
（折紙）

（折紙端裏書）
「預置北野段銭免状案」

東寺雑掌申候」寺領山城国所々」段銭事、注文如此候、」先而既被閣之上者、」祇園・北野神輿造替」段別、同可被止催」促之由候、恐々謹言、

（康暦元年）
十一月廿日　　斎藤四郎右衛門尉
基兼判
飯尾四郎左衛門
為清判

布施民部丞殿

三二八　錬山禅師是訓田地寄進状（尊経閣古文書纂長福寺文書）

（端裏書）
「錬山禅師寄進状　田四段半　明徳四」

寄附田地之事

（追筆）
「一所半　上野御庄内十合升定
一所半　上野御庄内同」

合

花押152（錬山禅師是訓）

一所弐段 広隆寺仏性田字辻子内
一所一段 同仏性田在所定材号柱本
一所半 太秦安養寺領字塔内
右件田地者、是訓相伝私領也、而長福寺」開山塔清涼院、相副本券等奉寄附」処也、仍寄
進状如件、
明徳二二年癸酉八月七日　（錬山禅師）是訓（花押）152

三二九　上桂庄年貢算用状（前欠）（夕函四八号）

（前欠）
三石九斗九升九合
惣都合御米　四十五石一斗一升四合一夕九才内
除
三斗　御倉付
二斗　徳大寺井料

一石三斗　　　　　　　　御仏事料足　本一貫二百文和市九升宛
　　　　　　　　　　　　　　　　　利二百四十文自六月至九月

四斗一升五合　　　　　　御湯代　本四百文和市九升宛
　　　　　　　　　　　　　　　利六十文自六月至九月

六斗五升　　　　　　　　佃半河成

二石一斗四升六夕八才　　自応安四年同七年マデ河成

二石九斗七升二合三夕一才　自永和河成　四反小五十歩

一石　　　　　　　　　　新井料

四石　　　　　　　　　　当年于迄

　已上　十二石九斗七升七合九夕九才

残定御米　三十二石一斗三升六合二夕内

　運上分　廿六石八斗九升

　未進　　五石二斗四升六合二夕

右注進如件、

　明徳四年十二月五日　　下司清定（花押）136

略押153（上野与藤太）

三三〇　上野与藤太作職請文（国立国会図書館所蔵文書）

（端裏書）「百性請文」

請申　作職之事

合半者　上野御庄内楢原里十三坪

右請申作職者、本所当八参斗五升」庄斗定、毎年為百性沙汰可進候、加地子者」陸斗五升

庄斗定、何なる旱水損亡とも」無未進懈怠、可致其沙汰候者也、仍為後日」請文状如件、

明徳五年甲戌正月廿二日　上野与藤太（略押153）

○この文書は、『国立国会図書館所蔵貴重書改題』第六巻に二六六号として収められている。

三三一　上野与一作職請文（神奈川県立金沢文庫保管文書）

請申　作職之事

合半者　上野御庄内楢原里十坪字三昧上

右請申作職者、本所当米弐斗、庄斗定、」藁二束◦五把、糠半俵、毎年為作人沙汰、」無懈怠

略押154（上野与一）

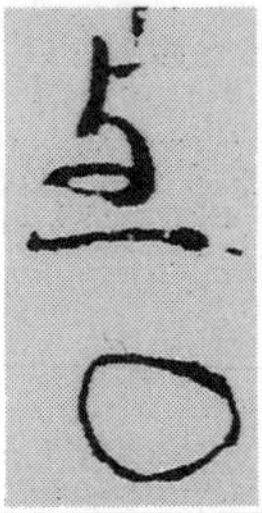

花押155（運阿ミ）

花押156（道之）

可致其沙汰者也、加地子者陸斗、」十合舛定可沙汰申候、仍請文状如件、

明徳五年甲戌正月廿二日　上野与一（略押）154

○この文書は、前号（国立国会図書館所蔵文書）と同一日付であり、二通の筆跡も同じである。

三三二　山城国守護結城満藤奉行人連署奉書（折紙）　（な函二二九号）

（折紙端裏書）
「上野諸役免状」

東寺領上野庄」事、人夫以下」諸役、可被閣候由、」被仰之候へく候、」恐々謹言、

（明徳五年）
六月廿九日　運阿ミ（花押）155

（富家三郎）
道之（花押）156

御使御中

参考五　山城国守護結城満藤奉行人連署奉書（折紙）（ヲ函三四号）

（折紙端裏書）
「久世庄諸役免除状明徳五年六月廿九日」

久世上下庄事、」為東寺ゝ領、諸」御公事人夫」以下、催促可被」止候之由、被仰候也、」恐ゝ謹言、

六月廿九日　（富家三郎）道　之（花押）156

運阿ミ（花押）155

御使者御中

○　この文書は、前号（な函二二九号）と同時に出された山城国守護結城満藤奉行人連署奉書である。葛野郡（上野庄）と乙訓郡（久世上下庄）のそれぞれに伝達されていることが分かる。

三三三　上桂庄并久世上下庄諸役免除文書案（な函一四三号）

（端裏書）
「寺領諸役免状案」

(1)山城国守護結城満藤奉行人連署奉書案
(2)山城国守護結城満藤奉行人連署奉書案

○この文書は、参考五（ヲ函三四号）の案文なので省略する。

○この文書は、三三二号（な函二二九号）の案文なので省略する。

三三四　東寺領山城国当知行分所領目録（折紙）（キ函一四号）

注進

東寺領山城国当知行」分事

　合

乙訓郡

　久世上下庄

葛野郡

　上桂庄

愛宕郡

　宝庄（荘カ）厳院敷地

　㝡勝光院敷地

花押157（祐尊二）

花押158（大和守是友）

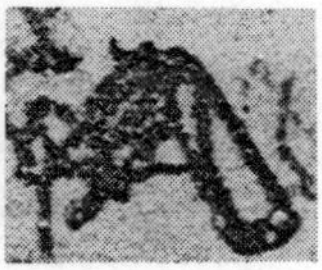

花押159（主計允幸長）

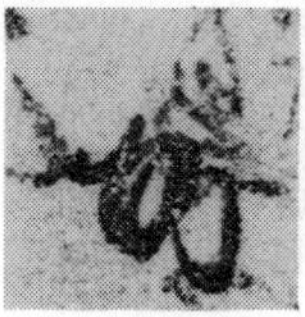

八条院〻町』

此外洛中所〻少敷地」等注文、依繁略之、

紀伊郡

拝師庄

東西九条

寺辺水田

久世郡

下奈良〻〻寺領」本家役七町余

以上　不知行地略之定

応永元年八月廿七日

法眼祐尊（高井）（花押）157

○この文書の裏に、大和守是友の花押158と主計允幸長の花押159がある。

花押160（結城満藤）

三三五　山城国守護結城満藤書下（せ函足利将軍家下文二四号）

山城国東寺領当知行」分所〻注文有別紙事、可沙汰付」寺家雑掌之状如件、

応永元年八月廿八日　（結城満藤）（花押）160

小泉越前守殿

三三六　山城国守護結城満藤書下（つ函一号㈤）

山城国東寺領当知行」分所〻注文有別紙事、可沙汰付」寺家雑掌之状如件、

応永元年八月廿八日　（結城満藤）（花押）160

牧新左衛門尉殿

○この文書と前号（せ函足利将軍家下文二四号）は、内容・料紙・筆跡が全く同じで、宛所だけが違っている。これは複数の守護代が山城国を分担していたことによるものと考えられる。しかし、この二通からは小泉越前守と牧新左衛門尉の二人の守護代の担当地区を知ることはできない。

花押161（牧秀忠）

花押162（犬原秀光）

三三七　山城国守護代牧秀忠遵行状　（せ函武家御教書并達六五号）

（封紙折封ウワ書）
「犬原三郎左衛門尉殿　　新左衛門尉」

山城国東寺領当知行分」所々注文有別紙事、任去八月廿八日御」遵行之旨、可被打渡寺家」雑掌之状如件、

応永元年九月二日　　（牧秀忠）新左衛門尉（花押）161

犬原三郎左衛門尉殿

三三八　山城国守護代使節犬原秀光打渡状　（京函八四号）

（封紙折封ウワ書）
「（別筆）「守護代々犬原遵行 応永元 九 十四」　進之　左衛門尉秀光」

山城国東寺御領当知行分」所々注文在別紙事、任御書下」旨、彼雑掌方へ所打」渡申之状如件、

応永元年九月十四日　　左衛門尉秀光（花押）162

三三九　山城国守護代使節籾井久基遵行状　（め函三三号）

（端裏書）
「上野諸役免状籾井」

東寺〻領葛野郡内上野庄」事、任御奉書之旨、人夫」以下諸公事等、向後可」止催促之状如件、

応永元年十一月一日

民部丞久基（花押）163

高井殿

○この文書と次の参考六（ヱ函七一号）は、同一の内容を葛野郡使節と乙訓郡使節により、別々に東寺雑掌高井祐尊に伝達されたもので、この二通と三三二号（な函二二九号）・参考五（ヲ函三四号）・三三三号（な函一四三号）の端裏書は同一人の筆跡である。この五通は、諸役免除に関するものであり、高井祐尊によりまとめて保管されていたものと考えられる。

花押163（籾井久基）

参考六　山城国守護代使節犬原秀光遵行状（ヱ函七一号）

（端裏書）
「久世上下庄諸役免状　十二」
東寺御領乙訓郡」久世上下庄事、任御」奉書之旨、人夫以下」諸御公事、向後可止催」促之状如件、

応永元年十月廿六日

左衛門尉秀光（花押）162

（祐尊）
高井殿

三四〇　東寺領段銭納帳（教王護国寺文書七二〇号）

（端裏書）
「公方段銭納分」

公方段銭納帳 応永元 段別五十五文定

一　女御田九条向分

七町小廿歩 定使給田加定

分銭三貫八百七十二文

同目銭百十七文

都合三貫九百八十九文

現納二貫五百七十五文（六百四十一文）

二百十六文　東九条物（者）弁

七百八十二文　イノクマ（猪熊）ノ百姓弁

以上現納三貫六百四十二文

庄未進　三百四十七文

（中略）

上野庄十町二段九十五歩内

四貫五百文　上野

一貫文　十一月廿二日　同

三百文　十一月廿八日　同

已上　五貫八百文

（中略）

已上　惣都合　四十貫九百廿六文十二月廿三日ケン（検）

三四一　慶阿・現阿連署放状案　（教王護国寺文書七二五号）

（端裏書）「秋野道場上野下地約状」

借用申入候御料足七十貫文」内、現銭参拾貫文返進申候、」相残分四十貫文にて候、其足にハ」西山に知行候名田四段大、相副」手継証文等、進上仕候上者、向後」不可有違乱煩候、放状をハ」寄進状ニ相認候て進入候、仍借書」憔出給候了、畏入候、恐惶謹言、

応永弐年乙亥七月二日

慶阿　判

現阿　判

謹上　六条御道場（歓喜光寺）　御中

○　文中の手継証文は次号（教王護国寺文書七二四号）である。

三四二　上桂庄楢原里田地文書案（教王護国寺文書七二四号）

(1)慶阿等連署田地寄進状案（上部欠）

（端裏書）「秋野道場文書案上野下地事」

奉寄進　名田事

合肆段大者在所見本券

（右）□名田者、慶阿先祖相伝私領也、然而為」□訪申後生菩提、相副手継証文等奉」□□道場歓喜光寺者也、千万有違」□□、為公方御沙汰、可申行罪科、仍」□状如件、

応永弐年乙亥七月二日

慶阿判

老母理阿判

(2)円性等連署田地売券案

（上）□野御庄内私領田地事

合参段大者在所坪付見本券

□□田地者、円性相伝私領也、然直銭依有要用」□妙智御房、相副本券等、拾漆貫文、所」□実也、若此田地ニ違乱煩出来候時」□被請申上者、可被明申候、其猶」□候時者、可被行罪科者也、但有限」□無万雑公事、仍売文之状如件、

康永四年九月廿五日

売主円性判

定使良阿 判

請人清貞 判

同人徳行 判

下司清兼 判

(3) 円性等連署田地譲状案

□□私領田地事

(合)□参段大者 在所上野庄内坪付見本券

□□田地者、円性相伝之私領也、然依」□□□妙智御房、限永代、本券文等相」□□譲渡

処実也、下司被加判之上者、」不可有子細者也、仍為後日譲状如件、

康永四年乙酉九月廿五日

請人清貞 判

請人徳行 判

円性 判

下司清兼 判

定使良阿 判

(4) 法光明院随智田地譲状案

譲渡 私領田地事 上野御庄内在所坪付見本券

合参段大者 上野御庄内在所坪付見本券

右件田地者、僧随智相伝名田也、然而、」依有師弟之契約、手継文書等相」□、□万太郎兵衛入道殿法名、円性永代」所奉譲渡実正也、不可有更以他人之」妨候、於本所役者見本券、不可有」万雑公事、見本券、依為後代(末)」明鏡、譲状如件、

康永参年十二月十日　　僧随智判

(5)藤原景綱等連署田地売券案

売□(渡)　上野御庄内東河原田地事

合壱段者在所郡里十一坪二段内北ノヨリ

右件田地者、景綱相伝之名田也、然而」依有用要、以直銭六貫文、限永代、西谷」法光明院随智御房所奉売渡実正也、」更以不可有子細候、但本所当米一石、庄斗定藁五束・ヌカ五斗」此外不可有万雑公事、雖可付渡本」券文書等、類地アル間、不及渡者也、於末」代、此□(田カ)申子細輩出来者、可被申行」盗人之罪科候、仍為後日亀鏡、売文之」状如件、

暦応四年十月廿五日　　藤原景綱判

同千代石女判

当庄沙汰人清兼判

口入人円性判

沽却　永地事

(6)比丘尼心念等連署田地売券案

合壱段者上野庄内楢原五坪　　四至東ハ限クロヲ、西ハ限クロヲ南ハ限類地、北ハ限クロヲ

右件□□(田地)者、比丘尼心念之相伝田地、而依有要用、直」銭捌貫文ニ、限永代法光明院随智
御房、所奉沽却」実也、更以不可有他妨候、本所当米参斗陸升・藁」参束・用木用途参拾
弐文、此外者万雑公事無之、」但手継証文等雖可相副、依有類地而、不付渡本券ヲ」分テ裏
封上者、雖為子々孫々、不可有公私之違乱者也、」仍為後日亀鏡、新券売文如件、

暦応参年九月二日　　比丘尼心念判

藤原景綱判

僧　是守判

秦　清兼判

(7)秦清兼等連署田地売券案

沽却　永地事

合壱段大者上野庄内楢原十七坪　　四至東ハ限畠、西ハ限類地南ハ限道、北ハ限クロヲ

右件田地者、清兼先祖相伝田地、而依有要用、直」銭捌貫文仁、限永代法光明院随智御房
仁所奉売」渡実也、本所当米段別ニ捌斗之外ニ、万雑公事」無之、但手継証文者、元弘参
年四月十日浄住寺之」炎上之時、令紛失畢、且動乱炎上無其隠者也、而」新券立紛失状ヲ
諸官加諸判(署)、浄住寺之僧之判ヲ」給者也、雖可付進、依有類地、案文ヲ所副渡也、雖」為
子々孫々、不可有公私之違乱者也、仍為後日」新券売文如件、

暦応参年九月二日

秦清兼判

比丘尼了西判

秦竹夜叉女判

比丘尼了円判

(8)上桂庄下司職等券契紛失状案

立申　私領山城国葛野郡内上桂上野庄「下司職并屋敷名田畠等券契紛失」状事

楢原里

四坪田一段　五坪田二段半五十歩

同坪畠一段大卅歩　八坪田百歩

同坪畠一段小　九坪田大

十坪田二段　十五坪田一反

十六坪田四十歩　十七坪田三反九十歩

同坪畠一段十歩　十八坪田一段大四十歩

同坪畠半　廿一坪田大

卅六坪田一段六十歩　廿七坪田三百歩

同坪畠一段半卅歩

郡里

一□〈坪〉畠一段　　二坪田三段半
三坪田二段半　　十坪田四段小
十一坪田四段大　　十三坪田二段小
同坪畠一段半五十歩　　十四坪田二段小
十五坪田三段三百歩　　同坪畠大
廿二坪畠二段　　廿三坪田一段六十歩
同坪畠卅六歩　　廿四坪田二段半
尾花里
二坪畠三段　　三坪田二段半
九坪畠一段　　十坪田一段百歩
十五坪田二段半　　同坪畠一段
足長里
三坪田一段小　　十坪田三百廿歩
同坪畠大四十歩
屋敷已下同在此内
右件所職并屋敷・名田畠等者、開発領主玉手」則光以来数代相伝之私領也、而彼券契等、
令」怖畏近日兵革、預置葉室浄住寺之処、去四月」十日武士等打入当寺、捜取寺庫財宝、

剰」焼払寺院之時、令紛失畢、仍任傍例、所立」紛失状也、然者、向後捧彼文書、申子細輩」出来者、可被処盗犯之科、且件所職」并屋敷・名田畠等、覚妙相伝当知行之条、」庄家近隣無其隠者也、早申請諸官御証」判、為備後代証験、謹以解、

元弘三年六月廿六日　　沙弥覚妙在判

浄住寺知事良慶判

同年預　良誉判

山城国葛野郡内上桂上野庄下司職并屋敷・」名田畠等券契紛失事、寺家証判灼然之」間、加愚署而已、

件下司職并屋敷・名田畠等文契紛失」事、傍輩証判分明之間、並署判而已、

左衛門権少尉中原朝臣在判

明清
大判事兼明法博士右衛門大尉豊前守坂上宿祢判

彼券契紛失事、傍輩証判分明、仍」加愚署而已、

主計助兼右衛門大尉甲斐権介坂上大宿祢判

件券契紛失事、傍輩証判明白之間、並」愚署而已、

修理宮城判官主計権助兼左衛門少尉山城守中原朝臣判

葛野郡内上桂上野庄下司職以下券契紛失」事、面々証判分明、仍加愚署者也、

章方
防鴨河判官左衛門大尉中原朝臣判

三四三　興福寺供養段銭未進等注文（タ函五六号）

（端裏書）
「段銭在足未進等注文応永六　四　三興福寺供養出仕要脚」

一　院町

三貫四百六十二文加目銭定内

現納　二貫五百文

未進　九百六十二文

地口可取四方之処、百姓難渋之間、取一面分云〻、以」取中分可懸両面之由、可

有問答又目銭同可取□之、

一　拝師　東九条西九条　壱町三段三百歩分銭

九百九十六文之内加目銭定

現納　九百四十六文

未進　五十文

此外切田方可問答之

一　水田方　五町四段半加南田定

三貫八百十五文之内加目銭定

未進 百十四文職事未進之

一 執行方乾町并南田方分 一町八段半

一貫三百卌四文加目銭定之内

現納 一貫二百文

未進 百卌四文

一 自公文所催促水田方

乾町 八段半 清水上 二段

以上 一町半

分銭 七百五十六文加目銭定内

除二段 公文所給田

一段 納所給田

現納 二百文 未進 百四十三文 公文所未進
百九十三文 乗□□未進

一 巷所 一町三段 分銭九百卌七文加目銭定

現納 六百文 未進三百卌七文

一 上野庄 十町二段九十五歩 此内二段下司給 但河成

分銭 六貫二百文加目銭定

現納　六貫文　　未進　二百文
一　上久世庄　　五十四町六段三百四十歩
分銭　卌二貫八百二十文　　目銭　九百八十四文
都合　卌三貫八百七文之内
現納　二十七貫百文
未進　六貫七百七文
一　下久世庄
田数　三十丁弐段六十歩内
分銭
目銭
都合
現納　十四貫三百卌一文
未進　壱貫九百六十三文
一　大悲心院地口
現納　三百四十三文
未進
〻〻
一　八条町　五段分

三百五十文
一　切田分　宝厳院分
五段　東九条　　五段　西九条
一　同　六条院分
五段九条
一　按察律師分九条
三段
以上一町八段分　一貫二百六十文
目銭　卅六文　都合一貫二百九十六文
皆未進
惣都合　未進　十二貫十三文
応永六年四月四日　結解分

○　この文書の紙継目裏に、某一一の花押164がある。

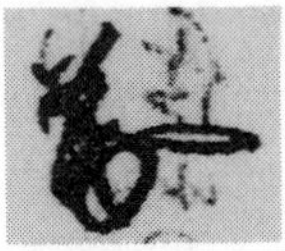

花押164（某一一）

三四四　相国寺塔供養段銭文書（教王護国寺文書七八〇号）

(1)相国寺塔供養段銭請取

御塔供養段銭料足〇且納足分事

七□（貫）五百文　上久□（世）庄分

六貫四百文　下久世庄分

弐□（貫）弐百文　上野庄分

六百六十六文　所々納候納分

已上拾陸貫漆百□□（六十）六文

（応永六年）八月廿八日　□（快）舜（花押）150

(2)快舜書状

今日晦日三ケ庄分十貫文〇云々、余到来候、「□（御）坊中可進候ハヽ、夜も無心元候、承候て」可進候、

八月晦日　快舜（花押）150

〇この文書は年紀を欠くが、「塔供養」は、応永六年九月十五日に行なわれた相国寺塔供養と推定される。

三四五　相国寺塔供養段銭支配状（教王護国寺文書七八一号）

御塔供養料足諸方段銭納足事

弐拾陸貫六百文　上久世庄分

拾弐貫百八十二文　下久世庄分

五貫四百文　上野庄分

壱貫百二十二文　納候段銭并地口分委可注給候也

已上都合四十五貫三百七文内

四十貫文　二十人《ロ》口別二貫文下行申候

残分五貫三百七文此内少ヽ引違申分納候、五日マテ今月六日ヨリ必納申候

応永六年九月六日　快舜（花押）150

三四六　山城国段銭文書案（仮綴）（ミ函五四号）

○この文書は、三二六号（せ函武家御教書并達六二一号）の案文なので省略する。

---

(1)管領細川頼元奉書案

(2)室町幕府奉行人布施基連書状案

○この文書は、二九七号（ム函五四号）の案文なので省略する。

(3)室町幕府奉行人奉書案

○この文書は、二九八号（ヤ函三五号）の案文なので省略する。

(4)室町幕府奉行人奉書案

○この文書は、三一七号(1)（ナ函二一号㈠）と同文なので省略する。

(5)室町幕府奉行人連署奉書案

○この文書は、三一七号(2)（ナ函二一号㈡）と同文なので省略する。

(6)山城国守護結城満藤奉行人神戸性全奉書案

結城越後守ゝ護書下

○この文書は、六二七号(2)（京函一一一号㈡）の案文なので本文を省略する。

(7)山城国守護代牧秀忠書下案

結城越後守ゝ護時書下

○この文書は、六二七号(3)（京函一一一号㈢）の案文なので本文を省略する。

三四七　山城国段銭文書案（め函三六号）

(1)管領細川頼元奉書案
(2)山城国守護結城満藤奉行人神戸性全書状案
(3)山城国守護結城満藤奉行人神戸性全奉書案
(4)山城国守護代牧秀忠書下案
(5)室町幕府奉行人布施基連書状案

（端裏書）「段銭免状等」
山城国段銭免除御教書案

○この文書は、三二六号（せ函武家御教書并達六二号）の案文なので本文を省略する。

○この文書は、上桂庄に関係がないので省略する。

守護方代書下案

○この文書は、六二七号(2)（京函一一一号㈡）の案文なので本文を省略する。

守護代書下案

○この文書は、六一七号(3)（京函一一一号㈢）の案文なので本文を省略する。

公方段銭奉行書下案

○この文書は、二九七号（ム函五四号）の案文なので本文を省略する。

(6)室町幕府奉行人奉書案

公方奉行書下案

○　この文書は、三三七号(1)（ナ函二一号㈠）と同文なので本文を省略する。

(7)室町幕府奉行人連署奉書案

公方奉行書下案

○　この文書は、三三七号(2)（ナ函二一号㈡）と同文なので本文を省略する。

三四八　西芳寺曾永書状　（や函四二号）

（本紙袖）（切封跡）

（端裏書）
「上野庄段銭事　名主西芳寺添状　応永七」

就上野名田之段銭事、」昨日参候処、御他行之間空」帰候、重而今日可参候処ニ、一大□」指候、不子細候間、まつ以状令申候、」先日当寺領山城国散在」田畠、課役免除之御下知案文、」懸御目候了、彼散在ハ松尾領・」梅宮領あるいは近衛殿御領・」下河原殿御領、□□御本所様今まてハ、」諸役沙汰申事なく候、御寺領」限一所きすをつけられ申候事、歎入候、」能様御披露候て、無子細様被」仰付候者悦入候、□間、参候て」可申入候、返〻万事憑入候、恐〻謹言、

花押165（西芳寺曾永）

十月廿八日　　　曾永（花押165）

東寺公文所御坊

（礼紙奥）（切封墨引）

三四九　上桂庄下司分河成并沽却地坪付注進状（教王護国寺文書七九三号）

□□（注進）　桂上野御庄内下司分河成并永代沽却下地等事

　合

一　本下司沽却分

　楢原里

　小　　八斗代　法華堂

同里十坪

　半　　三斗代　梅津比丘尼

同十六坪

四十歩　　二斗代　谷池坊
同十三坪
一反四十歩　四斗代　臨川寺
尾花里
十坪
一反百歩　石代　寺戸藤六御家（後）
同里十五坪
一反四十歩　石代　池坊
同坪　一反六十歩　石代　寺戸藤六御家（後）
以上五反半四十歩
一
新開内当下司沽却分
一反三百歩　三斗代　下司給但桂養香庵西芳□寄進
大　　四斗代　天龍寺都・副
一反　三斗代　寿子イ院（寧）
一反　　二斗代　天龍寺都主
以上四段半
此内二反ハ下司職拝領之時、為見参料沽却了

一　河成分

郡里　三坪　一反大　石代

同　十坪　六段六十歩　石代　此内 一反半　中河原ノクホ / 一反六十歩　〃〃中河原西ノクホ車道ノ上下

以上七反三百歩内

但　下司給　四段

右注進如件、

応永七年十二月八日　　下司道□（本）

三五〇　上桂庄田数注文案　（教王護国寺文書八〇六号）

（端裏書）「上野」

東寺領山城国葛野郡上桂庄」田数事

合七町三百歩内

除一町一反三百歩　河成

残五町九反　代三貫文弁之事

以上

応永八年六月　日

三五一　五壇法段銭算用状（教王護国寺文書八〇七号）

（端裏書）
「五壇法段銭算用状 応永七　九　廿八 算合了」

注進　御祈禱時段銭納分并仕足料足事
応永七年七月
合　一段別五十文宛
一　上野庄田数十町九十五歩 此外二段河成 下司給内歟
五貫十五文　同目銭五十文
以上五貫六十五文内
四百二十五文　西方寺分八段小御免歟
二百文　三会院四段同
已上六百二十五文
残四貫四百三十九文　当進之
（中略）
以上六十九貫三十文

残五貫三百六十文
百五十七文　ケン（検）酒　増長院堂ニテ会合
三十文　らソク（蠟燭）不足分
以上百八十七文
応永七年九月　日　快舜
都合六十九貫二百十八文
定残五貫二百七十文
定残五貫百七十二文内
壱貫九百文　廻護摩支具不足分引之
残三貫弐百七十二文内
本弐貫文　廿五貫文借物之内、相残分五貫文之内、且返分也
リ三百文七月ヨリ九月マテノ分
定残九百七十二文有之
一廿五貫文之内残五貫文之事
本弐貫文并。利三百文以上返之了
残本三貫文
リ弐貫百文応永七年七月ヨリ同八年七月マテノ分

花押166（某一二）

并五貫百文内
以上残九百七十二文
残四貫百廿五文不足
此不足分ハ水田・清水上・乾町三ヶ所
残分四貫八百一文内
　応永七年散用○残□ヲモテ可返弁之
　　応永八年七月廿三日　――（花押166）

○この文書は、応永七年九月快舜が収支の計算を済ませた算用状に、翌応永八年に残金の使用について書き加えたものである。

三五二　上桂庄新井堀分注文　（コ函一五号）

（端裏書）
「上野庄井堀注進応永十三五」
上野庄新井堀分注文事
大既（概）分

小ナン六丈　大ナン分六三丈　三月四日　三十人

入足一貫三百文

残大ナン所八十丈　人数八百人

大既分ニ二十貫文　十月四分

利分八貫文

以上二十八貫文　本利定

以上米三十六石五斗和市一斗三升分

□(右)大既定注進如件、

応永十年三月五日　下司道本（花押）142

三五三　蔵龍院清調蔵主本所年貢請文案　（教王護国寺文書八二五号）

(端裏書)「上野下地二反蔵龍院請文案」

請申　上野庄田地弐段本所分事

右田地二段土貢寺家年貢内五斗分。依加賀法眼口入以別儀、」請(ママ)調蔵主一期之間、去給之上者、」対寺家、毎事令申談之、聊不可及有」異儀、此外○地類新開下地壱○段有之、寺家」年貢有備進者、弐斗五升○准前条同可」去給者也、之由、承了、仍請文之状如件、

応永十年九月、、

三五四　某奉書案　（教王護国寺文書八二六号）

（端裏書）
「可遣蔵龍院状案上野下地事」

上野庄田地二反本所分事、壱石肆斗雖為寺家所納、」依難去有口入、○此内五斗分以別儀、梅津」蔵龍院当住請調蔵主一期之間、此内」五斗可有知行之由、可去渡之由旨可令」伝達彼方給之由、衆儀所候也、

○この文書は、年紀を欠くが、本文の内容が前号（教王護国寺文書八二五号）と関連があるのでここに収める。

三五五　光明蔵院雑掌申状（や函四四号）

（端裏銘カ）
「光明蔵院雑掌状応永十　十一　廿一」

上桂上野庄内名主職光明蔵院領三段大」百姓道善、此下地夫役、元者四十人」致沙汰之処、故昌忖庵主東寺奉行」に被歎申候て、十人分被免候て、及三十」余年之処、当年又東寺奉行金輪院、」如元四十人可沙汰之由、被申候て、結句四十八人」当年被召仕之条、難堪之次第候、纔加地子」一分ニ夫役被懸候間、百姓下地ぉ捨候程ニ」歎申候、所詮如元三十人致沙汰、十人之」免状ぉ給候様ニ預御口入候者、悦存候、」十人被免間事、上野地下御代官讃岐」法眼存知事候へハ、且可有御尋候哉、」為得御意如此令申候、

十一月廿一日

三五六　光明蔵院雑掌申状案（や函一五七号）

（端裏書）
「光明蔵院折紙」

上桂上野庄内名主職光明蔵院領三段大事、□」百姓道善、此下地夫役、本者四十人にて候を、故」昌忖庵主東寺之御奉行洞法印御房被」歎申候て、十人被免候て、及三十余年候之

処、」当年又東寺御奉行金輪院、如元四十人」可沙汰之由、被申候て、当四十八人後又一人まて」被召仕候、纔加地子分ニ夫役。（多）被懸候間、百姓」下地お捨候間、歎申候、如元三十人致沙汰、十人」免状取給候様、預御口入候者悦入候、上野」地下御代官讃岐法眼御房存知事候へハ、可有」御尋候、

三五七　光明蔵院雑掌申状案（上部欠）（教王護国寺文書一二六三号）

（端裏書）
「□状□」
上桂上野庄内□（之）□光明蔵院田地三段大□十歩」□□（善）、□（此）□者、四十人にて候を、故昌怤庵主」□奉行□候て、十人被免候□（て）、及」□余年之処、□東寺奉行金輪院、如元」□可沙汰之由、□（被）□候て、当年四十八人□被」□、纔加地□ニ夫役多被懸候間、百姓」□捨候間、□如元、三十人致沙汰、十人」之免状給候様□、御口入候者、可為恐悦候、上野」□讃岐□事候へハ、可有御尋候、

○前号（や函一五七号）とこの文書は、年月日を欠くが、いずれも三五五号（や函四四号）とほぼ同文の案文なのでここに収める。

花押167（蔵龍院清調）

三五八　蔵龍院清調蔵主本所年貢請文（教王護国寺文書八三〇号）

請申　上野庄田地参段本所年貢事

右田地参段此内新開下地壱段年貢自明年可致其沙汰本所分」年貢雖為弐石壱斗段別七斗宛、此内」壱石伍斗分以別儀一期之間、去給」之上者、其外以六斗年貢段別弐斗、毎年」無懈怠可致其沙汰、就中対本所」毎事不可及異儀之由承候了、仍」請文之状如件、

応永十年十二月廿一日　清調（花押）167

三五九　蔵龍院清調蔵主本所年貢請文案（や函四五号）

（端裏書）「蔵龍院請文案上野田地事応永十　十二」

請申　上野庄田地参段本所年貢事

右田地参段此内新開下地壱段年貢自明年可致其沙汰本所分年貢」雖為弐石壱斗段別七斗宛、此内壱石五斗分」以別儀請（マヽ）調蔵主一期之間、自明年申歳」去給之上者、其外以六斗年貢段別弐斗、毎年無」懈怠可致其沙汰、就中対本所、毎事不可」及異儀之由承了、仍請文之状如件、

応永十年十二月　、、

○　この文書は、清浄光院快玄の筆跡である。

三六〇　蔵龍院清調蔵主本所年貢請文案（や函四六号）

（端裏書）
「蔵龍院請文案 上野下地事」

請申　上野庄田地弐段本所分事

右田地弐段寺家年貢内壱石分、」以別儀、請(ママ)調蔵主一期之間、自明年」申歳去給之上者、対

寺家毎事不」可及異儀、此外地類新開下地壱反」有之、寺家年貢有備進者、五斗」分准◦前

条、同可去給之由承早、仍」請文之状如件、

応永十年十二月　、、　、、

三六一　宝珠庵梵聖房上桂庄名主職請文（チ函六一号）

（端裏書）
「上野名主職請文 梵聖房」

請申　上野庄名主職之事

花押168（宝珠庵梵聖）

合　肆段小者在所上野弐段 三町縄手弐段小

右名主職者、為寺家被恩補之上」者、本所年貢三町縄手一段別七斗五升」代、庄内弐段ニ
壱石、毎年無懈怠可」致其沙汰、就中対寺家、毎事不」可及異儀、仍請文之状如件、

応永十年十二月廿三日　梵聖（花押）168

三六二　上桂庄名主職宛行状案（ヨ函一三三号）

（端裏書）「上野名主職宛文案梵聖房 応永十」

（宛カ）□行

東寺領山城国上野庄名主職事

合肆段小　在所弐段内　壱段半 船原 半 三昧寄 者
　弐段小　三町縄手

宝珠庵梵聖禅師

右以人、所補任彼職也、有限」年貢恒例臨時御公事等、」任先例可有其沙汰者也、庄家」宜
承知、敢莫違失、故以下、

応永十年十二月　日　公文法橋判

公文法眼判

権少僧都判

権律師判

三六三　某書状案（教王護国寺文書八三三号）

（端裏書）
「斎藤方夫役事」

遣金明蔵院状案上野事」

東寺領上野庄夫役事、五十人者」一向為仏庭掃除、自往古所定置也、」而光明蔵院如被
歎申者、此庄夫役」四十人之内、［当寺賢潤法印時］結句十人免除之由、［□結句其内十人免除□」以外次第也、］百姓道善」申云々、［員数減少□免除□□］百姓等［并］為夫役難
渋。［百姓］任雅意、申」胸臆之浮言欤、非沙汰限者哉、更以不可」有寺家免除之支証也、就中此
庄」内名主職相伝之輩雖多、［於］之夫役不及」異儀之□（処）、惣庄不役事、別而」自彼一処、被執
申之条、且□其意」趣、同可得御意者也矣、

応□（永）十年十二月　日

(裏)(二人)
「夫□□五升宛本所役除之米

仍四十人二石米免之、　上野□□(役)事、百人内
　　　　　　　　　　　五十人掃除
　　　　　　　　　　　三十人花取
　百人也、百人之内
　　掃除夫
　　四十人道□(善)分　四十人□□(行泉)沙汰之
　　　　　　　　　　此内十人掃除
　　　　　　　　　　残卅人花取
　　残預所分
　　廿人之内　十人行泉
　　　　　　　十人下司沙汰之」

三六四　上桂庄内段銭所出田数注文　（教王護国寺文書八三九号）

上野庄内田数応永十年段銭足下地
　神講田人給公事
　宮津二斗代三段足幷
　井料田悉皆分也〻
二丁九段二百五歩　　　行泉分
　　　　　　　　　　　兵衛五郎
二反六十歩　　　　徳大寺兵衛二郎
二反　　　　　　　兵衛五郎
一反小　　　　　　左藤五
七反八十歩　　　　彦五郎

二反　彦六　彦五郎
九反二百五歩　此内三百歩　右衛門大郎
四反小三十歩　右衛門二郎
一反大　行蓮
職事給一反　職事　兵衛三郎
以上五（六丁）六丁九段三百四十歩内
一丁一反　西方寺田除之
　分銭六百八十一文　不出之
二反大　三会院除之
　分銭百□□□（六十二）文　不出之
以上七百八十一文　一丁三段大分也
残四丁七反百歩
　　分銭二貫九百二十一文
　此分八日夫ゝ可出之
堂田一反小・宮田二反八十歩御供田・井料田六反・人夫四反
預田一反小・地蔵田一反

以上一丁五反三百歩

大既《(概)》分除之

(後欠)

三六五　山城国東寺領段銭文書案　(ウ函七二号)

(1)山城国守護高師英奉行人片山正覚奉書案

当守護方書下

東寺領山城国所々散在分段銭事、先々」免除之上者、可被止催促之由候也、仍執達如件、

応永十一

九月廿六日　片山隼人佐 正覚判

醍醐五郎左衛門尉殿

茂呂掃部助入道殿

(2)山城国守護結城満藤奉行人神戸性全奉書案

結城守護時書下

○　この文書は、六二七号(2)(京函一一一号(二))の案文なので本文を省略する。

両奉行書下案

(3)室町幕府奉行人連署奉書案

○この文書は、三三一七号(2)（ナ函二一号(二)）と同文なので本文を省略する。

(4)室町幕府奉行人奉書案

奉行書下案

○この文書は、三三一七号(1)（ナ函二一号(一)）と同文なので本文を省略する。

○以上四通の文書は、清浄光院快玄の筆跡である。

三六六　東寺雑掌頼勝申状案（を函四九号）

東寺雑掌頼勝謹言上

当寺鎮守八幡宮領山城国久世上下庄并上野・」植松両庄守護方夫役御免間事

右諸庄園者、為毎日不退之御願料所、重色異于」他之地也、仍夫《国》役以下預御免之条、御教書并」代〻守護書下等明白也、而当守護・郡奉行」等。《寄事於左右、》或懸過分之夫役、或令乱入于庄家之間、」地下之損亡寺用之失墜、歎而有余者哉、早」被任先例、且預夫役之免許、且可停止守護」使之入部之由、被成下厳密之御教書、弥」為専御祈禱、謹言上如件、

応永十二年七月　日

花押169（某一三）

○この文書は、清浄光院快玄の筆跡である。

三六七　大塔用木配符（切紙）（ミ函五八号）

配符　大塔用木引事

合八本者　六人もちのきまり　かミの

右けんもんせいけの御りやうないをのそかす、さいそく申」へきよし、御けふしよかくのことし、今月廿日いせんニ、」ひきしんせらるへく候、もしいきのところあらハ、」くはうよりかたく御さいくわあるへく候、ちけのとの」はらたちふきやうにいてらるへく候、

応永十二年十月十四日　――（花押）169

三六八　東寺八幡宮雑掌申状案（を函五一号）

東寺八幡宮雑掌謹言上

社領山城国上野庄・久世・植松庄等人夫役間事

右社領夫役事者、被優神威、預御免之条、度〻」御教書明白也、仍今度御材木引夫役、尤雖」可歎申入、先随仰、可召進人夫之由、加下知」之処、以代銭可給之由、守護使申之間、既致」其沙汰了、上野庄人夫三人分八百文 久世庄廿七人分五貫四百文 而上野庄重懸」人夫之間、重役不便之由為歎申、神人并寺」官等在庄之処、去夜廿六日守護使両人鶏冠井 隅田率」大勢帯甲冑、押寄彼所之間、寺官并百姓等」悉逃落了、剰打擲神人、及種〻狼藉之条、」言語道断之至也、如今者、可及御願之違乱、神事」闕退之条勿論欤、早被経厳密之御沙汰、於守護」使両人者、預御罪科、於夫役者、被任度〻」御教書之旨、蒙御免為全神事、謹言上如件、

応永十二年十月　日

○この文書は、清浄光院快玄の筆跡である。

三六九　山城国守護高師英遵行状　封紙（イ函二六一号） 本紙（ニ函三二号）

（封紙折封ウワ書）
「佐治因幡入道殿　沙弥祥全」

東寺八幡宮領山城国久世上下」庄・上野・植松諸公事并人」夫役等事、任御教書之旨、」可

花押170（高師英）

止催促之状如件、

応永十二年十二月十九日　沙弥（高師英）（花押）170

佐治因幡入道殿

三七〇　法橋快舜条々請文　（セ函三二一号）

（端裏書）
「快舜（法橋カ）□□請文」

謹請申

一　東寺御領山城国上野庄預所職事、為寺恩被」宛行之処、依有不法子細、雖被召放□歎申、以別」儀、於預所得分者、被任寺家諸給主之例、可召給由」蒙仰之条、所畏入也、所詮向後背寺命者、雖何時」可被改替、更不可成自専之思、就中於惣庄所務并」下地等事者、更不可相綺事、

一　大和国平野庄預所職事、為寺恩雖被宛行、依」有不儀子細、去年（応永十二）既被召放之上者、或号」権門口入、或称有由緒、不可致競望事、

一　就諸寺領并寺家事、或得人語、或存私曲、不可成」違乱煩事、

一　寺家公文職事、依難叶、寺物之返弁上表仕之」上者、敢不可成其望事、
一　住宅事者不可自専、雖為少事、被成寺物犯」用之要脚之上者、曾不可競望事、
右条〻、令違越請文之旨者、且蒙大師八幡御」罰、且被止寺家経廻、於公方為及罪科之御
沙汰、謹」請文状如件、
　応永十三年七月廿六日　法橋快舜（花押）150

三七一　法橋快舜条々請文案（教王護国寺文書八八一号）

（端裏書）
「快舜法橋請文案」

○この文書は、破損が甚だしいが、前号（セ函三二一号）の案文と推定されるので、本文を省略する。

三七二　織田与三書状（教王護国寺文書八八二号）

（端裏書）
「与三」

（本紙袖）
（切封）

請文如此、調進候、仍」上野御宛文□□可給候、則□旨□□可」帰参候、□□
存候、此之由」可申候由候、恐々謹言、

応永十三
七月廿八日　□（花押）171

（礼紙奥ウワ書）
「（切封墨引）
　　　　織田与三
　　　　　　□（浄祐カ）」
清浄光院（快玄）
　　進之候

花押171（織田与三）

(1)中沢行靖奉書案（折紙）

三七三　山城国諸庄園段銭文書案（折紙）（ツ函九六号）

（折紙端裏書）
「段銭書下案」
中沢遣守護状案
東寺領山城国久世庄・」拝師庄・上野庄・植松」庄等段銭事、可伺」申候、先其程可被」
止催促之由候也、恐々」謹言、
八月十八日　中沢□□在判
片山隼人入道殿（光如）

(2)山城国守護高師英奉行人片山光如奉書案
（折紙）

守護書下案
東寺領山城国久世」庄・拝師庄・上野庄・植」松庄等段銭事、給」左右候間、先可被止」催促之由候也、恐々」謹言、
応永十三
八月十八日　片山光如在判
（守直）
佐治因幡入道殿

○この文書の(1)・(2)は、それぞれ折紙の両面に書かれている。なお、この文書は清浄光院快玄の筆跡である。

(1)山城国東寺領段銭算用状案

三七四　山城国東寺領段銭文書案　（教王護国寺文書八八四号）

寺家所納料足
五十□銭分廿七貫三百五十文
未進五百六十七文其外
目銭八百□文　都合一貫三百六十九文

上久世庄　五十四町六段三百四十歩　段別六十文宛
分銭
卅弐貫八百文此外目銭九百八十四文歟
都合卅三貫七百八十四文
現納廿六貫三百文

下久世庄　八町三段小除諸方入組分入組分直進之
分銭
五貫文此外目銭百五十文　都合五貫百五十文
〃〃〃
現納四貫三百十七文　未進八百卌二文
上野庄　、、、本帳田数十五町八段三百卌六歩欤加神講田定
現納五貫文
植松庄　九町五段半十五歩
分銭五貫七百卌文此外目銭百七十一文都合五貫九百四文
現納四貫五百文　未進一貫四百四文
(祐尊)法眼出分三貫文公文所納分　又三貫文
拝師庄
現納
一貫七百五十二文加目銭定(祐尊)法眼出分福石許○一貫文
(賢仲)宝厳院并宰相
七百四十一文一町二段分加目銭定
已上二貫四百九十三文
植松・拝師分　八貫四百文
弁律切田四段分已上法眼沙汰分　又一段分
宝泉納分
二百四十六文　又十二文
六十三文已上三百廿四文
〃〃〃〃〃〃〃
四十三貫二百二文

已上現納分四十三貫百七十一文歟
〃〃〃〃〃〃〃〃〃七文
四十二貫九百卅五文
〃〃七文

仕足

出公方分　卌四貫九百九十文

守護段銭
同奉行一献分　五百文

同談賃百文

縄銭十五文

不足分百十二文定加門指給

已上卌五貫七百卅文

公方段銭奉行
中沢一献分　二貫三百文

管領内奏者
雑賀一献分　二貫文

○福石一貫文引違遣之
一貫四十八文
〃〃〃

已上四十○貫八百九十
〃〃〃〃〃〃
百五十五文　十七
〃〃〃〃〃

結解酒　百四十二文
〃〃〃〃〃

拝師段銭残
六百卅六文十一　七到来
石見方下行了

植松方残
五百文到来内
百四十一文　仁王布施方出之
石見方遣
此外公方残　残三百五十六文
一貫二百卅文
片山方酒肴
加之都合
二貫石見房
給之了

百八十二文弁律切田料足之内
此。弁律切田内□之、残百卅九文出之仁王布施方
三百廿四文　私ニアリ
未進分
四貫二百卅八文
　　　　四ゝ

(2)中沢行靖奉書案

東寺領山城国久世庄・拝師庄・上野庄・植松」庄等段銭事、可為直済之由候也、恐ゝ謹言、
応永十三
九月十一日　中沢入道 行靖
片山隼人入道殿(光如)

(3)山城国守護高師英奉行人片山光如奉書案

東寺領段銭事、可為京済候、田数能ゝ可被注申由」也、恐ゝ謹言、
九月十五日　片山 光如
佐治因幡入道殿(守直)

三七五　山城国東寺領段銭注進状案（教王護国寺文書八八五号）

（端裏書）
「京御所修理段銭送文并守護方請取案」段別五十文

注進
　山城国東寺領田数事
一　久世庄上下庄
　　五十四町三段三百五十歩分銭廿七貫二百文
一　植松庄
　　六町九段三百卌歩　分銭三貫四百九十四文
一　拝師庄
　　十町六十歩内
　四町四段十歩鳥羽村百姓、依為八幡男山神人御免之由申之、不致沙汰、
　一町七段六十歩竹田鳥居小路代官直納之云ゝ、仍百姓不沙汰、
　定残。四町〔参町〕七八段三百五十歩分銭一貫九百五十文
一　上野庄
　六町三段内
　一町六段西芳寺段銭御免云ゝ、仍百姓不沙汰、

定残四町七段　分銭二貫三百五十文
以上田数六十八（九）町九段六十七（三百十）歩
分銭参拾四貫九百八（九）十文
右注進如件、
応永十三年九月　日

三七六　山城国東寺領京御所修理要脚段銭請取（切紙）

（な函一五三号）

（端裏書）
「久世・植松・拝師・□□上野段銭請取応永十三同十四守護□片山入道京済書下案奥加之」
納　京御所御修理要脚段銭事
合参拾肆貫玖百九十文者
右為東寺領分、度々所納如件、
応永十三年十月四日　（押紙）「片山」光如（花押）172

花押172（片山光如）

花押173（吉橋浄賢）

(1)山城国東寺領段銭注進状案

（押紙）「吉橋」
浄賢（花押173）

三七七　山城国東寺領京御所修理要脚段銭請取案　（教王護国寺文書八八七号）

守護方両奉行請取状

○この文書は、前号（な函一五三号）の案文なので本文を省略する。

三七八　山城国東寺領段銭注進状并京御所修理要脚段銭請取案　（教王護国寺文書八八六号）

自寺家○田数注進案

注進　山城国東寺領田数事

一　久世上下庄

五十四町参段参百五十歩　分銭　廿七貫弐百文

一　植松庄
　六町九段三百卌歩　　　　　　分銭　三貫四百九十四文
一　拝師庄
　参町八段参百五十歩　　　　　分銭　一貫九百五十文
一　上野庄
　四町七段　　　　　　　　　　分銭　二貫三百五十文
　　以上　田数　陸拾玖町玖段参佰拾歩
　　以上　分銭　参拾四貫九百九十文
右注進如件、
　　応永十三年九月　日

(2)山城国東寺領京御所修理要脚段銭請取案

守護方奉行請取案
○この文書は、三七六号（な函一五三号）の案文なので本文を省略する。

三七九　上桂庄年貢弁済分注進状（チ函六三号）

（端裏書）
「□□□□注進応永十三十月　日」

□□（上野）庄内上申御年貢分
□□斗九升七合六夕七才内　　行仙
　　九斗本井料引申候
残　四石三斗九升七合六夕七才内
弁分　三石九斗九升五合
未進　四斗二合六夕七才

三石一斗六升六合六夕六才内　　兵衛五郎
　　五斗本井料引申候
残　二石六斗六升六合六夕六才
弁分　一石五斗九升八合二才
未進　八斗八升八合六夕四才

三石八斗三升内　　彦五郎
　五斗　本井料引申候

一斗　収納酒引申候
残　三石二斗三升
弁分
未進
三石六斗六升内　左衛門太郎
五斗　本井料引申候
一斗　収納酒引申候
残　三石六升
弁分　三石一斗七升五合
三石四斗五升二合内　右衛門二郎行連八斗加定
五斗　本井料
一斗　収納酒
残　二石八斗五升三合
弁分　一石九斗九升三合
未進　六斗五升九合
一石一斗四升　左藤五郎
弁分　一石二斗一升三合

過上　七升三合

七斗　　　　行連後家

畏申上候

草畠のれう(料)そく(足)のふん、近年ハ一貫文、」御百(百)しゆ(種)ニ五百文つゝ二ヶ度進上申候、」五百廿文松尾殿へ、御れうのようとうに」出候、以上一貫五百廿文ふんにて候、其外ハ、」あれふさくのふんニ御なし候て、畠を作候」ところ、当年二貫文進上申候時ハ、松尾とのゝ」御れうのれうそくをハ、社家よりハせめら」れ候間、なにをもて出候はんとも不存候、近年」のきハ如此候、あしを御あて候て出候ハヽ、かしこ」まり入申候、

○　この文書の上部が破損しているので、一部文字が欠落している。

三八〇　東寺領段銭京済請文案　（し函六三号）

(端裏書)「段銭請文案」

請申　東寺領山城国所々段銭京済」事

(1)高井祐尊東寺領山城国所々段銭京済請文案

(2)高井祐尊播磨国矢野庄等段銭京済請文案

右来月廿日以前、可致其沙汰之状」如件、

応永十四年七月十七日　　祐尊判

○この文書は、上桂庄に関係がないので省略する。

三八一　山城国守護高師英奉行人片山光如奉書案（折紙）

（二函三三号㈠）

東寺領山城国久世」上下庄・植松庄・拝師」庄・上桂庄等官庁」段銭事、来月廿日」以前可為京済候、可被止」国催促之由候也、」恐〻謹言、

（応永十四年）七月廿日　　（片山）光如在判

（守直）佐治因幡入道殿

○二函三三号は山城国久世庄文書五通からなる文書であるが、上桂庄に関係のあるのは一通目のこの山城国守護高師英奉行人片山光如奉書案だけである。したがって、廿一口方重書案（東寺文書　追加之部二二一号）の扱い（四一五号の注参照）に準じてここに収める。なおこの

文書は、三八二号（を函六一号）・三八三号（な函一五四号）との関連で応永十四年のものと考えられる。

三八二　山城国東寺領段銭送進状案（を函六一号）

（端裏書）
「諸方段銭方」

送進　山城国東寺領段銭事

一　久世上下庄　五十四丁三反三百五十歩
　　分銭十六貫三百二十文

一　植松庄　六町九反三百三十歩
　　分銭二貫百一文

一　拝師庄　三丁八反三百五十歩
　　分銭一貫百七十文

一　上野庄　四丁七反
　　分銭一貫四百十文

以上田数六十九丁九反三百十歩

花押174（某一四）

分銭二十一貫一文

右所送進之状如件、

応永十四年八月廿一日　　祐清判

廿一貫一文返抄有之、両判也、

片山隼人入道一方奉行也

三八三　山城国東寺領段銭請取（な函一五四号）

納　官庁段銭事

合　弐拾壱貫壱文者

右、為東寺領久世上下庄・植松庄・拝師庄・上野庄」等弁、所納如件、

応永十四年八月廿一日

（押紙）「片山」

――（花押）172

――（花押）174

三八四　山城国東寺領段銭請取案　（教王護国寺文書八九三号）

（端裏書）
「段銭方公方請取応永十四」

○この文書は、前号（な函一五四号）の案文なので本文を省略する。

三八五　山城国東寺領段銭仕足算用状案　（教王護国寺文書九〇一号）

（端裏書）
「応永十四年段銭」

段銭仕足　　（追筆）
「久世領
守護方出分　廿一貫一文　二貫五百五十文
片山
守奉行会尺　五百文　八十五文
読賃　百五十文　法眼
一貫三百卅二文
縄銭　廿一文　五十文
公文所
道観・福石酒　卅四文　二百
法橋
十三文
已上段銭廿一貫七百九文　廿七文
不足」

（追筆）「金蓮院出仕　百五十文」
諏方会尺　二貫四百一文
（追筆）「宝（泉脱カ）院
結解時酒直　百卌七文」
中沢方　二貫四百十六文
飯尾方　二貫五百文
奉行出仕大粮以下　百五十文
藤七酒直　卌二文
於（光脱カ）普院段銭結解　百文
（追筆）「已上八貫六百一文八百八十七文」
都合卌貫三百十六文五百九十六文
三百五十九文
上久世現納分　廿二貫四百卌七文
下久世ゝゝ　三貫三百十四文　（追筆）「又八十五文加之」
植松　四貫文
拝師　二貫二百卌文

上野庄　　　三貫五百五十文

已上卅五貫六百廿一文

五百九十六文

五十九文

此内仕足卅貫四百十文

二百文

相残分五貫五百十一文

廿二文　　　「（追筆）四貫二百四十文

九百八十六文」

重除分奉行以下得分

三貫六百文

定残一貫四百廿二文

又未進一貫六百卅五文

已上三貫五十七文

□方二貫九百八十四文　　十貫九百八十六文

公方引違分　六貫八百九十五十六文　又引違一貫百四十三文

三八六　比丘尼善孚田地寄進状　（斎藤直成氏所蔵長福寺文書）

（端裏書）
「保護庵領　文書三通　応永十五年
平道禅師寄進状
合　半　出中口左馬寮也　平道寄附支証合一段分
半　上野庄内也」

奉寄進　私領田地事
合半者　左馬寮内字号出口上町
四至堺限東近衛殿領　限北近衛殿御領
限南類地　限西大道
合半者在所上野庄内西背新溝之南ウラ
右件田地者、平道禅師相伝私領之地也、爰依有」其志、相副手継証文、所奉寄進梅津長福寺内」保護院明鏡也、然為平道禅師追善訪、為善孚計、」寄進申所実正也、此上者、親類不可違乱煩」申者也、仍為後日亀鏡、寄進之状如件、

応永十五年戊子卯月四日　比丘尼善孚（花押）175

花押175（比丘尼善孚）

三八七　山城国東寺領段銭仕足算用状（を函七〇号）

段銭仕足

守護方出分　廿一貫一文

（片山）奉行会尺　五百文

読賃　百五十文

縄銭　廿一文

道歓福石酒　卅四文

已上廿一貫七百九文

飯尾会尺　三貫五百文

中沢会尺　二貫四百十六文

諏（訪）方会尺　二貫四百一文

金蓮院出仕大粮以下　百五十文

清浄光院出仕大粮以下　百五十文

結解時酒直　二百卅七文両度分

篠七酒直　卅二文

已上八貫八百八十九文

惣都合卌貫六百一文
上久世納分　廿四貫七十二文
下久世納分　三貫三百十四文又八十五文加之
植松　四貫文
拝師　二貫二百卌文
上野　三貫五百五十文
已上卌七貫二百五十七文
此内仕足卌貫六百一文
残六貫六百五十六文
重除奉行以下得分三貫六百文
又結解酒直二百卌五文
六十文　火鉢
二十文　大粮書落
以上三百（貫）九百十八文
定残二貫七百卌八文
ヒムロ会尺之時借物返弁之
銭主民蔵

久世庄五文ッヽノ加増有之、仍久世方借物」返弁之、

応永十五　五　十三日

三八八　管領斯波義淳奉書案　（を函七九号）

（端裏書）
「石清水警固事」

八幡宮警固事、山城国諸庄」園下司・公文以下沙汰人等、致」催促之処、或称門跡奉公、或」号権門知行、不承引云々、太不」可然、相催厳密、猶以於難渋」輩者、為有異沙汰、可被注申」之由、所被仰下也、仍執達如件、

応永十六年十二月十五日　治部少輔（斯波義淳）在判

高土左入道殿（師英）

○この文書の端裏書の筆跡は、三九九号（を函八四号）の端裏書と同筆である。

三八九　東寺公文所書下案（教王護国寺文書九三六号）

（端裏書）
「上野井堀案書下案 応永十七　三　廿」

東寺御領上野庄井堀、」大儀之間、（為名主沙汰）寺領分壱段別」弐斗宛、各可被合力之由、」所被仰下之状如件、

応永十七年三月廿日　　公文法橋

法眼

三九〇　諸方御年貢有足并仕足算用状案（ア函一三一号）

（端裏書）
「仏事方以下有足并仕足乗喜注進　応永十七　五　廿七」

諸方御年貢残有足事

一　四月七日
壱貫参百五十文　　塩少路町使八郎太郎

一　弐貫五百七十七文　　応永十五年御仏事残分十月二日分 十一月二分

一　四月廿□日
壱貫八百文 此外百文支具奉行　　四条□□地子使性順分

一　壱貫四百五十文　　上野庄御年貢内供僧御方 残分

一　弐（貫脱カ）参百八十七文　応永十六年蕈田御年貢足分

（中略）

応永十七年五月廿□（七カ）日　御けしの時　乗喜

三九一　室町幕府奉行人奉書案（折紙）（を函八〇号）

（折紙端裏書）
「応永十七
稲荷修理段米免状」

東寺領山城国所ゝ」注文在之稲荷社修理料」段米事、先可被止催促」之由候也、仍執達如件、

応永十七
十月十九日　（飯尾）常円在判

松田（直頼）豊前守殿

◯　この文書は、裏に「□□□（豊前守カ）」と書かれている。

三九二　東寺公文所書下案（折紙）　（教王護国寺文書九五七号）

(1)東寺公文所書下案

（端裏書）
「応永十八年八　十三
上野庄溝堀下文案」

当庄用水」溝堀入足事、」任先例相懸〻（懸）」諸名主等、可致」其沙汰、仍為奉」行、自寺家人」
多所被下也、仍」状如件、

□（応）永十八年八月十三日　　公文法橋

上野庄御□（百）姓中　　公文法眼

(2)東寺公文所書下案

書下案

上野庄溝堀今度入足事、」□（三）日分既及三十貫云〻、」□（任）例相懸諸名主等段別」四百五十文
宛、急速取立之、」可遣銭主方之由、所被仰候也、」仍状如件、

応永十八年八月廿二日　　公文法橋

上野庄御百姓中　　公文法眼

○ この文書の(1)・(2)は、それぞれ折紙の両面に書かれている。

三九三　上桂庄徳大寺田地注文（折紙）（教王護国寺文書九五八号）

東寺御領上野庄内」徳大寺向

一段四十歩　十郎入道

一段小　右衛門五郎

九段小　寺戸小太郎左衛門跡 道帝

一段　阿口

三段小　新開分

已上壱町六段四十歩

応永十八年八月廿二日

花押176（重賢）

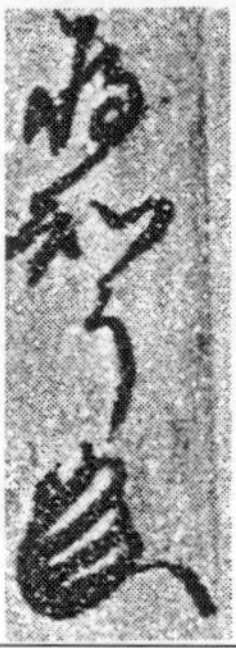

花押177（賢仲）

花押178（杲暁）

三九四　西院文庫文書出納帳抄　（天地之部一九号）

上野庄内梅津文書三通　已上出之、

応永十八年十一月十日　　重賢（花押）176

賢仲（花押）177

同十二月九日　三通納之　賢仲（花押）177

杲暁（花押）178

○「西院文庫文書出納帳」は、西院に保管されている重要文書の帯出・返済の記録であって、現在は何冊かの冊子に分かれている。その中から、上桂庄に関係する記事を選び、帯出の日付のところに掲出した。また、返済の記録は帯出記録の上や横の空白部分に書かれているが、本書ではすべて帯出記録の後に記載した。

三九五　阿久津浄燈上桂庄内百姓職年貢請文　（テ函八六号）

（端裏書）「徳大寺阿久津請文」

花押179（阿久津浄燈）

謹□（請申）

東寺御領上桂庄内徳大寺河原壱段田地事

右彼田地者、此間依隠田申、百姓職雖可有御改替、」就歎申御免之条、所畏入也、自当年御年貢事、」無懈怠可致其沙汰、但此間、本年貢収納仁有之、」重可申入、就其麦事、先蒙御免所苅収也、」所詮重而依御下知、可認進上申条〻、背請」文之旨者、不日被改替、可預御罪科、仍謹請文」状如件、

応永十九年卯月廿八日　阿久津入道浄燈（花押）179

三九六　安井某上桂庄内百姓職年貢請文（テ函一六一号）

（端裏書）「徳大寺安井請文」

謹請申

東寺御領上桂庄内徳大寺河原壱段者

右彼田地者、此間依隠田申、百姓職雖可有御」改替、就歎申、御免之条、所畏入也、自当年御年貢」事、無懈怠可致其沙汰、但此間本年貢収納仁」有之、重可申入、就其麦事、先蒙御免」所刈収也、所詮重而□改替、可預御罪科、」□状如件、

花押180（安井某）

花押181（宗源）

□　　　□（花押）180（安井某）

○この文書は、後半部分の破損が甚だしいため欠年となっているが、同時に提出したと思われる前号文書（テ函八六号）と同一文言なのでここに収める。なおこの両文書の端裏書は、同じ筆跡と考えられる。

三九七　西院文庫文書出納帳抄　（天地之部一九号）

上野庄坪付帳五巻出了

応永十九年七月十日

杲暁（花押）178

宗源（花押）181

五巻納了　九月廿一日

杲暁（花押）178

宗源（花押）181

花押182（性順）

三九八　上桂庄徳大寺田雑用日記（下部欠）（教王護国寺文書九七三号）

上野庄内徳大寺二段田案内□

五十五文　（応永十八年）十一月十六日　酒肴

三十六文　十二月二日　同

三十四文　同三日　快禅・正順下テ□

百二十八文　（浄光時）十二月六日　来時、私事ニモテナス

二十一文　同十八日　来時、酒

十六文　三月十六日　来時、酒

二十四文　同十六（七）日　同

三（十）□二文　正月十六日　同

五十一文　同十七日　麦ニ天サツ□

八十文　同廿九日　天サツウケ□□（時）□

三十五文　五月二日　来時□

是ニヨテ了簡了

以上五百二十四文

此外一貫文　ヤクソク仕了

花押183（快禅）

都合一貫五百二十四文
応永十九
十一月十五日　性順（花押）182
快禅（花押）183

三九九　管領細川満元奉書案（を函八四号）

（端裏書）
「石清水警固事」
石清水八幡宮寺警固事
当国々人等、近年寄絆於左右、大略」依令難渋無人数云々、太不可然、厳」蜜（密）可懃仕之旨、
各可被相触、若猶」不承引者、可被改易所職名田」等之由、所被仰下也、仍執達如件、
応永廿年十二月廿一日　沙弥（細川満元）
高土左（師英）入道殿

四〇〇　東寺領田数注進状案　（ソ函一五七号）

注進
　山城国東寺領田数事
一　久世上下庄
　伍十四町三段三百五十歩
一　植松庄
　陸町九段三百三十歩
一　拝師庄
　三町捌段三百伍十歩
一　上野庄
　肆町七段
　以□田数陸拾玖町九段三百拾歩
右注進□状如件、
　応永廿一年七月　日

四〇一　西院文庫文書出納帳抄（天地之部一九号）

山城国段銭免除御教書一通・奉行状四通・守護書下二通、都合七通出之、

応永廿一年七月十八日

杲暁（花押）178

宗源（花押）181

七通納了

応永廿一

潤七月十五日　杲暁（花押）178

宗源（花押）181

四〇二　室町幕府奉行人奉書（折紙）（イ函六七号）

（竪紙端裏書）
「斎藤加賀守　応永廿一　後七　十四」

東寺領山城国久」世上下庄・植松庄・拝」師・上桂以下散在」鴨社造営反銭事、」伺申　上

意候之処、如」先ゝ可被免除之由、被」仰出候、目出候、恐ゝ謹言、

応永廿一

後七月十四日　（斎藤）基喜（花押）184

年預御坊

花押184（斎藤基喜）

略押185（左衛門七郎）

花押186（杲淳）

四〇三　能登法橋快禅請人請文（ヱ函一二二号）

（端裏書）
「請人能登法橋状」

八条左衛門七郎売申、壱段小田地、針」小路朱雀〻〻与西坊城之間、針小路与八」条之間
也、年貢者十三合升壱石六斗、」於本所年貢者、毎年一貫文沙汰之外無諸公事、」立申請人之上
者、此下地煩等出来時、本人」十五ヶ日内、本銭一倍分不弁申者、所詮」快禅上野庄預所
得分、以本銭十五貫文」一倍分、雖為何箇年、直可被押召、且」為後日、申於両御奉行供僧学衆
御判之上者、」不可有他妨、仍請文状如件、

応永廿一年甲午八月晦日　　快禅（花押183）

本人左衛門七郎（略押185）

（付箋）「金蓮院」存知了（杲淳）（花押186）

（付箋）「年奉行宝勝院」存知了（重賢）（花押176）

四〇四　上桂庄所務条々事書案（教王護国寺文書七四一号紙背）

上野庄所務条〻

一　当庄御年貢、如近年者、収納日限追年」遅引、更無公平之実、□□《(所詮カ)》忩踏分早」田・晩田下地、定日限可致収納事、
一　為後日散用、預所可加判形於、
此外預所方へ自寺家、御状」弐通有之、
応永廿三　十二　廿五　武蔵殿シチニオク

○　この文書は、応永三年の東西九条女御田年貢名寄帳案（教王護国寺文書七四一号）の第五紙目の紙背にあり、全文を墨抹している。

四〇五　上桂庄年貢学衆方算用状　（ヤ函六〇号）

注進上野御年貢学衆御方散用事
合八石壱斗一升七合七夕六才
下行延六斗四升九合三夕六才
都合八石七斗六升七合一夕二才内
除

花押187（祐円）

六斗　　門指給分
定残八石一斗六升七合一夕二才
代七貫七百七十八文内和市下行一斗五合宛
重除
二百文　　正月廿七日　御布施
百　文　　十月十九日　御布施
六百文　　三ヶ年　　御湯未進分出了
一貫文　　雑掌給分
以上一貫九百文
定残五貫八百七十八文
太良本家分　二貫百五十文　両度分
御ふとう分　七貫九百五十一文
都合十五貫九百八十一文内
十貫四百四十文　春季　利分加定
十貫五百十四文　秋季　利分加定
以上
右散用状如件、

応永廿三年十二月　日　祐円（花押）187

四〇六　上桂庄年貢算用状案（教王護国寺文書一〇一九号）

（端裏書）
「上野庄散用状応永廿四二月［　］」

註進　上野庄御年貢米散用［　］
応永廿三

合五十一石一夕九才内

除

一石五斗　梅□僧分□指置［　］三段分米

六斗六升六合六夕六才　千代原［　］

以上二石一斗六升六合六夕六才

（此の間、欠落がある）

六合□夕一才［　］

二石一斗三升二合□夕七才［　］

一石九斗八升四合三夕

以上六石四斗二〔六升七〕合一夕□□(一才)

□五斗□八才

(此の間、欠落がある)

以上四石四斗七升六合四夕一才

残五〔四〕十一〔九〕石三斗二升三合五〔七〕夕二〔五〕才

(九)□斗一升九合四夕五才

庄未進　五石一斗九升四合六才

二石一斗三升□□(二合)□

定残　四十四石一〔三〕斗□□六合八夕□

三斗二升五合三夕九才

応永廿二年未進　一石六升一合七夕弁之、現納分

以上四十五石二斗八升□

(此の間、欠落がある)

二十石　夏衆方

六石五斗　預所分

一石五斗　定使給

二石九斗七升六合　木下法橋下□(行)之□(代)三□□(貫文)分

以上三十石九斗七升六合

残十四石二斗六升□合五夕二才内（四）（一升二合九才）

七石二斗三升一合二夕六才（五合五夕四才）　学衆御方分

七石二斗三升一合二夕六才（五合□夕四才）　供僧御方分

下行延五斗六升六合四夕二才

以上七石六斗九升九合五夕八才（七　八升一合□夕八才）

代七□(貫)七百□文（八十一文）

一貫文　草畠分

七百文　椎野地子十□□弁

六百文　湯料足三ヶ年分学衆御方

分未進、以御年貢□□□
以上七貫二文内十貫八十一文
五百文　応永廿三　御奉行分
一貫文　同　木下法橋下行之
五貫文　同　廿一口御方御評定分
二百文　応永廿三　九月二日御湯料足
四百文　同　十月十九日御仏事料足
百文　同　正月廿七日御仏事料足
一貫文　同　雑掌給分
以上八貫二百文
残一貫八百二文（八十一文）
右散用之状如件、
応永廿四年二月三日　　ヽ　ヽ

○この文書の紙背に、播磨国矢野庄供僧方年貢代銭送進状四通がある。

四〇七　上桂庄納帳（袋綴）（や函五六号）

（表紙外題）
「上野庄納帳　応永廿四年」

七月晦日

三斗　行泉

三斗　行見

二斗一升　衛門次郎

二斗九升　衛門太郎

以上一石一斗内

六斗六升六合六夕六才　夏衆方

。七斗三升三合三夕二才

残三斗三升三合三夕三才内

半分　一斗六升六合六夕七才　供僧御方

半分　一斗六升六合六夕六才　学衆御方

以上　一石一斗内

七斗三升三合二夕六才　夏衆方

残　三斗六升六合七夕四才

半分　一斗八升三合三夕七才　学衆御方
半分　一斗八升三合三夕七才　供僧御方
八月十二日納
一石五斗内　千代原刑部
◦一石　寺衆方
残五斗内
二斗五升　学衆御方
二斗五升　供僧御方
同八月十六日納
一石六斗二升四合　行泉
八斗五升六合　右衛門大郎
九斗八升　行見
以上　三石四斗六升内
◦二石三斗六合六夕六才　夏衆方
残　一石一斗五升三合三夕三才内
半分　五斗七升六合六夕六才　学衆御方
半分　五斗七升六合六夕六才　供僧御方

八月廿七日納

一石二斗六升五合　右衛門太郎

一石二斗六升四合一夕　同人

以上　二石五斗二升九合一夕

一石一斗三升八合七夕　行見

一石七斗二升三合　行泉

一石一斗三升七合五夕　衛門次郎

以上　六石五斗二升八合三夕内

一斗　定使ニ下行

残　六石四斗二升八合三夕内

。四石二斗八升四合　夏衆方

残　二石一斗四升四合三夕

半分　一石七升二合一夕五才　学衆御方

半分　一石七升二合一夕五才　供僧御方

九月九日

二石　梅津刑部弁

同十八日

三石二斗三升　　　徳大寺
此内一石八道帝分　　　　道帝
一石四斗　　　同　　　右衛門五郎
七斗　　　　　同　　　安井
　　　　　　　　　　　左近四郎
以上　七石三斗三升内
。四石八斗八升　三分一　夏衆方
残　二石四斗五升内
半分　一石二斗二升五合　学衆方
半分　一石二斗二升五合　供僧方
九月廿五日
二石三斗七升五合　宝勝庵
　　　　　　　　　左衛門三郎
六斗四升　大野今
　　　　　道善跡衛門二郎
以上
十月八日
一石九斗八升七合　行見
二石□斗〃〃〃〃
五斗　行泉・左衛門二郎
七斗　右衛門二郎

一石三斗六升三合三夕四才　　左藤五
二石四斗六升　　行泉弁
三斗五升　　右馬五郎
以上　十石三斗四升五合三夕三才内
六石七斗九升五合九夕八才
五石ヽヽ　　夏衆方　皆納
十月九日
残　三石五斗四升九合三夕五才内
半分　一石七斗七升四合六夕七才　学衆御方
半分　一石七斗七升四合六夕七才　供僧御方
下行延　一斗四升一合九夕二才
以上　一石九斗一升六合五夕九才
十月十一日
二石九斗四升三合　　右衛門大郎
同　十二日
一石三斗六升七合　　行泉分　源五
四斗五升　　同分　兵衛五郎
同　十六日

三斗九升　新開分　徳大寺
右衛門五郎
九斗一升　同人
一石三斗□〃〃〃〃
七斗モチ　道□
一斗三升二合モチ　新□　同人
一石一斗一升一合一夕一才　道覚
以上　八石三合一夕一才内
六石五斗　預所分十月十七日
○残　一石五斗三合一夕一才　供僧御方請取十月十七日
十一月廿五日　結解入了
廿三日
二斗三升三合三夕三才　右衛門三郎
新田納　十月廿三日
大分　石代□□代分　行見　四斗六升六合六夕六才
六十歩　内七十歩一斗三升六合　三郎五郎　一斗一升六合七夕
半卅歩　兵衛次郎
残　小廿歩一斗七升三合三夕三才代二百文出之
小分　右衛門二郎　二斗三升三合三夕三才

百歩　彦太郎

廿歩　□□　□□三合六夕四才　衛門次郎

　　分米　五升五合三夕
　　　　九升六合六夕　行見　已上分ヲ立用十一月廿五日

一斗九升六合七夕又八斗代百文十月廿九日　衛門太郎舎弟也

十月廿四日　送道教

寺カキ内
◦一石五升五合　□所廿三　西方寺未進
　此内　三斗五升　預所分更ニ引之
　　　　　　　　　　右馬二郎弁
　残　八斗一升　公方分　同分

同一斗五合　同西方寺分　同弁

四斗五升一合　道教弁

十月廿七日
四石三斗四升六合　道帝

四斗五合　□□□□未進分　加賀弁十一月二日

八斗七升五合　同人同日
以上　一石二斗八升

十一月十二日
七斗五升七合三夕三才　道帝

四斗六升二合六夕四才　新開分　同人
以上　一石二斗二升内
十一月廿五日引了
□□二斗七合　公文所へ請取了
四斗八升代　六百文　十一月廿三日。右馬次郎　上野　十一月十六日
石田
八斗七升八合
代　一貫文　同日　石田
以上　一貫六百文　公文所へ預之
以上　九石九斗七升三夕
一石五斗三合一夕一才　先度請取分
都合　十一石四斗七升三合四夕一才内
除　一斗八升四才　已上ハラ新田ニ十石　行見　衛門太郎
一石　新井料ニ御免　代　一貫五百文　納所三郎
定残　十石二斗九升三合三夕六才
半分　五石一斗四升六合六夕八才　学衆御方
半分　五石一斗四升六合六夕八才　供僧御方
定請取分　二石四斗三升六合五夕七才内
又代残分ニ　一斗四升引　代残　半分　五升二合
半分　五升二合
定残　三石二斗九升六合五夕七才
可請取

十二月六日

四斗五合　応永廿三年分未進　加賀　未進四斗二升一合

二斗五升九合　同人

六升五合　応永廿三年未進　カツラ右馬二郎

四五斗八升　同人

一斗二合　寺カキ内西方寺分　同人

以上　代成　八百十文　馬二郎分

八百三十文加賀分

残　一貫六百四十文内

五百八十八文　分米　四斗七升九夕分□年貢方へ出之

残　一貫五十七文

一斗八先度下行也

一石四斗　定僧給分

以上一石五斗也

代一貫六百五十文　一貫二百文下行也

四〇八　上桂庄未進分年貢算用状案（教王護国寺文書一〇二三号）

（端裏書）
「上野庄応永廿三・同廿四年未進分」

上野庄応永廿三并廿四年未進分事
一斗八升六合八夕　応永廿三分　右衛門次郎
二斗五升五合三夕　同廿四年分　同人
以上四斗四升二合一夕内　三斗　右衛門大郎過上分
立用之
右衛門大郎過上分立用之　残一斗四升二合一夕未進
三斗九升二合六夕六才　廿四年　行泉
九升六合七夕　過上分　新田立用之　行見
一石一斗五升二合八夕七才　過上分　右衛門□郎
此内
二斗一升八合六夕　新田方　兵衛次郎分弁
五升五合六夕　同　右衛門八郎分弁
一斗　同　右衛門六郎分弁
以上三斗七升四合二夕

都合一石六升六合八夕六才　立用之

定残八升六合一才過上分　此分請取出了
　　　　　　　　　　　　十二月二日ケン

　上野庄徳大寺畠秋麦分
　　半分ハ麦出之、残半分事

大
大　六升□合六夕六才　道覚
大　一斗三升三合三夕二才
　　五升一斗六合六夕六才　右衛門五郎　此秋より
一反　一斗　道帝
　　　　　　右衛門五郎
一反半　一斗□升　阿口後家
一反　一斗　阿口後家
一反　□□　同分道□（覚）
小　三（六）升三（六）合三（六）夕三（六）□　藤四郎　此秋より
小　三（六）升三（六）合三（六）夕三（六）才　道帝　此秋より
五十歩　一□四合二才　□（彦）九郎
六斗二升一合　応永廿三未進　石田

六升五合　応永廿三応永廿四　十二月四日　馬次郎
四斗五合　同引残分応永廿四　十二　六　加賀
八升三合　応永廿三　右衛門三郎
四斗八升　応永廿三　右馬次郎
一石五斗　応永廿四　石田
西□□馬次郎
四斗八升　右馬次郎
廿四年
上野庄新田　一石代　十歩二升七合八夕
未進四斗二升六合□（六）夕六才
大　六斗六升六合六夕六才　行泉
小二十歩　三斗三升三合六夕　兵衛次郎右衛門大郎舎弟
二十歩　五升五合六夕　右衛門四郎右衛門大郎舎弟
大　六斗六升六合六夕六才未進一斗三合三夕　六郎後家行□
七十歩　一斗九升四合六夕　兵衛次郎右衛門大郎舎弟
百歩　二斗七升八合　彦大郎
六十歩　一斗六升六合八夕未進五升六合二夕　三郎五郎

◦二十歩　五升五合三夕（六）

小　　三斗三升三合三夕三才　右衛門三郎（右衛門大郎舎弟）

以上二石七斗五升八夕五才内五升五合六夕□申候也

残二石六斗五升五合二夕五才内（六）

現納二石一斗□升一夕九才内

（遣之）現米納分一石一斗四升九合三夕九才（半分五斗六升四合六夕五才）　定未進五斗八升六合六才

現銭一貫二百文内　四百文納所ニアリ　現米一石六斗三升一夕九才

八百文公文所ニアリ　現銭六百文　分米四斗八升内

米半分五斗七升四合六夕五才　納所両人ニタフ（給）　三百文安内者ニタフ

銭半分四百五十文　納所両人ニタフ　残三百文アリ

（銭半分）銭半分公文所・乗法橋両人ニタフ　十二月十一日結解

○この文書の紙背には、次の文書が記されている。

1　永徳三年放生会用途算用状（折紙）

2　明徳四年上久世庄公事用途徴符（後欠）

3　某庄年貢納日記（断簡）

(1)権僧正隆禅等連署申状

四〇九　権僧正隆禅等連署申状并具書　（い函二一号）

東寺申

欲早依下方名主土民等掠申非分所被開之」横井如元被塞之任往古例全社用当寺八幡宮領」上久世庄要水間事、

副進

一紙当社御願神事等註文付井水差図

右当社者、延暦遷都之初、当寺草創之時、為鎮護国家」雖有勧請儀、不及神体安置、而嵯峨天皇与大師有御」談話、有御立願事平城天皇為御位諍御反逆之時、御願成就之日、令建立」社壇、重有勧請儀、于時三所御躰親現空中御、大師則」先奉写紙形件紙形後代奉渡于石清水内殿、後彫刻之、被奉安置社頭、従尓云」神躰云社壇、草創以後于今無恙、於余社其例殆希歟、依之」等持院殿御敬信異于他之間、去建武年中、当寺御座時、」自社頭神鏑鳴出、御敵忽令敗北畢、即以久世庄被寄附于」当宮、為永代御願、従被定置三十口供僧以来、長日大般若経」并本地供、毎年放生会以下勤行、曾而于今無退転者也、」爰件要水在所者、為当寺領上野庄内之間、於巨細者、」寺家所令存知也、其子細者、畳石堰水養上方田地、以石」間漏水、養下方田堵者、此河大法往古規式也、然而去年下」方名主土民等、無故奉掠　上聞、背先規任雅意、切落彼」井之間、上方田地依失用水便、当社領大略不作之条、前代未聞」次第也、仍長日御燈用途

自署188（杲暁）
自署189（紹清）
自署190（宝清）
自署191（快玄）
自署192（尭清）
自署193（宗海）
自署194（杲淳）
自署195（教遍）
自署196（隆禅）

(2)東寺八幡宮神事等注文案

当月分、既以不及所済之上者、又」放生会要脚不可運送之条勿論也、然者毎年不易之御願、」至当年可令闕怠之条、歎而有余者歟、然早被退彼等無」理濫訴、如元被塞彼横井、専放生会以下神事、為全御願」連署言上如件、

応永廿六年七月　日

法印権大僧都「杲暁」（自署、以下同じ）188
法印権大僧都「紹清」189
法印権大僧都「宝清」190
法印権大僧都「快玄」191
法印権大僧都「尭清」192
法印権大僧都「宗海」193
法印権大僧都「杲淳」194
法印権大僧都「教遍」195
権僧正「隆禅」196

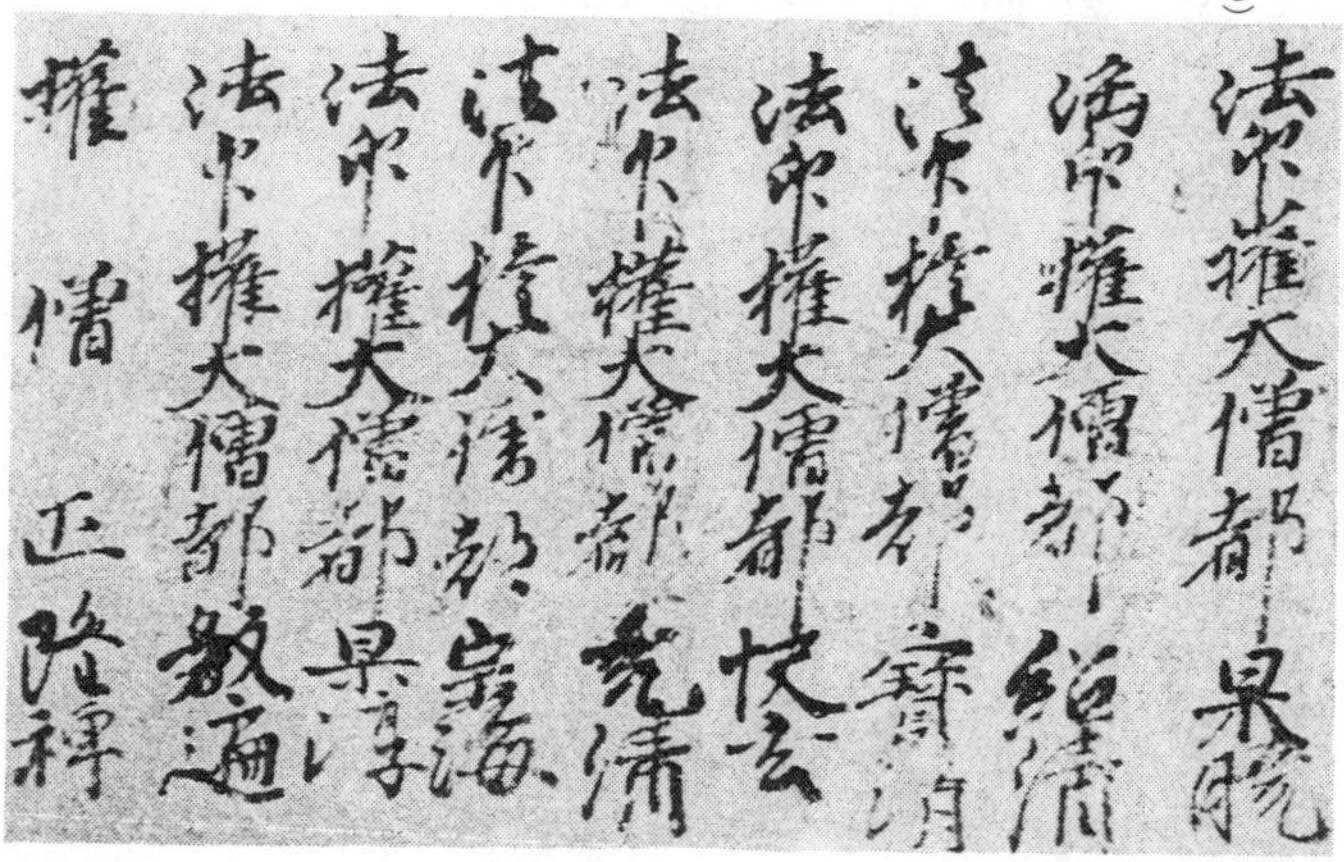

東寺八幡宮御願条々

一　毎年放生会　朝先御供　次御神楽　次師子　次法会
夕二問一答論義講

一　毎月朔日御供
一　毎月同日理趣三昧
一　毎年五節神供
一　毎年霜月中卯庭火
一　長日本地供
一　長日大般若経
一　長日御燈
一　毎月十五日論義講
一　毎月十六日阿弥陀三昧
一　三十口供僧供米
一　御供手長役人執行給分
一　公文所給分
一　預三人給分
一　宮司六人給分
一　花摘一人給分
一　鐘推三人給分
右条〻、以社領久世庄土貢令執行之者也、仍註進之矣、

(3)桂川用水差図

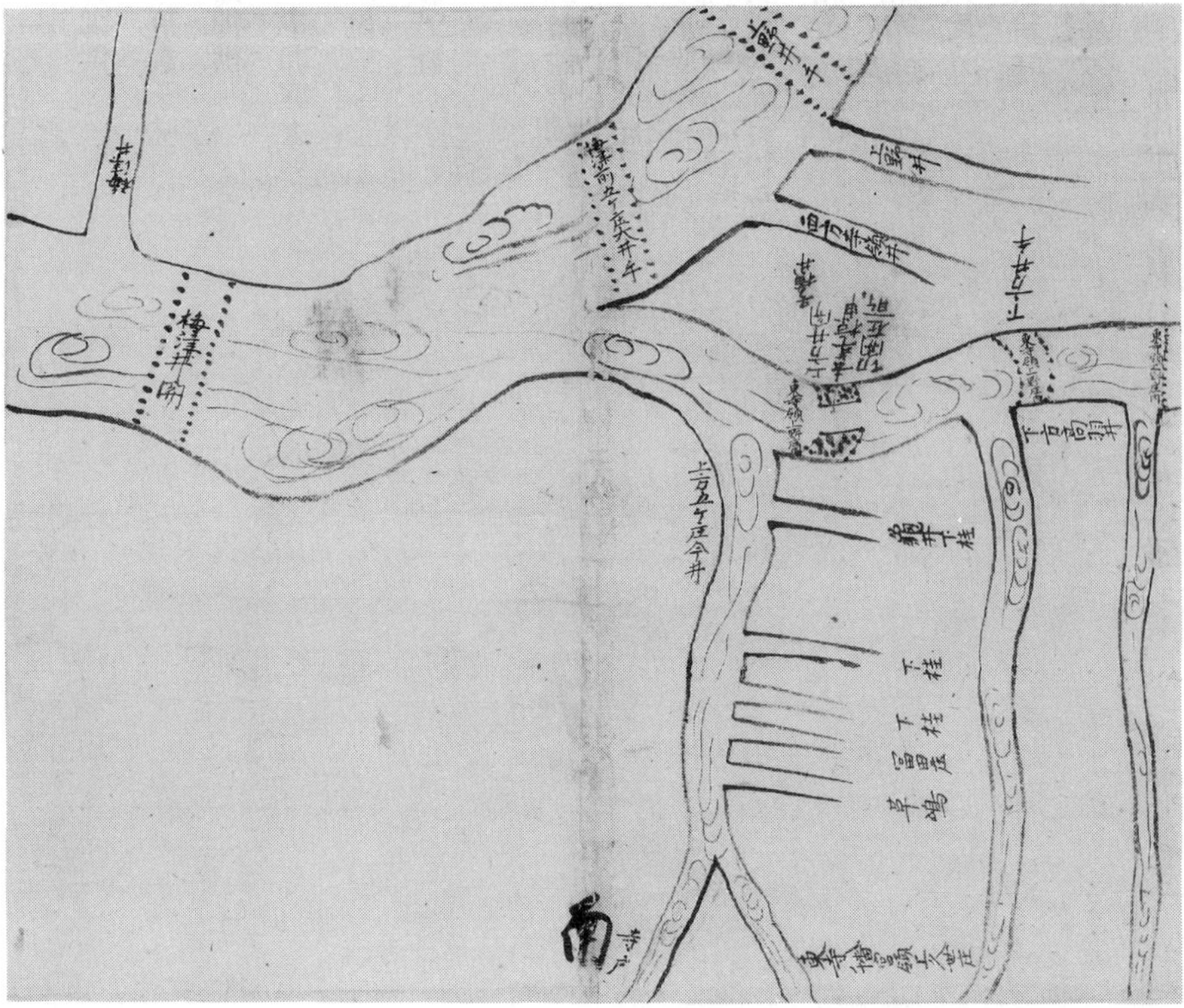

○(3)の東寺領上桂庄内の井関をあらわす線および点線は、三箇所とも墨筆のうえに朱筆が重ねられている。また、「号横井」と「去年掠申切開在所」および切り開かれた箇所を示す線は朱筆で書かれている。

四一〇　某書状案（や函一五八号）

（端裏書）
「目案」

東寺領のうち西山・上野、やふの事、」四条油小路いはら屋より、去年十二月廿一日、」料足百貫文のかたに、相伝の文書九通を」あひそへかひとり候て、知行無相違候之処、」当年三月の比より、いはら屋ちくてんのあと」を申うけ候て、東寺ほんこん院（宝厳）おなしき」公文所等衆議として、かのやふをおさえ候之間、」いはら屋ちくてんの事、去年十二月晦日の事」にて候、此やふをかひとり候事ハ、おなしき廿一日」の事にて候間、其段かたく問答仕候へ共、無承引」候の条、中納言僧都方へ理非にまかせて東寺へ」御口入候て給へき由申て候へ共、道理至極事にて、」穏東寺へ申され候ける哉、無子細道行候之由、申出」され候間、竹子をすこしきらせて候之処、中納言」僧都東寺よりかたくなけき候とて、此方をは捨られ」候て、無理にてき方へつけられ候間、去五月晦日一向」かひにまかせ候て、悉き

りとり候間、言語道断の次第候、」一所詮理非にまかせ、竹木をこと〳〵く返しつけ」候様に、預御成敗候者、忝可畏入存候、

○この文書は年月日を欠くが、応永二十九年学衆方評定引付（ネ函九六号）の四月二十二日の条に
　四条油小路判屋知行、而去年十二月逐電間、彼竹原……
の記載があるので、応永二十九年のものとした。

四一一　弁賀田地譲状案（さ函一〇五号）

譲与　私領名田事

合大者　上野庄内在所三宮東浦也

右件名田者、弁賀買得相伝之下地也、」爰光憲房依為門弟、譲与之処也、雖為」性厳之下地、及志之処、擬形見之一分申」付之者也、然則十念之廻向於馮存者也、」彼下地之加地子米九斗七升八合上野斗定。進付之、更〻」万雑公事不可有之、若万一違乱妨」申輩出来之時者、不日可被罪科」行者也、仍為後日、譲与之状如件、

応永卅年癸卯十月十六日　弁賀

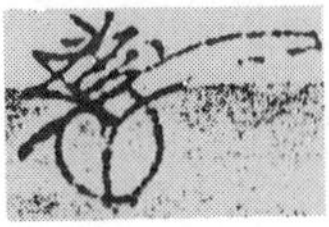

花押197（足利義持）

四一二　足利義持御判御教書（旧東寺文書　五常義五）

東寺八幡宮領山城国久世上下庄
并上野植松庄国役人夫以下臨時
課役等事、所免除之状如件、

応永卅一年六月十一日

（押紙）「勝定院殿」（足利義持）
菩薩戒弟子（花押）197

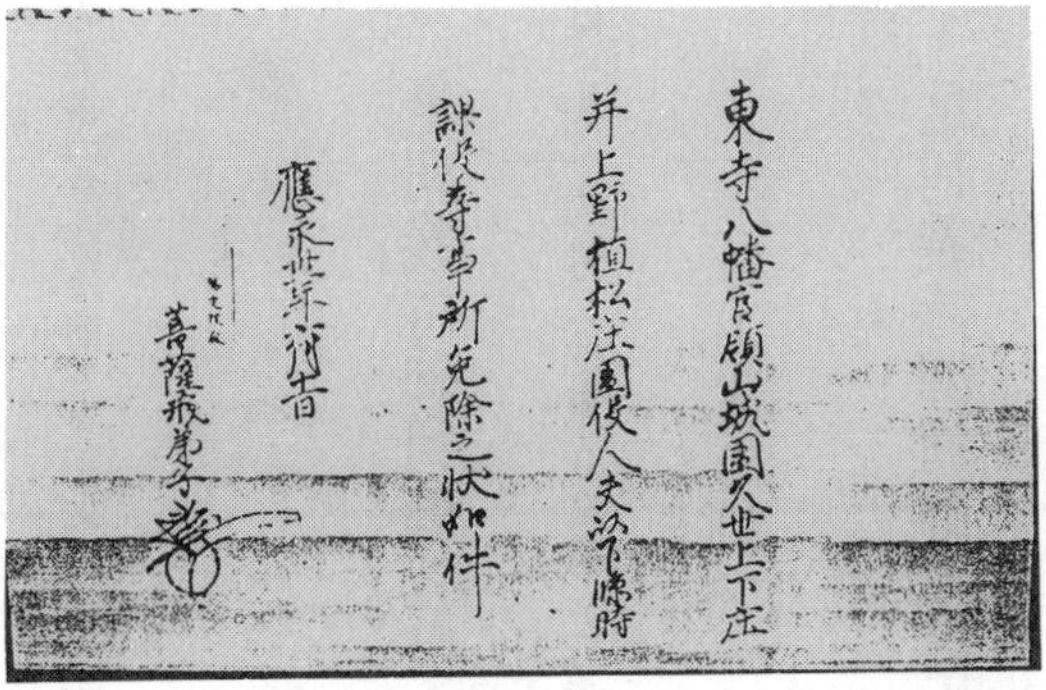

東寺八幡宮領山城国久世上下庄
并上野植松庄国役人夫以下臨時
課役等事所免除之状如件
應永卅一年六月十一日
菩薩戒弟子

〇この文書は、もと「東寺文書　五常義五」であったが、現蔵者は不明である。これは昭和四十五年頃の写真である。東京大学史料編纂所に影写本はあるが、写真としてはこれが唯一のものと考えられるので、素人写真ではあるが参考として掲載した。

四一三　足利義持御判御教書案　（と函九〇号）

○この文書は、前号（旧東寺文書　五常義五）の案文なので省略する。

○この文書の筆跡は前号（正文）と同一と思われる。

四一四　足利義持御判御教書案　（ひ函四九号）

○この文書は、四一二号（旧東寺文書　五常義五）の案文なので省略する。

四一五　足利義持御判御教書案

（廿一口方重書案（東寺文書　追加之部二二号㈢））

勝定院殿御判

○この文書は、四一二号（旧東寺文書　五常義五）の案文なので本文を省略する。

廿一口方重書案

廿一口方重書案
　總目
　寺領惣無堵　廿一ヶ所三通宣旨綸旨
　當寺領大和國平野殷戸忍松澤岡
　重永石座浪岡大俊正蕊伎岡忩言
　庄丹波國上山庄お蔵岡新　智田
　伊豆國弓削嶋庚永初引名頁知表起
　下ヒ下知陰僅證名

寺領惣無堵　御訪擧方付御去起
廻口標引先漢　散亟先漢　塔門筆取乳

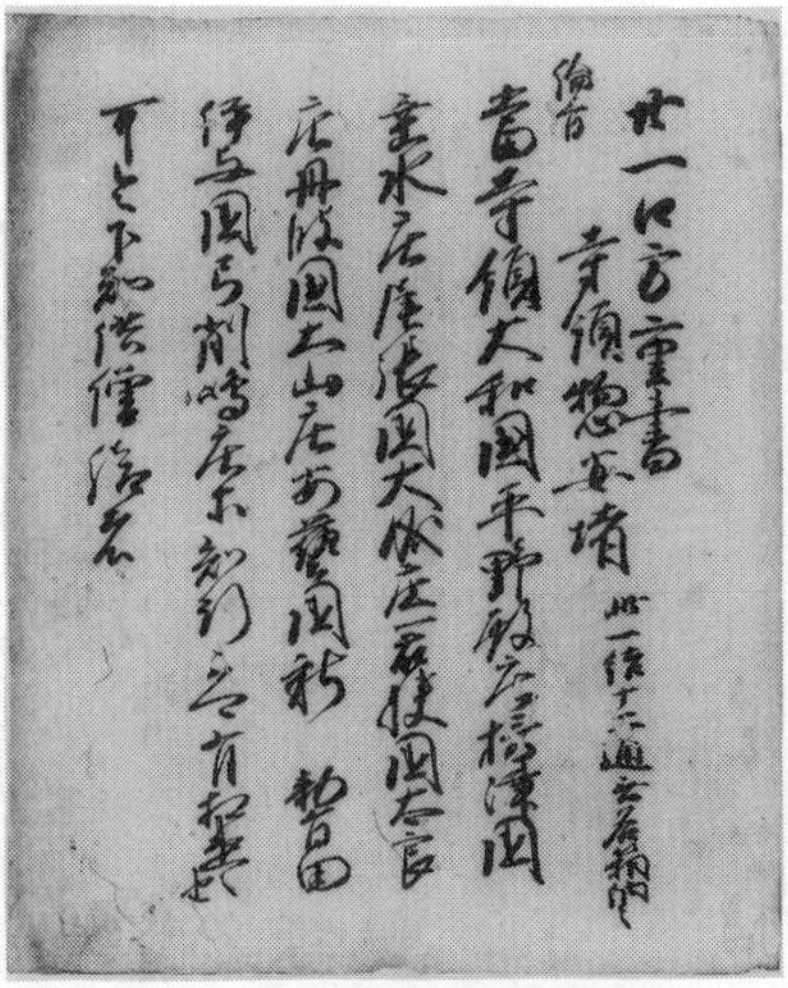

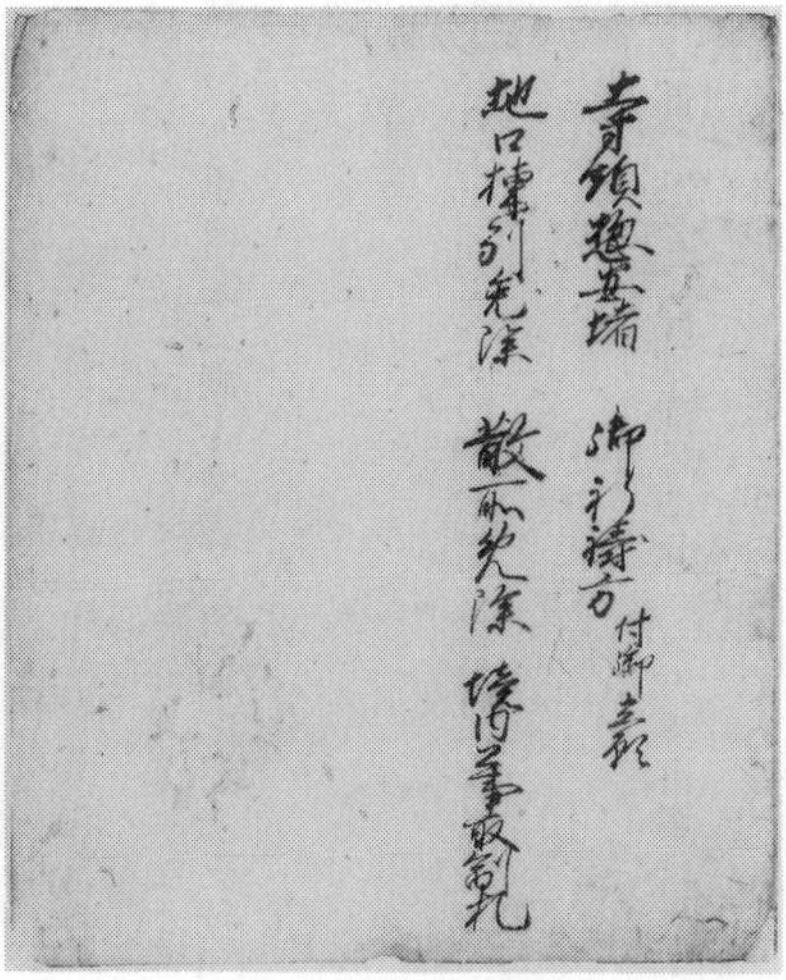

○　この廿一口方重書案（東寺文書　追加之部二二号）は、四八紙よりなる袋綴の冊子である。延文元年十一月八日後光厳天皇綸旨以下七五通の廿一口方の重書が書写されているが、本書では上桂庄に関係あるもののみを以下に記載する。なお、この廿一口方重書案の表紙裏には、

寺領安堵　御祈禱方付御立願

地口棟別免除　散所免除　境内公事取制札

という記載がある。この「寺領安堵……」の筆跡は明応二年五月二十六日寺領惣安堵文書包紙（七一〇号（テ函一五一号））の表紙ウワ書の「寺領惣安堵」の筆跡と同じである。（写真は一九七頁を参照）

四一六　足利義持御判御教書案

（廿一口方重書案（東寺文書　追加之部二三号㈢））

勝定院殿御判

○　この文書は、四一二号（旧東寺文書　五常義五）の案文なので本文を省略する。

○　この廿一口方重書案（東寺文書　追加之部二三号）は、前号の廿一口方重書案（東寺文書　追加之部二二号）と筆跡を異にするが、文言・体裁とも同じ袋綴の冊子である。

四一七　山城国国役免除文書案　（ひ函四八号）

（端裏書）
「久世方」

○この文書は、四一二号（旧東寺文書　五常義五）と同文なので省略する。
○この文書は、四四二号(4)（京函九七号㈣）の案文なので省略する。
○この文書は、四四二号(5)（京函九七号㈤）の案文なので省略する。
○この文書は、四四二号(6)（京函九七号㈥）の案文なので省略する。
○この文書は、上桂庄に関係がないので省略する。
○この文書は、参考六（を函七一号）の案文なので省略する。

(1)足利義持御判御教書案
(2)管領斯波義教奉書案
(3)山城国守護高師英遵行状案
(4)管領畠山基国奉書案
(5)管領畠山基国奉書案
(6)山城国守護代使節犬原秀光遵行状案

花押198（畠山満家）

四一八　管領畠山満家施行状（い函二三一号）

（封紙折封ウワ書）
「佐々木三郎殿　　　沙弥道端（畠山満家）」

東寺八幡宮領山城国久世上下庄」并上野・植松庄国役人夫以下臨時」課役等事、被免除畢、早任今年」六月十一日御判之旨、可被全寺社所務」由所被仰下也、仍執達如件、

応永卅一年九月廿四日　　沙弥（畠山満家）（花押）198

佐々木三郎殿（京極持光）

四一九　上桂庄検封家屋雑具注文（折紙）（教王護国寺文書一一〇九号）

（端裏書）
「応永三十二
上野庄検封家注文」

上野庄兵衛二郎家事
同さうく（雑具）色〻
かま（釜）　　弐

なへ《鍋》　大少　三
つきうす《臼》　一
きね《杵》　三
するうす《磨臼》　一
からすき《犂》　一　ヘラサキ
うまくわ《馬鍬》　一　子八
うし　一ヒキ
右衛門二郎預申候
まさかり　一　同ニヲク
くわ《鍬》　一チョウ　同
やり《槍》　二ヱタ《条》　右衛門二郎預
ゆミ《弓》　一　チヤウ《張》
マトヤ《的矢》　一テ
ゆいをけ《結桶》大少　二二
みそのをけ《味噌桶》　一』
ほしな《乾菜》・いもし《芋茎》　三十レン《連》〳〵
わら《藁》　三十ハカリ
もミ　一

花押199（乗喜）

略押200（衛門太郎）

同ニまめ（豆）たわら（俵）一
あわ（粟）、、（俵）　一
かなわ（金輪）　一　ぬし（主）預
以上廿一　地下預申候
右注文如件、
納所性順
応永卅二年卯月廿八日
乗喜（花押）199

四二〇　上桂庄行泉等連署請文（や函七一号）

請申　東寺御領上野庄兵衛二郎」進退事
右去年以来、対申本所、依有不法子細、」雖有御罪科、惣庄御百姓等、別而就」申請、御免之上者、向後自然彼者、」不儀不法事出来候者、就惣庄御百姓」等、可懸承候、其時堅可加下知候、若又」御百姓等、無正躰致其沙汰候者、堅」各可預御罪科候、其時不可申」所存候、仍為後日請文之状如件、

	略押201（衛門二郎）
	略押202（行見）
	略押203（行泉）
	花押204（快寿）
	花押205（宏寛）

応永三十二季五月十八日

衛門太郎（略押）200

衛門二郎（略押）201

行見（略押）202

行泉（略押）203

四二一　西院文庫文書出納帳抄　（リ函九四号）

上野検注帳一巻并指図二枚出之

正長元九月三日　宗源（花押）181

快寿（花押）204

宏寛（花押）205

永享六年四月廿八日　納之了　融覚（花押）206

花押206（融覚）

四二二　上桂庄東田井畠成田畠注進状（折紙）

（教王護国寺文書一一二四号）

上野庄東田井」自去年仍川成当年」畠成注進之事

一田　半　本庄号里キワ　行見

□田　六十部（歩、以下同じ）同在所　同作

　以上　本庄田地大

一畠事

五部　同里キワ　刑部二郎

十部　同次　三郎五郎

一反　川ハタ字上ノ田　妙道

六十部　同在所　大郎次郎

大　同次ヒロシ　衛門五郎

大　同次当不　大郎次郎

二反　同次　妙道　増長院御名主

一反　同次　行見

一反　同南　三郎五郎

半　同次　妙道
小　当不　さ近二郎』
卌部　当不　大郎四郎
廿部　此内□部 当不　大郎四郎　余田新開
半　次南　衛門五郎　同
半　次西　三郎五郎
六反半　次西 西方寺ノ名主
此内　三郎五郎
一反　さ近二郎　当不
一反　さ藤三郎　当不
大郎二郎
源五跡
衛門五郎
三反大　道ノ上 中嶋　行見
此内二反　当不
一反　中道ノ トヲリ　行見
一反小　宮ノソヘ　妙道

花押207（乗祐）

花押208（祐賢）

花押209（元知）

一反半　当不　大郎二郎

小　当不 御百姓ウセ　二郎

畠成以上二町二反三百五部　此内

六反三百五十部　当不作除之

残田地壱町五反三百十五部

現作定

□（正）長元年十月十五日

乗□（祐）（花押207）

祐賢（花押208）

夏衆　元知（智カ）（花押209）

○祐賢については、一三八号（セ函一一号）に同名人の文書があるが、年代が離れ、花押を異にするので別人と考える。

四二三　室町幕府奉行人連署奉書案（切紙）（を函一二一号）

（端裏書）「奉幣段銭免除案」

東寺領山城国」所〻大奉幣」米之事、先〻」免除之上者、可」被止催促之由、」候也、仍執
達如件、
永享元
十二月廿□(三)日　松田丹後(満秀)
浄胄判
津
満親判
伯家雑掌

四二四　神祇伯家雑掌基満奉書案（折紙）（を函一二二号）

（折紙端裏書）
「伯　反銭免除案」
東寺領当国」所〻大奉幣」米事、先〻」為免除之地」旨、奉行奉書」如此、可被止催」促之由候也、仍」執達如件、
永享元
十二月廿五日　左衛門尉基満判
山城国大奉幣米大」使御中

四二五　室町幕府奉行人連署奉書案

（廿一口方重書案（東寺文書　追加之部二三一号㈣））

奉書案 折紙

東寺領山城国久世上下庄・植松庄・拝師・」上桂以下散在等　鴨社正殿造替」段銭事、為免除地之上者、可被止催」促由候也、仍執達如件、

永享三
十月十一日　為種（飯尾）判
秀藤（松田）判

当社造営奉行

守護代

四二六　室町幕府奉行人連署奉書案

（廿一口方重書案（東寺文書　追加之部二三三号㈣））

奉書案折紙

○この文書は、前号（東寺文書　追加之部二三一号㈣）と同文なので本文を省略する。

(1)室町幕府奉行人連署奉書（折紙）花押210（飯尾為種）

花押211（松田秀藤）

(2)室町幕府奉行人連署奉書案（折紙）

四二七　鴨社正殿造替料段銭文書（折紙）（な函一六九号）

東寺領山城国」所々鴨社正殿」造替段銭事、可」被止催促之由候也、」仍執達如件、

永享四
十月廿日　（飯尾永祥）為種（花押）210
（松田）秀藤（花押）211

当社造営奉行
守護代

（竪紙端裏書）「鴨社段銭　免除分 永享五年分　飯尾三郎右衛門 □社□段銭配符」

東寺領山城国久世」上下庄・植松庄・拝師・上」桂以下散在田等」鴨社正殿造替段銭」事、先々免除云々、」可被止催促之由候也、」仍執達如件、

永享五
九月十八日　（飯尾）為秀
（飯尾）貞元

当社造営奉行
守護代

(3)鞍河久利書状

花押212（鞍河久利）

(4)室町幕府奉行人連署奉書

花押213（布施貞基）

花押214（某一五）

（本紙袖）（切封跡）

御状委細承候了、兼又」段銭御奉書、此間も申候て、」可進候処候、鴨社家奉行」御才木事、紀州へ二月」より下向候間、無其儀候、」上洛候て、取可進候、於身」等閑不存候事候、期面上候、」恐〻謹言、

（押紙）「永享六」
卯月八日　（鞍河）久利（花押）212

（付箋）「鴨社永享五年段銭為公方御免折紙子細間事也」

御返事

（礼紙奥ウワ書）「（切封墨引）
宮野殿　御返事　　鞍河式部丞
久利」

東寺領山城国久世上下庄・」上桂上野・拝師庄等、　鴨社」正殿造替段銭事、被免除之」上者、所令停止催促也、仍執達如件、

永享六年九月十五日　（布施貞基）民部丞（花押）213

当社造営奉行（花押）214

当寺雑掌

四二八　山城国国役免除文書案　（ア函一八三号）

（端裏書）
「久世庄国役免除案八通」

○この文書は、四一二号（旧東寺文書　五常義五）の案文なので省略する。

○この文書は、四四二号(4)（京函九七号㈣）の案文なので省略する。

○この文書は、四四二号(3)（京函九七号㈢）の案文なので省略する。

○この文書は、四四二号(5)（京函九七号㈤）の案文なので省略する。

○この文書は、四四二号(6)（京函九七号㈥）の案文なので省略する。

○この文書は、上桂庄に関係がないので省略する。

結城守護時国役免書

○この文書は、参考六（を函七一号）の案文なので本文を省略する。

(1)足利義持御判御教書案
(2)管領斯波義教奉書案
(3)管領斯波義教奉書案
(4)山城国守護高師英遵行状案
(5)管領畠山基国奉書案
(6)管領畠山基国奉書案
(7)山城国守護代使節犬原秀光遵行状案

○この文書は、上桂庄に関係がないので省略する。

四二九　東寺申状案（を函一三六号）

（端裏書）
「鴨段銭目案《安》案永享七」

目　安

東寺領当国久世上下庄并上野・植松・」拝師庄等鴨社造替段銭間事

右自永享三年以来於当段銭者、殊蒙」御免許畢、是則寺家毎事依為無力、」預憐愍之御扶助之処、当年又欲被入」催促之使節畢《即》、早被任近例、蒙御免」許者、弥為抽御佳運万歳之精祈、目安」言上如件、

永享七年八月　日

○この文書は、「奥御坊　定助」という「ウワ書」のある封紙の裏を利用している。

四三〇　室町幕府奉行人連署奉書案（折紙）（を函一三七号）

○この文書は、四三三号(1)（京函九六号㈠）の案文なので省略する。

四三一　室町幕府奉行人連署奉書案（折紙）（を函一三九号）

（端裏書）「鴨段銭免除奉書　永享七」

○この文書は、四三三号(2)（京函九六号㈡）とほぼ同文の案文なので本文を省略する。

四三二　山城国東寺領段銭文書案（な函一七一号）

(1)室町幕府奉行人連署奉書案（折紙）

○この文書は、四三三号(2)（京函九六号㈡）の案文なので省略する。

(2)室町幕府奉行人連署奉書案（折紙）

○この文書は、四二三号（を函一二一号）と同文なので省略する。

○この文書の(1)(2)は、それぞれ折紙の両面に書かれている。

四三三　鴨社正殿造替料段銭文書（京函九六号）

(1)室町幕府奉行人連署奉書（折紙）

東寺領山城国」散在所々」鴨社正殿造替」反銭事、可伺申」間可被止催促之」由候也、
仍執達如件、

永享七
八月廿九日　（飯尾）為種（花押）210
　　　　　　（飯尾）貞元（花押）215

（貞基）布施民部丞殿

当社造営奉行

花押215（飯尾貞元）

(2)室町幕府奉行人連署奉書（折紙）

東寺領山城国」久世上下庄・上桂上野・」拝師庄并植松等」鴨社正殿造替」段銭事、先々
被」免許之上者、可被止」催促之由候也、仍」執達如件、

永享七
十月八日　（飯尾）為種（花押）210
　　　　　（飯尾）貞元（花押）215

（貞基）布施民部丞殿

当社造営奉行

東寺領山城国」所〻散在　」鴨社正殿造替」反銭事、先〻被」免除了、早」可被止催促之」由候也、仍執達如件、

永享八
六月廿三日　　為種（飯尾）（花押）210
　　　　　　　貞元（飯尾）（花押）215

布施民部丞殿（貞基）
当社造営奉行

(3)室町幕府奉行人連署奉書（折紙）

四三四　東寺申状（案）（を函一四七号）

（端裏書）
「東寺久世」

目安

東寺領当国久世上下庄并上野・植松・」拝師庄等鴨社正殿造替段銭間事

右自永享三年以来於当段銭者、殊蒙」御免許畢、是則寺家毎事依為無力、預」憐愍之御扶助之処、当年又欲被入催促之」使節、早被任近例、蒙御免許者、弥為抽」御佳運万歳之精

祈、目安言上如件、

永享九年十月　日

○この文書は、四二九号（を函一三六号）「東寺申状案」と本文が同文である。四二九号を参考にして次号（を函一四八号）を作成し、次いでこの文書を清書したと思われる。

四三五　東寺申状案（を函一四八号）

（端裏書）
「目安案文」

○この文書は、前号（を函一四七号）と同文なので本文を省略する。

四三六　上桂庄溝堀入足算用状（後欠）（教王護国寺文書一二〇九号）

東寺領上野庄新溝入□（足）事

永享拾年

一 溝堀人夫并雑用事
日食 三百卅七人 各五十□□（文宛カ）
拾七貫三十四文
地下人二百四十三人 各三十五文宛
捌貫七百六十六文
酒肴方
拾五貫九百九十一文
以上四十壱貫七百九十三文
自四月廿八日至五月三日 五ケ日
同自五月八日至十八□（日） 十ケ日十三日除定
（後欠）

四三七 東寺雑掌申状案（教王護国寺文書一二三三号）

（端裏書）「上野庄用水石堂口目安 永□」

東寺雑掌請申

当寺領山城国上野庄用水□(事)

右当庄近年依無用水、田地大略□(不)□」御願既欲令退転、依之、去年以他郷用□」寺戸・徳大寺已下、十一ケ郷用水也致所望之処、諸郷以和会儀(マヽ)」領状之間、寺家成大慶之思、入若干煩□(堀カ)溝、又」随分諸郷致礼節者也、然間去年既分取井水」畢、雖然其在所依不宜、用水尚不通、□(而)田地」亦令荒損、是以当年替在所、可分取用水之」由、重而懇望之処、去年既領状之上者、至于」今、非可令違変云〻、依之去月十九日諸郷悉令」会合、井水口自去年在所半町許水上、定其在所、」而退散畢、諸郷同心之上者、致大儀堀溝、既」欲開井口之処、自下桂・河嶋・下津林三ケ郷、以」使節相支、違変之次第何事乎、所詮任諸郷」領状之旨、尤雖可開井口、以穏便之儀□(閣)之畢、」早蒙国方御成敗、不日開井口全作毛、弥」欲抽一天太平御祈禱、仍謹言上如件、

永享十一年五月　日

四三八　東寺申状案（下部欠）（教王護国寺文書一二二四号）

(端裏書)「上野井水事目安付三宝院□」

松尾前石堂口の用水を請□諸郷□

右子細ハ、東寺領上野庄年来不作荒野［　　］のため彼用水を所望之間、更ニ先規なき［　　］水を割分ハ難治たるによて、堅した［　　］余に懇望について、諸郷又条々を申［　　］を諸郷の用水ニ堀付られ、水流をまし［　　］新溝の口をあけ、分木を立、井［　　］分とるへきよし、申定る処、古き溝［　　］す分木村里の沙汰に及ハす、剰［　　］在所を改め、雅意に□（任）せ一町余上［　　］間、諸郷の用水渇乏せしめ、忽□（難）［　　］悪、是非なき者也、結句、或ハ舟ニ石［　　］戸板・芝草をもて夜々本溝を［　　］末の用水下らす、併盗犯ニ非すや、［　　］条々を背るゝのミならす、濫［　　］常篇ニ絶る間、諸郷連判仕り［　　］状破るゝ上者ハ、寺家□（掠）申さるとい［　　］捐の御成敗ニ預らんため、謹言［　　］

永享十一年六月　日

四三九　東寺雑掌陳状案（や函七四号）

（端裏書）「上野目安案文用水石堂口永享十一［　　］」

東寺雑掌謹支言上

当寺領山城国上野庄用水事

右当庄、近年依無用水、田地大略不作□□、厳重」御願既欲令退転、依之去年以他郷用水之内寺戸徳大寺」已下十一ヶ郷用水也致所望之処、諸郷以和、僉儀領状之間、」寺家成大慶之思、入若干煩堀溝、又随分諸郷」致礼節者也、然間、去年既分取井水畢、雖然」其在所依不宜、用水尚不通、而田地亦令荒損、是」以当年替在所可分取用水之由、重而懇望之」処、去年既領状之上者、至于今非可令違変云々、」依之去四月十九日諸郷悉令会合井〔水〕口、自去年」在所半町許水上定其在所而退散畢、諸郷」同心之上者、致大儀堀溝、既欲開井口之処、牛」瀬庄主相語下桂・河嶋庄、以使節相支違変之次」第何事乎、所詮任諸郷領状之旨、尤〔雖〕可開井口、」寺家以穏便之儀、就国方令沙汰之処、国方召寄」件庄主、雖相尋子細、依无理運出領状折紙㒵、」依之開井口訖、

彼申状謀言条々

一　彼申状云、約〔自〕諸在所一町余上押而堀溝云々、

此段大妄語也、去年在所用水依不通、半町」許上諸郷約諸在所四月十九日諸郷定之堀之㒵、急被」立倹使、可有御倹知者也、

一　彼状云、古溝不堀入本井水云々、

此篇目別而可有御糺明、」凡諸郷沙汰人等、強」可堀入古溝之沙汰雖无之、件庄主立此条」目、及異儀之間、催人夫古溝堀〔付〕本井水、其後」開井口畢、現量事猶以欲諒(掠カ)申、自余題目」可有　御上察者歟、

一　彼状云、○以舟積石、以戸板・芝草、夜ゝ塞本井水」○盗取用水云ゝ、
此段又大偽也、此沙汰去六月十一日令落居之」間、当年作毛上野庄更以不事行、只今
開」井水為後之年許也、有何所□○可盗取」用水乎、急被召□倹人、可有御糺明者欤、
右申状○之条ゝ悉以謀言也、若有御不審者、可被」相尋国方者欤、所詮諸郷自最初領状之上
者、」如此申状非可捧之、偏是件庄主所行也、堅□」ゝ○欲被決実否、仍支言上如件、
永享十一年七月　日

四四〇　革嶋貞安上桂庄代官職条々請文（や函七五号）

（端裏書）「上野代管事　かう嶋請文」
東寺御領山城国上野庄代官職請文事
一　於御年貢并御公事等者、任先規可致所務事、
一　掘井水、可有興行田地事、
一　於御年貢之内、以十分一土貢、可為代官得分事、
一　新開田地事、従明年辛酉歳参拾参箇年、為限其」間、年ゝ随開出、於初三ケ年之本年
貢者、悉百姓仁」被免之、従次年已後、本年貢内以三分二者、井水等之」興行分被免之、

花押216（革嶋貞安）

於三分一者、可有寺納者也、若三十三」箇年中、三十二ケ年已後初開之者、御百姓御免不可足」三ケ年、其時者於寺家可申請之也、雖然於御代官」三分二之御免者、不可出三十ケ年自甲子年至癸巳年三十ケ年也者也、

一　毎年以験（ママ）使、令験（ママ）知新開之田地、代官可捧開不開之注進」状事、

一　掘井水開荒田事、自明年辛酉歳、至庚辰歳弐拾箇」年内、興行不及半分者物庄不作田地、興行半分也、可被改御代官職者也、

一　対寺家不存私曲、可被致忠節事、

右条々雖為一事令違背者、不日可有改易代官」職者也、仍請文之状如件、

永享拾弐年庚申七月　日　革嶋勘解由左衛門尉
貞安（花押216）

四四一　上桂庄代官職補任状案（や函七六号）

（端裏書）
「上野庄代官補任条々永享十二」

補任

山城国東寺御領上野庄代管（ママ 以下同じ）職事

一　御年貢并御公事等者、任先規可有」所務事、

一　可為代官得分十分一事、
一　堀井水、可有興行田地事、
一不堀井溝名主職事、現作之畠、依入井水開田地者、可令沙汰」井料也、若於無沙汰之輩者、永代可有知行也、
一　新開田地事、従明年辛酉歳、参拾参箇」年、為限其間、年〻随開出、於初二ヶ年之」本年貢者、悉百姓仁被免之、従次年已後、」本年貢内以三分二者、井水等之興行分」
新開名主職事、不及沙汰井料者、同可有知行也、
被免之、於三分一者、可有寺納者也、若三十三」ヶ年中、卅二ヶ年已後初開之者、御百姓御」免不可足三ヶ年、其時者於寺家可申」請之也、雖然、於御代官三分二之御免者、不」可出三十箇年自甲子年至癸巳年三十箇年也者也、
一　毎年以験(マヽ、以下同じ)使、可有験知開不開事、
一　井料可為先例事、
一　無支証於田畠屋敷等者、可有堪(勘カ)落也、」但於本役者、厳密可有寺納事、
一　堀井水、開荒田事、自明年辛酉歳、至」庚辰歳廿ヶ年中仁、興行不及半分」惣庄荒、田半分可被改代管職者也、
右彼庄、依正長二年八月十八日洪水、井口并」溝悉埋、□(田カ)地皆成白河原、既十三ヶ年之間」御年貢無一粒、成亡所者也、然而彼庄者、自」往古、為名主役、出井料、堀溝、打井手事、」先規也、依之去永享七年雖堀井溝、依」大水埋溝、不及一作也、其後名主重而不」堀井水之間、為本所懸井料可堀之由、」雖相触之令退屈捨名主職、不出両度」永享十年同十一年之井料者也、然間、自本所、一円○仁以弐」百余貫井料、雖堀付今井口仁、井口又塞、」不通

水之間、作毛又無之、依之彼庄代管職」并捨名主職、悉革嶋勘解由左衛門尉貞安」永代所宛行也、堀彼井溝、打井手、自正長二年」十三ヶ年之荒田、其外開田畠、○令増本所御年貢」様仁、令興行、可致忠節也、若捨名主○等、自今以後、」以何証文、雖有訴訟、度々井料不及沙汰之上」者、一切不可有許容也、若背請文之旨、有」緩怠之儀者、不日可有改易代官職者也、」仍補任状如件、

永享十二年庚申八月四日　法橋、、
公文所
法橋

権大僧都

法印

四四二　上桂庄代官職契状案（教王護国寺文書一二四一号）

（山城国）
□□□葛野郡東寺之御領上野之庄事

□永代持代官職拾分壱事、

□溝一縁仁掘捨候名主式（職、以下同じ）、永代知行事、

□荒野次ニ畠等田地ニ成、名主式知行事、

一　可御年貢・御公事等ハ任先例事、
□可毎年以検使、定損徳(得)事、
□□毎年井料、為先例事、
□□無□本所之証文、於田畠屋敷等、有令」知行輩者、落取持名主式上本役事、
□彼庄、正長二年八月十八日洪水ニ、井口并溝失、」田地ハ川原、残ハ成畠、已十三ケ年
之間、御年貢」無一粒、然少々百姓失、成亡所者也、仍彼庄ハ自」昔、為名主役出井料、
掘溝打井手在所也、」然間名主永享七年ニ雖掘溝候、廰水出、如故」溝成、田地不為一作
毛、其後名主無掘彼溝」事間、自寺家懸井料可令掘由、名主ニ相」触候処ニ、捨名主式、
永享十年・同十一年」不出両度之井料者也、然自寺家一縁(円)ニ、弐」佰余貫井料両度ニ出彼
溝、雖掘付今井」之口候、自其上ヲ掘、打井手、今井ヲ可懸越事」為大儀間、永享十二年
ニハ　彼溝ヲ不令掘者也、」然ニ依仍名主捨候、彼田地寺家非可捨間、加」評定、伺
上意、彼庄之代官式、次ニ捨候名主式、悉革嶋」勘解由左衛門尉貞安ニ永代充行者也、掘
彼」溝、打井手、自正長弐年十三ケ年、荒田其外」開田畠、寺家御年貢益様(ママ)ニ候者、弥可
為」忠節者也、若捨候名主、以後以如何証文、雖」有訴訟、為
上意被仰付、自寺家如斯、依契約状書」伝、彼大儀ヲ仕条、更不可有他煩者也、然」負(背カ)請文
之旨、有緩怠之儀者、可改代(ママ)者也、」仍為後証、契約状如件、

○この文書は年月日を欠くが、前号（や函七六号）の革嶋貞安に対する補任は、この契状案にもとづいて宛行なわれたものと考えられるのでここに収める。

四四三　山城国諸庄園公事并人夫役文書（京函九七号）

○この文書は、上桂庄と関係がないので省略する。

○この文書は、上桂庄と関係がないので省略する。

東寺雑掌申、鎮守八幡宮領」山城国久世上下庄・上野・植松庄沙汰人、」八幡番以下国役人夫等事、先々」免許之処、動及催促云々、甚不可然、」向後堅可被停止之由、所被仰下也、」仍執達如件、

応永十三年二月廿三日　沙弥（斯波義教）（花押217）

高土左入道殿（高師英）

東寺八幡宮領山城国久世上下庄・」上野・植松諸公事并人夫役等事、」先々免許之処、及催

⑴山城国小守護斎藤良承折紙（折紙）

⑵室町幕府奉行人連署奉書（折紙）

⑶管領斯波義教奉書

花押217（斯波義教）

⑷管領斯波義教奉書

(5)山城国守護高師英遵行状

(6)管領畠山基国奉書

花押218（畠山基国）

促云〻、太不可然、」不日可被停止之由、所被仰下也、仍」執達如件、

応永十二年九月十六日　沙弥（斯波義教）（花押）217

高土左（高師英）入道殿

東寺八幡宮領山城国久世上」下庄・上野桂等庄諸公事并」人夫役等事、任御教書之旨、」可被沙汰之状如件、

応永十二年八月十二日　沙弥（高師英）（花押）170

佐治因幡（佐治守直）入道殿

東寺八幡宮領山城国久世上下」庄・上野・植松諸公事并人夫役」等事、向後可被止催促之由、所被」仰下也、仍執達如件、

応永十二年七月四日　沙弥（畠山基国）（花押）218

高土佐（高師英）入道殿

花押219（西福寺清祐）

四四四　西福寺清祐上桂庄名主職請文（尊経閣古文書纂編年文書二一九三）

上野庄名主職請状事

右上桂上野庄之内名主職事、彼庄」用水者、為名主之役之処、近年度〻」無沙汰仕候旱、依之去永享年中仁」為本所、雖被落名主職、今度用水之」入足、壱反別相当分五貫文、可致其沙汰」之由、堅領掌申処也、今月中仁」可弁償候、万一約月過難渋候者、於」向後者不可成競望候、仍為後日」請文状如件、

嘉吉弐年五月十一日

西福寺光照坊代因州
清祐（花押）219

四四五　上桂庄内検注進状（教王護国寺文書一三六九号）

（端裏書）
「上野庄内験帳嘉吉三九　廿」

注進　上野庄秋麦内検之事嘉吉三年九月廿日

八段　　徳五百七十三文（得、以下同じ）　　妙道

一町五段九十部（歩以下同じ）　徳七百四十文　　三郎五郎

花押220（玄雅）

八段九十部　徳七百卌九文　　　行円
二反　　　　〃四百文　　　　　教覚
一反小　　　〃百五十三文　　　三郎四郎
大廿部　　　〃百十三文　　　　行文
一反小　　　〃六十五文　　　　次郎四郎
三百卌部　　〃八十文　　　　　大郎四郎
一反小　　　〃百十六文　　　　三郎次郎
一反大　　　〃弐百九十一文　　さ藤三郎
小　　　　　〃廿五文　　　　　妙蓮
一反　　　　〃廿文　　　　　　三郎大郎
半　　　　　〃百廿五文　作人柱者　さ衛門
六十部　　　〃廿文　　同　　　道了
小　　　　　〃卅文　　同　　　九郎大郎
半　　　　　〃百文　　同　　　道円
小　　　　　〃廿文　　同　　　三郎五郎

以上参貫陸百卌一文

嘉吉三年九月廿一日　　玄雅（寺崎）（花押）220

花押221（清増）

花押222（浄聡）

花押223（清円）

（乗南）祐賢（花押）208
納所　（敬性）清増（花押）221

○この文書の筆跡は、寺崎玄雅のものである。

四四六　上桂庄一方代官職補任状（そ函四五号）

（端裏書）「玄雅補任状 正文」

下　東寺領山城国上桂上野庄代官職事

上座玄雅

右以人、所補任一方御代官也、有限御年貢」以下恒例臨時御公事等、無懈怠可致」其沙汰、庄家宜承知、敢勿違失、故以下、

嘉吉三年十二月廿九日　公文法眼（浄聡）（花押）222

権少僧都（清円）（花押）223

法印権大僧都（覚寿）（花押）224

花押224（覚寿）

四四七　上桂庄散在田未進徴符并先未進免除人数注文（折紙）（メ函二四二号）

文安元年分
上野庄散在未進徴符事
二石四斗六升　徳大寺竹田分　右衛門九郎分
一斗　谷　道円
四斗二升六合　桂　二郎三郎
五斗六升五合　徳大寺竹田分　右衛門四郎
二石八斗　嘉吉三年分　梅津散所　三郎五郎　四郎三郎
一斗五升　但　両人申子細訖状在之　同散所　四郎三郎
二斗七升　同散所　三郎五郎
七升　千代原覚法
五斗三升　同所西
五斗三升二合　徳大寺竹田分　右近四郎
八斗九升七合　徳大寺西
二斗八升　嘉吉二年

一石六斗六升六合六夕六才　同三年
一石六斗六升六合六夕六才　文安元年
一石　同二年　以上徳大寺下司
二斗六升八合　桂　左衛門二郎
四升　とくらく寺
四升　八郎四郎
一斗四升八合　こもふち
本米一石五斗内
一石五升　一向日□(燈カ)　七郎跡
五斗西芳寺出之
一石四斗八升三合三夕　安井
此請加文安元ヨリ文安四年マデ
以上十六石四斗四升二合六夕二才』
御免人数
此外先未進人数内
二斗五升　千代原覚法
七斗　右衛門九郎
一石　七郎跡
一石　安井

三斗

観行
右衛門三郎

四四八　山城国東寺領造内裏段銭送進状案（な函一七九号）

（端裏書）
「内裏段銭送状案」

送進　造　内裏反銭事

合拾玖貫文者

右為東寺領山城国久世上下庄・上野・植松庄」以下所々散在参拾捌町、分銭所送進之状如
件、

文安弐年二月廿一日　公文法眼
浄聡判

四四九　山城国東寺領造内裏段銭請取（切紙）（な函一八〇号）

納　造内裏山城国段銭事

合拾玖貫文者田数参拾八町
但去年分

花押225（某一六）

花押226（某一七）

右為東寺領久世上下庄・上野・植松庄」以下所〻散在分、皆済所納之状如件、

文安弐年参月廿一日　――（花押）225

――（花押）226

四五〇　寺崎玄雅上桂庄内田地寄進状

（東京大学史料編纂所所蔵影写本梅宮神社文書）

きしん申　下地事

右上野内、大あらほり弐段大、」地蔵田一段、みそ田少（ママ）、以上四段」梅宮とう明田、為名主職、きし□（ん）」申所実也、但この田において」いらん煩申物あらハ、みその」くちをふさき、此書文をもつて」あきらめあるへきもの也、仍為後□（日）」状如件、

文安二年四月五日　寺崎法眼（玄雅）（花押）220

梅宮神主殿

四五一　寺崎玄雅・乗真祐算連署上桂庄代官職条々請文　（シ函五二号）

（端裏書）
「玄雅・祐算請文」

謹請申

東寺御領山城国上桂上野庄御代官職事

右為寺恩、被補御代官職之上者、背寺命、毎事不」可有自由緩怠之儀事、

一　毎年御年貢并地子等不過其時分、可令運上事、

一　新開田畠等興行之時、雖為段歩不隠密、本年貢等」可致其弁事、

一　御事書云、次於有損免年者、被下検使、可及憲法之御」沙汰云々、就中於当庄者、不論熟否、御年貢米失墜之」時者、為名主雖弁申之、就井水興行之忠節、本所御」年貢米一段別六斗内於有不足時者、可被下見使之」由、衆命之通、忝畏存訖、此上者御年貢米弥不可」致不法、若又無為之年、寄事於左右、致損免之訴訟」者、堅預御紏明、造意之咎、於令治定者、件名主職速」可有御改替者也、其時更以不可及是非之訴訟事、

一　就御年貢等、両人之中一人雖令無沙汰、今一人可弁申事、

一　就井水興行、不可致無沙汰事、

右条々雖為一事令違背者、不日可有改替御代官職、」其時不可申一言子細者也、若此旨偽

花押227（祐算）

申者、
鎮守八幡大菩薩・稲荷五社并大師三宝伽藍」護法等御罰可罷蒙各身者也、仍謹起請文如
件、

文安弐年四月十一日

寺崎法橋 玄雅（花押）220

乗真法橋 祐算（花押）227

四五二　寺崎玄雅・乗真祐算連署上桂庄代官職条々請文

（シ函五一号）

（端裏書）「此請文ゝ言依有不足、重而請文沙汰旱」

謹請申

東寺御領山城国上桂上野庄御」代管（官）職事

右為寺恩、被補御代官職之上者、背寺命、」毎事不可有自由緩怠之儀事、

一　每年御年貢并地子等不過其時分、可令」運上事、

一　新開田畠等興行之時、雖為段歩不隠密、」本年貢等可致其弁事、

一　損亡等出来之時者、不同心名主百姓等、殊」可存公平事、

一　就御年貢等、両人中一人雖令無沙汰、今一人可弁申」之事、
一　就井水興行、不可致無沙汰事、
右条々雖為一事令違背者、不日可被改替御代官職、」其時不可申一言子細者也、若此旨偽
申者、
鎮守八幡大井・稲荷五社并大師三宝伽藍護法」等御罰可罷蒙各身者也、仍謹起請文如件、
　　文安弐年四月十一日　　寺崎
　　　　　　　　　　　　玄雅（花押）220
　　　　　　　　　　　　乗真
　　　　　　　　　　　　祐算（花押）227

○この文書の端裏書によれば、請文の文言不足によりこの文書を書き直し、前号（シ函五二号）が作成されたと考えられる。なおこの二通はともに寺崎玄雅の筆跡である。

四五三　寺崎玄雅・乗真祐算連署上桂庄代官職条々請文案（ユ函六九号）

（端裏書）
「上野庄請文寺崎文安二　四」

○この文書は、前号（シ函五一号）の案文なので本文を省略する。

四五四　宝泉院快寿等連署置文案　（シ函五三号）

定置　当寺領山城国上桂上野庄代官井溝興行之間事

右当庄之用水者、自往古、為名主之所役之処、去応永年中以来、」一向不致其沙汰之間、度々雖致催促、終不及承引者也、雖然非可」弃置之間、同応永之末并永享之初、同九年十年及数ケ度、以」大足二百余貫文雖令興行之、猶以不事行之処、去嘉吉二年、同三年当代官某」以大足三百余貫文令開井溝訖、就中彼庄名主等、以前依度々緩怠、雖」令停止下地進止之望、以寛宥之儀、今度任先規、於諸名主方、雖令」相触之、不能是非返答但一人請文在之之条、以外次第也、然而嘉吉三年五月廿一之」洪水仁彼井関既破損訖、依之当年又以佰余貫文用脚、令開新井畢、」一所興行之志、忠之上忠也、且難尽後記者哉、所詮於名主職者、伝于子孫、」永代知行不可有相違者也、但本所御年貢并臨時御公事以下、於有無」沙汰者、非制限、若自今以後、守井水無為之刻、或号買得、或称子孫之相伝、」雖為段歩令違乱者、為本所堅可令停止之、若又以権門勢家之吹」挙、雖取申之、其咎重畳之上者、敢不可有許容之儀者也、」万一雖掠申　上聞、為本所堅可支申之、

一　西田井本所米事、不依田地善悪、壱段別陸斗宛分、可致寺納、」次於有損免年者、被下検使、可及憲法御沙汰者也、

一　東田井事、毎事以西田井準拠、可致其沙汰事、

一　東西如此被定置之上者、有限年貢之外者、寺家更不可及違乱事、

一　於徳大寺・千代原以下之散在田地者、任近年納帳、可致寺納、但於」興行者、可増其年貢者也、

一　於代官職、年貢御公事以下、於有不法之儀者、可有改替者也、次於」得分者、以寺納五分一并交分、可為給恩事、

一　井水等入足事、如先規、可為名主役者也、

右条々堅被定置之上者、雖為一事、不可有他妨、万一自今以後有」不知案内之衆、令違乱者、任此事書之旨、可停止之、若猶致非分競望者、為」寺家、可訴申公方様之由、以衆儀令治定訖、仍為永代証文、所宛行之状如件、

文安弐年四月十一日　公文所法眼浄聡　在判

宝泉院
法印権大僧都（快寿）　判
弁律師
権律師（杲覚カ）　判

（裏）
「此事書者、就東寺領山城国上桂上野庄」田地興行、伝玄雅法橋之子孫、当庄之」

名主職相伝之進文言明鏡之処也、然」而彼庄井水大儀之間、入足分之内為弁済」東西下地名田之内（田数注文別紙在之）就　相伝」渡給正文訖、依之向後又御子孫為証拠、」写案文加判形、令進之候、此上者、就自余之」田地、雖先名主、若又雖為本所自然押」妨之事在之者、以此案文為正文、可被止其」綺者也、仍為永代支証、所令加判之状」如件、

享徳三年三月廿一日　」

○この文書の筆跡は、裏書も含めて全文寺崎玄雅のものである。

四五五　宝泉院快寿等連署置文案（ユ函七一号）

（端裏書）
「以上野庄名主職被補任玄雅法橋土代事（文安四（ママ）四十一）」

○この文書は、前号（シ函五三号）とほぼ同文なので本文を省略する。

四五六　宝泉院快寿等連署置文案　（セ函三六号）

○この文書は、四五四号（シ函五三号）とほぼ同文なので省略する。

○文安二年四月十一日付の宝泉院快寿等連署置文案は、四五四号（シ函五三号）・四五五号（ユ函七一号）・四五六号（セ函三六号）の三通がある。三通はほぼ同文で、いずれも寺崎玄雅の筆跡であるが、四五五号・四五六号には四五四号にない

一　毎年被下検使、田地興行可検知之者也、

の一条がみられる。

四五七　宝泉院快寿等連署置文案　（ユ函七〇号）

（端裏書）
「自梅宮社務方出之寛正二　九　廿五」

定置　当寺領山城国上桂上野庄井溝興行之間事

条〻在之

一　西田井本所米事、不依田地善悪、一段別六斗宛分、」可致寺納、次於有損免年者、被下

検使、可及憲」法御沙汰者也、
一　東田井事、毎年以西田井準拠、可致其沙汰事、
一　東西如此被定置之上者、有限年貢之外、寺家更」不可及違乱事、
一　於徳大寺千代原以下之散在田地者、任近年納帳、」可致寺納事、
一　於代官得分者、以寺納五分一并交分、可為給恩事、
右条〻堅被定置之上者、雖為一事、不可有他妨、万」一自今以後有不知案内之衆、令違乱者、任此事書」之旨、可停止之、若猶致非分競望者、為寺家、可訴」申　公方様之由、以衆議令治定早、仍為永代証文、所宛行之状如件、
文安弐年四月十一日　　公文所法眼浄聡　在判
法印権大僧都　在判
権律師　在判

四五八　寺崎玄雅上桂庄名主職寄進状　（京都大学所蔵古文書集二）

永代売寄進申□□□□名主職之事
合弐町者　字坪付別紙在之

右件田地者、為上野庄井水興行、彼下地名主職為」本所永代被宛行□□□当知行無相違地也、随而」彼井水興行之用脚巨多之間、名主職田地之内弐町、」代佰伍拾貫文仁、永代正覚院仁相副本所之補任」状等、売寄進申者也、但本役者、以上野庄之斗」壱段別六斗宛装米石別四升宛分、毎年可有寺納候、此外者」諸公事無之、但井水以下本所於有自然之所役者、真」被任惣庄之例、然者有限本年貢之外者、更不可有」自余之煩者也、就中此下地之先名主、去応永年中」以来、数ヶ年之間不懃井役、剰一向令抑留本年貢之」条、其咎不軽、依之為本所被召放名主職、当于玄雅之」身、被成安堵、令全井水訖、一所興行之忠節無比類之」旨、事書之文言明鏡者哉、此上者、先名主立還而、於令」違乱者、本所相共可明申之、将又雖有一天平均之御徳政、」於此下地者、一切不可有相違儀、若又自今以後至子孫之代、」背此売券旨致非分之競望者、可罷蒙日本国中大」小神祇諸天三宝大師八幡御罰者也、若猶不顧冥慮令」違乱者、被訴申　公方様、不日可被処厳科者也、仍為後証」売券之状如件、

文安弐年乙午十二月五日　上野庄名主寺崎法橋
玄雅（花押）220

○この文書は影写本によったが、筆跡は寺崎玄雅のものと考えられる。

四五九　東寺公文所法眼浄聡書状（折紙）（革嶋家文書）

（折紙端裏書）
「公文所法眼浄聡
　文安二年」
（竪紙端裏書）
「寺家補任状」
（宝輪院覚寿）
（花押）222

以上野庄」名主職、為」御口入、寺崎」契約申間事、」寺家存知之上者、」不可有相違候、」
恐々謹言、
　文安弐年
　十二月十三日　　公文所法眼
　　　　　　　　　浄聡（花押）222
正覚院御坊

四六〇　上桂庄代官職請文等包紙（東寺文書　無号之部四九号）

（包紙ウワ書）
「上野庄方代官請文二通文安二年分
西方寺井料請文」

花押228（某一八）

花押229（某一九）

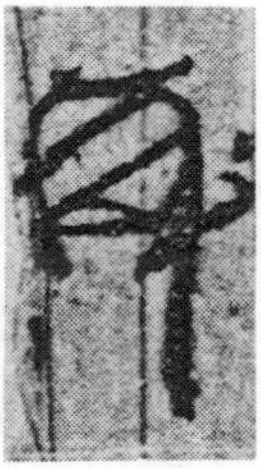

四六一　東寺領造内宮料役夫工米配符（切紙）（を函一六九号）

（端裏書）
「とうし」

造　内宮料山城国役夫工米事

段別捌拾文宛、来廿日以前可究済之、」若有難渋者、不日可被入譴責使也、

文安三年十月十五日　（花押）228

（花押）229

東寺

四六二　室町幕府神宮頭人挙状案（折紙）（ヰ函八七号）

東寺領山城国」久世上下庄・上野・」拝師・植松庄所ゝ」散在以下」

内宮役夫工米事、」可伺申之間、可止」催促之由可被成」奉書候、恐ゝ謹言、

文安三

十月廿五日　常承（摂津満親）

飯尾備中守殿（為秀）

花押230（飯尾為秀）

花押231（摂津満親）

四六三　室町幕府奉行人連署奉書（折紙）（イ函八五号）

東寺領山城国」久世上下庄・上野・」拝師・植松庄并」所〻散在以下　」
内宮役夫工米事、」可伺申候間、可被止」国催促之由候也、仍」執達如件、

文安三
十月廿七日　（飯尾）為秀（花押）230
（摂津満親）常承（花押）231

治部四郎左衛門尉殿

守護使

四六四　室町幕府奉行人連署奉書案（折紙）（リ函一五五号）

○この文書は、前号（イ函八五号）の案文なので省略する。

四六五　学衆方第一箱所納重書目録（ム函六三号）

（端裏書）
「学衆方　第一箱
支証目録　文安四年九月六日」
学衆方重書目録　此内肝要物等者案文書抜之
一　後宇多院四ケ庄御寄進御起精符（ママ）　一巻箱入之
一　同院御震筆御願書并勅書　一巻
一　同院御自筆御願書八幡宮　一巻
一　春宮令旨　一巻
一　拝師庄梶井之宮令旨以下　一巻
一　同庄六波羅之状正文
一　同庄将軍家并綸旨院宣等　一巻
一　同庄庁官以下支証　一巻
一　同庄恵田・兎田支証　一巻
一　同庄関東之御返事　一通
一　杉箱入之　同庄・上野・院町綸旨以下雑々　付上野之系図有之
一　矢野庄并那波公文名之支証　一結

一　聖無動院状(道我)　一通

一　民部省(田)并大慈院状等

已上第一箱分葛被納殊重宝分

一　拝師庄検注帳　一結

一　学衆法式等　一結　付籠衆法式并学衆追加法式

一　院町御寄附之正文・院宣等　一結

一　後宇多院御記　一巻

一　学衆器用評定起精　一結

一　院町指図一枚并雑〻沽却状案文　一結

一　拝師方綸旨・院宣・武家御教書以下

第三箱へ納了

一　上桂方雑〻　一結　上野方之箱納了

一　日吉田坪付并目安案文等　一結

一　矢野方綸旨并聖無動院状等　一結

一　後宇多院御起精符案并院町目安

一　太良庄本家役御室ヨリ御寄附状
一　院宣以下立紙等
　　已上第一箱分

右、近年支証等雑乱之間、文安四年」九月六日、於西僧坊、悉嚢分目録等令」沙汰者也、
仍人数事、
宝勝院法印(重耀)　　宝泉院法印快寿
正覚院大僧都原清　　仏乗院僧都寛融
仏性院大僧都甚清　　宝輪院僧都宗寿
大輔僧都　　重増
　文安四年九月六日

四六六　学衆方第二箱所納重書目録（メ函二四三号）

（端裏書）
「学衆方支証目録第二箱文安四年九月六日」

学衆方重書目録

一　矢野庄方支証等　一結
一　上桂庄支証等　一結
第一箱ニ入了
一　院町支証等　一結
一　院町久我家之状并所務帳　一結
一　拝師庄御教書并雑々等　一結
第一箱入之了日吉方
一　拝師庄里坪付　一結
一　同庄雑々　一結
一　仁和寺殿御教書付学頭職事　一結
一　会中講料所敷地四ケ所文書　一結
一　常陸国信太庄正文等　一結
一　安芸国三田郷支証　一結
一　学衆文書古目録　一巻

一　学衆方雑々　一結
一　同方雑々　一結
一　綸旨上巻等

已上第二箱所納之分

右、近年雑乱之間、今度悉嚢分目録、」令沙汰者也、仍人数事、
宝勝院法印　宝泉院快寿
仏性院甚清　正覚院原清
仏乗院寛融　宝輪院宗寿
太輔僧都重増
文安四年九月六日

四六七　管領細川勝元下知状（せ函武家御教書并達七六号）

（端裏押紙）
「段銭課役免除御教書細川殿文安四　九　廿二」
東寺八幡宮領山城国久世上下庄」并上野・植松・拝師庄等段銭臨時課」役・国役人夫以下

花押232（細川勝元）

事、被免除訖、早為」守護使不入之地、可令全領知之由、所被」仰下也、仍下知如件、

文安四年九月廿一日

（押紙）「細川殿」
右京大夫源朝臣（細川勝元）（花押）232

四六八　管領細川勝元下知状案　（い函二五号）

○この文書は、前号（せ函武家御教書并達七六号）の案文なので省略する。

○前号の正文の「細川殿」という押紙の代りに、この文書では「御屋形」という付箋が付せられている。なお、この文書は前号の正文と同一筆跡と考えられる。

四六九　管領細川勝元下知状案（廿一口方重書案（東寺文書　追加之部二二号(五)））

御教書案

○この文書は、四六七号（せ函武家御教書并達七六号）の案文なので本文を省略する。

四七〇　管領細川勝元下知状案（廿一口方重書案（東寺文書　追加之部二三号(五)））

御教書案

○この文書は、四六七号（せ函武家御教書并達七六号）の案文なので本文を省略する。

四七一　東寺領山城国諸庄園国役等免除文書案（つ函三号(10)）

(1)足利義持御判
御教書案

勝定院殿御判

○この文書は、四一二号（旧東寺文書　五常義五）の案文なので本文を省略する。

(2)管領細川勝元
下知状案

花押233（長国寺亮印）

御教書案

○　この文書は、四六七号（せ函武家御教書并達七六号）の案文なので本文を省略する。

四七二　長国寺住持亮印上桂庄内田地名主職請文　包紙（テ函二一七号）本紙（ヤ函七八号）

（包紙ウワ書）
「長国寺請文上野庄名主職」

請文

東寺領山城国上野庄之内田地弐町名主職事

一　有限本所米、更不可有不法之儀之事、

一　井水以下、自然臨時之所役之事、任先例、為名主」所役、以総庄之引懸、可致其沙汰之事、

一　為名主、敵本所、毎事不可有不忠儀之事、

右条々、雖為一事、不可背請文之旨、万」一自今以後、有不知案内之輩、対本所、不」忠不儀之子細有之者、於名主職者、可有」改替者也、仍請文之状如件、

文安四年十二月廿七日

長国寺住持亮印（花押）233

四七三　寺崎玄雅上桂庄名主職売券（上部欠）（思文閣出版待賈文書）

」売渡申東寺領上野庄之内名主職之事

合参町者　在所坪付別紙有之

右件田地者、為上野庄之井水興行、彼下地之名主職」□寺家永代被宛行于玄雅、当知行無相違地也、就中」彼井水興行之用脚巨多之間、彼名主職田地之内、参町」分代弐佰伍拾陸貫文仁、永代所沽却申明白也、但」本所米者、以上野庄之斗壱段別陸斗宛（装米石別四升宛）分」□年無懈怠可有寺納候、次松尾井料参石之内、参分」壱〻石壱段別壱升宛（十月中）、并梅宮井料代壱貫文之内、半分」伍佰文段別五文宛毎年（四月中）可被致其沙汰、次壱段別藁」□糠（壱俵）為名主得分者也、然者有限本年貢之外者、諸公事」□之、但井水以下自然於有臨時之所役者、兼日不能申定、」□被任惣庄之例、此外者更不可有自余之煩者也、依之」本所之補任状副進候、為永代証文、可有御知行候、此上者」□寺家（并）我等之子孫、敢不可有違乱之儀者也、其上彼井水之」□路、大略為梅宮社領之間、且以寄進之儀、永可有御知行候、」□猶於令出来違乱之輩者、可被止井水通路者也、其時」□角及難渋者、於　公方様、可被申行罪科候、更不可」□□（一）言之子細者也、仍為永代証文売券之状如件、

文安五年（戊辰）三月四日　上野庄名主寺崎法橋
玄雅（花押）218

○この文書の筆跡は、寺崎玄雅のものである。

四七四　梅宮神宮寺別当賢祐上桂庄田地名主職条々請文

（シ函五四号）

請申

東寺御領山城国上桂上野庄之内田地参町名主職事

一有限本所米、壱段別陸斗宛分、更不可有不法之」儀事、

一井水以下、自然臨時之所役之事、任先例、為名主之」所役、以惣庄之引懸、可致其沙汰事、

一為名主、敵本所、毎事不可有不忠之儀事、

右条々、雖為一事、不可背請文之旨、万一自今」以後、有不知案内之輩、令不法年貢、剰致不忠」不儀者、於件名主職者、不日可有御改替候、其」時不可及一言之子細者也、仍為後証、請文」之状如件、

文安五年五月十四日　梅宮神宮寺別当 権少僧都賢祐（中野）（花押）234

花押234（中野賢祐）

花押235（甚清）

四七五　梅宮神宮寺別当賢祐上桂庄田地名主職条々請文案（広島大学所蔵猪熊文書）

（端裏書）
「上野名主
　中野請文案文文安五
五　十四」

○この文書は前号（シ函五四号）の案文なので本文を省略する。

四七六　上桂庄名主職宛行状（上部欠）（国立国会図書館所蔵長禄文書）

□（宛カ）行　東寺御領山城国上野庄内名主職事

　合参町者　在所売券在之

　　　　権少僧都賢祐

□□所宛行名主職也、有限御年貢」□（恒）例臨時御公事等、不過其時節可」致沙汰、若於有不法懈怠者、不日可令」改替名主職者也、仍宛状如件、

　文安五年五月十五日　　公文法眼（浄聡）（花押）222

権大僧都（甚清）（花押）235

法印権大僧都（快寿）（花押）204

四七七　寺崎玄雅申状（前欠）（メ函二四四号）

□（寺崎法橋謹言上）

□（上）野庄□（御年貢米未進之由条々被）仰出之間事

□（一）□（散在御）年貢米御百姓□（等未進事）彼等之証状并徴符以下」備之、猶於有御不審之子細者、直可有御糺明者哉、

一　本庄新開二文安御年貢米未進事、以大足令開新井之処自四月五日、同至廿一日、」同六月二日依大風大水、井溝大損之間、重而雖令開之、依為大儀」非如所存、然則作毛終不属無為之条、御百姓等如形納帳備之運送之」処、両度用脚本利捌拾余貫文、銭主堅催促之間、依無全方、且」返弁之分、未及利平之□、依之御本所米無沙汰之至、更私非造」意之緩怠、於此年之事者、被遣思食大切、被加御扶持者、可忝」畏存者也、次其後文安三年同四年於両年者、任御内検帳之旨致寺納」畢、然而免田以下、於下地之違目者、以御内検帳、可預御糺決者哉、

一　本庄御地子事、御百姓等年〻歎申之子細在之、其時節依」無御糺決之儀、未落居之間、于今罷過畢、寺命之趣堅申付」之、重而可致言上者哉、

右条〻子細大概言上早、大方当庄御代官職之事者、更不可准」余庄之例、然則私曾不存自由之儀、縦又一旦雖有不足之次第、争不」預御免、所詮向後於有御不審之子細者、毎度被尋下欲明申之、」当庄之御興行面〻既及数ケ度、雖被申取沙汰、終不事行者哉、就中」於川嶋勘解由左衛門者、限卅余ケ年被仰付之間、御本所分依為大」儀之失墜、乗真法橋相共申請之、年紀以下不致過分之競望、御」年貢又過先例、如此存忠節之上者、何事令違背寺命乎、此上」者、毎事預御憐愍之御扶持、全庄家之興行、弥欲抽懇節」之忠、粗謹言上如件、

文安五年九月　日

○この文書は、次号（し函一一四号）と同文で寺崎玄雅の申状と考えられ、玄雅の筆跡である。なお、欠失部分は次号で補った。

四七八　寺崎玄雅申状案　（し函一一四号）

○この文書は、前号（メ函二四四号）と同文なので省略する。

○この文書の筆跡は、寺崎玄雅のものである。

四七九　寺崎玄雅上桂庄名主職売券　（カ函一一三号）

永代売渡申　当寺領上野庄名主職事

合壱段陸拾歩者 字号茶木本
段別壱石八斗内 本所六斗定 名主一石二斗定 上野御納斗也

右田地者、雖為当寺御領、及数十箇年、不作」間、名主等捨之、仍私近年令当庄悉興行」条、依其勲功、当庄名主職、永代為寺家給」畢、然間依有要用、直銭参拾八貫文仁、」永代光明講方之御領売渡申者也、更以」他之不可有違乱者也、仍売券之状如件、

文安五年十月廿三日　売主上野庄名主寺崎法橋
玄雅（花押）220

○この文書から四八二号（ユ函七六号）までは、すべて寺崎玄雅の筆跡である。

四八〇　寺崎玄雅上桂庄名主職寄進状（み函六五号）

奉寄進　当寺領上野庄名主職事

合壱段陸拾歩者 字号茶木本
段別壱石八斗内本所六斗定
名主一石二斗定 上野御納斗也

右田地者、依庄家興行之勲功、令永代」知行所也、雖然為後世菩提、光明講」方之御領仁、
永代奉寄進之処也、」更以不可有他違乱者也、仍」寄進之状如件、

文安五年十月廿三日　上野庄名主寺崎法橋
玄雅（花押）220

四八一　上桂庄田地名主職文書（を函一七五号）

（表紙外題）
「上野庄名主職茶木本重書弐通」

（表紙裏）
「当奉行原永造之」

奉寄進　当寺御領上野庄名主職事

合壱段者 字号茶木本
段別年貢壱石八斗内本所六斗定
名主一石二斗定 上野御納斗也

(1)寺崎玄雅上桂庄名主職寄進状

右田地者、依庄家興行之勲功、令永代」知行所也、雖然為後世菩提、」掃除御方御領仁永代奉寄進」之処也、更以不可有他違乱」者也、仍寄進之状如件、

文安五年十月廿三日　上野庄名主寺崎法橋　玄雅（花押）220

(2)寺崎玄雅上桂庄名主職売券

永代売渡申　当寺領上野庄名主職事

合壱段者 字号茶木本　段別年貢壱石八斗内 本所　六斗定　名主一石二斗定上野御納斗也

右田地者、雖為当寺御領、及数十箇年」不作間、名主職捨之、仍私近年悉令」興行条、依其勲功当庄名主職永代」為寺家給畢、然間依有要用、直銭」拾貫文仁掃除御方御領仁、永代売渡」申之処也、更以不可有他違乱者也、」仍売券之状如件、

文安五年十月廿三日　売主上野庄名主寺崎法橋　玄雅（花押）220

○この文書の表紙は、原永が整理したときに付したものである。

(1)寺崎玄雅請文

四八二　寺崎玄雅請文并書状（ユ函七六号）

（端裏書）
「寺崎法橋請文」吉祥院田地、依申沙汰不事行候、上野庄田地之内、半反分可進之由請文

掃除御方御借物、雖及五十貫文余」候、依進田地壱段、相残分御免之条、」忝存候、仍以御報謝之儀、吉祥院《掃除方》」御下地御不知行之分、悉申沙汰仕、可」返付申候、万一ゝ両年之中、不事行」候者、進置候壱段之類地半段分、重而」必ゝ一両年之内、可進置候、仍為後日」請文之状如件、

文安五年十月廿三日　寺崎法橋　玄雅（花押）220

(2)寺崎玄雅書状（折紙）

掃除御方御料足」事、先以壱反分、御」扶持候様、申御沙汰」候者、可畏入候、吉祥院」下地之事者、当年明」年以公方之御機嫌、」涯分可致奉公候、更ニ」不可致緩怠候、其時」未落居候者、重而」又下地半分可令進候、」以此旨、可得御意候哉、」恐ゝ謹言、

文安五年
九月廿二日　寺崎法橋　玄雅（花押）220

乗真法橋御坊（祐算）

四八三　光明講方年貢注文（折紙）（教王護国寺文書一四〇七号）

光明講方御年貢事

文安五年分
上野庄一反六十部《(歩)》分
庄升定
合壱石四斗者
下行成
壱石五斗一升二合成
此内
四升五合減分
残壱石四斗六升七合
代壱貫七百廿七文 わし《(和市)》八升五合
文安五年
十二月　日　祐算（花押）227

四八四　上桂庄本庄年貢米未進徴符（折紙）（メ函二四五号）

上野庄本庄御年貢未進徴符事
一石二斗　本田方　妙道
一斗五升　桂畠分　田主

此方へ納分両度二三斗七升也

二石七斗　本田方　三郎五郎
三斗五升　桂畠分　田主
二斗　本田方　兵衛二郎
六斗五升　桂畠分　田主
五斗　本田方　二郎四郎
一斗　桂畠方　田主
三斗　河向分　左藤三郎
一斗　桂畠方　田主
三斗　河向分　三郎四郎
一斗　桂畠分　田主
三斗五升　本田方　弥四郎
一斗　桂畠分　田主
一斗　桂畠分　太郎二郎
五升　桂畠分　三郎二郎
六斗　桂畠分　上桂　太郎五郎
五斗　桂畠分　上桂　左衛門
一斗　桂畠分　道連

以上八石四斗五升内
五石五斗五升　本田分
二石九斗　　　桂畠分』
此外五石八斗五升
中野分
文安六年二月十三日

四八五　東寺夏衆等申状　（し函一一六号）

目安　　夏衆等謹言上
上野庄夏供料之間事
右乗南法橋預所之時支配注文、別紙在之」近年寺崎預所以来供料減少之由、」毎年雖歎申、堅依無被仰付事、」不致其沙汰、上野有興行者、廿石」之分悉可有支配成恩之処、結句」自先代官支配分、猶令減少之間、不便之」次第也、所詮以先代官支配之員数、而年〻」未進分可被仰付歟、不然者、自去年」廿石之分、可被○仰付給者也、次当代官支配」分之注文進之、此旨堅被加御成敗者、」可全御願者也、仍粗言上如件、

文安六年四月　日

四八六　東寺雑掌申状（む函四六号）

東寺雑掌謹言上

当寺領諸国庄薗等守護使不入御下知并安堵等之間事

副進　御判御教書等　目録別紙在之

右当寺領山城国久世上下庄・植松庄東西九条・并巷所庄薗各別之安堵」証文、備右同国諸庄薗散在名田畠等、不入御下知散在名田等以前不入申但御奉書見」并三箇国播磨国矢野庄・丹波国大山庄若狭国太良庄続目御教書・御施行等、」重而預厳密御成敗、全始終領知、可専丁寧之御願」事、御敬心之至何事如之乎、就中於当寺境内者、前〻更」不及守護使入部之沙汰之処、近年動被致自由之儀之」条、難堪之至極也、所詮於向後者、堅被停止国方違乱」之由、別而被成下安堵御教書境内差図等、備之偏全伽藍」安全之精祈、弥欲致一天太平御祈禱、粗謹言上如件、

宝徳元年十一月　日

○この文書の筆跡は、寺崎玄雅のものである。

四八七　寺崎玄雅申状案　（モ函一七一号）

当寺境内東限大宮 西限朱雀 南限九条 北限八条同寺領山城国」久世上下庄・上野・拝師・植松庄・東西九条并」巷所南限九条 北限八条 東限堀河 西限朱雀散在田畠等・同丹波」国大山庄・播磨国矢野庄例名方・若狭国」太良庄以下事、当知行無相違之地候、仍」捧証文候、任先例、被成下安堵 御教書」候之様、預御披露候者、可畏入存候、」恐惶謹言、

（宝徳元年）
十二月十二日　玄雅

御奉行所

○この文書は欠年であるが、次号（せ函武家御教書并達七七号）の寺領安堵を申請した寺崎玄雅申状の案文と考えられるのでここに収める。なお、この文書の筆跡は寺崎玄雅のものである。

四八八　管領畠山持国下知状　（せ函武家御教書并達七七号）

（端裏押紙）
「惣安堵御教書畠山殿宝徳元 十二 廿六」

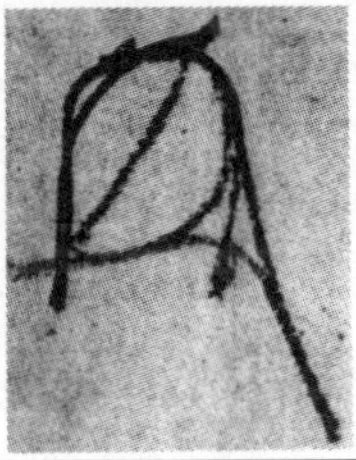
花押236（畠山持国）

東寺領当寺境内并山城国久世」上下庄・上野・拝師・植松庄・東西九条・」同巷所散在田畠・丹波国大山庄・」播磨国矢野庄内例名方・若狭国」太良庄等事、当知行云々、不可」有相違之由、所被仰下也、仍下知」如件、

宝徳元年十二月廿六日

（押紙）「畠山殿」 沙弥（持国）（花押）236

四八九 上桂庄年貢未進河成等注文并未進徴符（チ函一〇三号）

□（上）野庄散在御年貢米未進河成等 宝徳元

合

一石七斗五升 二反河成云々 検知無之 竹田分 左衛門九郎

□升八合 こもふち

□升二合 徳楽

七斗六升 是溝堤等依無沙汰下司違乱ニ下地同損了 梅津散所 三郎五郎

五斗四升　子細同篇　四郎三郎
五升六合　　　　　徳大寺 藤三□
三斗六升　河成検知無之　竹田分 右衛門四□
三斗五升　河成御検知　観行分 右衛門□
八斗三升二合　新給主長三郎左衛門 是モ川成在之　安井□
以上四石六斗九升八合

同本庄御年貢米未進徵符事
宝徳元分
合
一石六斗七合　文安五　同宝徳元分　左藤三□
二石五升　同分　弥四郎
□石九斗七升　同分　二郎四□
十一石五斗　同分　三郎五□
五斗三升九合　同分　二郎三□
一石一斗三升　同分　左衛門□
九斗六升　同分　三郎四□

一石三斗四升　同分　三郎□
六斗五升　同分　太郎□
三石九斗　同分　兵衛□
一石五升　当年分　梅津□助二□
以上三十二石六斗九升六合
□石七斗四升九合　中野未進

四九〇　管領畠山持国下知状　（東寺文書　書一二）

（押紙）「諸役免除御教書畠山殿宝徳弐　三　廿九」

東寺雑掌申当寺境内并東西九条・」巷所八条以南九条以北堀川以西朱雀以東・八条以北大宮半・院町」拾参箇所内・同以北所ゝ屋地目録在別紙散在」田畠・山城国久世上下庄・上野・拝師・植松」庄・丹波国大山庄・播磨国矢野庄内例名」方・若狭国太良庄等、段銭以下臨時課役」事、先ゝ免除之上者、弥可令為守護使不入」地之由、所被仰下也、仍下知如件、

宝徳二年三月廿九日

（押紙）「徳本畠山殿」沙弥（持国）（花押）236

○この文書の袖の押紙は、もと端裏書を巻子に仕立てる際に切り取って、ここに貼付したものである。

四九一　管領畠山持国下知状案（め函五六号㈣）

畠山殿

○この文書は、前号（東寺文書　書一二）の案文なので本文を省略する。

○め函五六号の東寺領安堵等文書案は、五通からなる文書案であるが、上桂庄に関係のあるのは四通目のこの管領畠山持国下知状案だけである。したがって、廿一口方重書案（東寺文書　追加之部二二号）の扱い（四一五号の注参照）に準じてここに収める。

御教書案

四九二　管領畠山持国下知状案（廿一口方重書案（東寺文書　追加之部二二号㈦））

○　この文書は、四九〇号（東寺文書　書一二）の案文なので本文を省略する。

四九三　管領畠山持国下知状案　（廿一口方重書案（東寺文書　追加之部二三号㈦））

御教書案
○この文書は、四九〇号（東寺文書　書一二）の案文なので本文を省略する。

四九四　山城国守護畠山持国遵行状　（東寺文書　射一四）

東寺雑掌申山城国久世上下庄・」上野・拝師・植松庄等段銭以下臨時」□□（課役）事、先々免除之上者、任下知」状之旨、可停止使者入部之状」如件、

（押紙）「畠山殿」

宝徳二年三月廿九日　（持国）（花押）236

遊佐河内守殿（国助）

花押237（遊佐国助）

四九五　山城国守護畠山持国遵行状案　（ル函一五二号）

○この文書は前号（東寺文書　射一四）の案文なので省略する。

○この文書は、裏に遊佐国助の花押237がある。なお、五〇二号（ヱ函一六四号）にみえる「去三月廿九日御施行如此案文封裏遣之」というのはこの文書のことである。また、この文書の筆跡は寺崎玄雅のものである。

四九六　山城国守護畠山持国遵行状案　（ノ函二五五号）

○この文書は、四九四号（東寺文書　射一四）の案文なので省略する。

○この文書は、裏に「判」と記されている。なお、この文書の筆跡は寺崎玄雅のものである。

四九七　山城国守護畠山持国遵行状案（京函九九号）

○この文書は、四九四号（東寺文書　射一四）の案文なので省略する。

四九八　山城国守護畠山持国遵行状案（を函一七九号）

（端裏書）「施行案」

○この文書は、四九四号（東寺文書　射一四）の案文なので本文を省略する。

○この文書は、裏に「遊佐裏判」と記されている。

四九九　山城国守護畠山持国遵行状案

（廿一口方重書案（東寺文書　追加之部二二号(六)））

○この文書は、四九四号（東寺文書　射一四）の案文なので本文を省略する。

五〇〇　山城国守護畠山持国遵行状案

（廿一口方重書案（東寺文書　追加之部二三号㈥））

御教書案

○この文書は、四九四号（東寺文書　射一四）の案文なので本文を省略する。

五〇一　上桂庄文書等納状（折紙）（教王護国寺文書一四一六号）

宝徳弐年四月六日

一　当寺交衆法度・置文　弐通

一　上野庄名主職一反文書　弐通

一　同庄半段請文　一通

一　百姓職文書　四通

花押238（原永）

花押239（尭全）

一　女御田証文　四通

一　百姓職一反証文　四通

以上納之

原永（花押）238

尭全（花押）239

五〇二　山城国守護代遊佐国助遵行状（折紙）（ヱ函一六四号）

（竪紙端裏書）
「当国不入之
遵行遊佐□」

東寺雑掌申、山城」国久世上下庄・上野・」拝師・殖松荘等、段銭」以下臨時課役事、」先ゝ免除之上者、」任御下知状、可停止使」者入部之旨、去三月」廿九日御施行如此（案文封裏遣之）」可令存知之状如件、

宝徳弐
五月八日　国助（遊佐）（花押）237

中村掃部入道殿

○この文書の筆跡は、寺崎玄雅のものである。

五〇三　山城国守護代遊佐国助遵行状案（折紙）（な函一八一号）

○この文書は、前号（ヱ函一六四号）の案文なので省略する。

○この文書の筆跡は、寺崎玄雅のものである。

五〇四　山城国守護代遊佐国助遵行状案（折紙）（め函五七号）

（竪紙端裏書）
「久世上下庄諸役免除折紙守護代遊佐河内守国助 宝徳弐 五 八」

○この文書は、五〇二号（ヱ函一六四号）の案文なので本文を省略する。

郵便はがき

料金受取人払

神田局承認

1074

差出有効期間
平成13年4月
20日まで

101-8791

013

東京都千代田区
神田錦町3丁目7番地

東京堂出版 行

※本書以外の小社の出版物を購入申込みする場合に御使用下さい。

購入申込書	書名をご記入の上お買いつけの書店にお渡し下さい。	
〔書　名〕	部数	部
〔書　名〕	部数	部

◎書店様へ　取次番線をご記入の上ご投函下さい。

愛読者カード

本書の書名をご記入下さい。

(　　　　　　　　　　　　　　　　)

フリガナ ご芳名	年齢 歳	男 女

フリガナ
ご住所　　(郵便番号　　　　　　　)

TEL　　(　　　)

ご職業	本書の発行を何でお知りになりましたか。 A書店店頭　B新聞・雑誌の広告　C弊社ご案内 D書評や紹介記事　E知人・先生の紹介　Fその他

本書のほかに弊社の出版物をお持ちでしたら、その書名をお書き下さい。

本書についてのご感想・ご希望

今後どのような図書の刊行をお望みですか。

御協力ありがとうございました。早速、愛読者名簿に登録し、新刊の御案内をさせていただきます。

五〇五　山城国守護代遊佐国助遵行状案（折紙）（を函一八〇号）

（竪紙端裏書）
「遊佐遵行案」

○この文書は、五〇二号（ヱ函一六四号）の案文なので本文を省略する。

五〇六　上桂庄光明講方年貢米算用状（ヱ函一六五号）

（端裏書）
「上野年貢　宝徳弐年分」

宝徳弐年分
光明講方上野庄御年貢米事

大　分米　八斗之内　当御免弐斗　左衛門三郎（弁）
但現納　三斗九升七合
残未進　弐斗三合

半　分米　六斗内　当御免壱斗　兵衛次郎（弁）
現納　三斗三升
残未進　壱斗漆升

以上現納分漆斗弐升漆合
下行成七斗八升五合一夕六才
　代　八百七十三文
同　十一月十八日　　　祐算（花押）227

五〇七　梅宮神宮寺別当賢祐書状　（や函八三号）

（本紙袖）（切封跡）

雖未申付候令申候、」随而上野庄就未進去」年之分事、致皆済候」処ニ、請文を不被出之条、」更〻心得不申之由、連〻」寺崎方へ申候へ共、難渋候て、」今ハ寺家ニ被留置之由、被申候、」如何躰之次第にて候を哉、」年貢沙汰候者、聽而可返」給由、承候て、于今不賜候事、」無御心元候、早〻御成敗候て、」返給候由、当年分少相残候」をも、早〻に可致沙汰候、請文」者、文書と同事にて候を、年貢」をハ被召候て、是をハ無御出候事」者、難心得候、一向此事者、寺崎」方の所行候欤、可預御成敗候、」更ニ此方ハ、無沙汰の儀には」不可有候、委細者、返事に預候者、」可為恐悦候、恐〻謹言、
宝徳二
十二月廿七日　　　賢祐（花押）233

東寺
年預御房中

（礼紙奥）（切封墨引）

五〇八　寺崎玄雅等連署請文案（教王護国寺文書一四二六号）

請文

東寺領為上野庄用水新溝、在所壱所事口広参丈、」於松尾領社辺河原田内、自当寺申請之間、於」少年貢米者、以社領之器物、毎年参斛宛、無旱」水損、彼領主江可致其沙汰候、

一　神領無失墜之様、河与木堤等可築進候、依」此溝流失之時者、相当分可進替地（年貢）候、

一　自五ケ庄、如元可請此用水之由申候者、」寺家更不可及異論候、相共可請件用水候、

一　今申請候溝口外、少モ広堀上候者、則相当」分可被築塞候、

右条ゝ雖為一事、背此状之旨候者、可有」御異変候、於公私、不可及一言之子細候者」也、仍為後証、寺家請文如件、

宝徳参年四月廿日　寺崎法橋
玄雅

越後法橋
　祐算
公文所法眼
　浄聡

五〇九　上桂庄用水溝契状案　（教王護国寺文書一四二七号）

東寺領上桂上野庄溝在所〔口広参丈〕事、以」当社領河原田内、永彼庄可為井水之旨、」領掌申之訖、然則井料米毎年参石、以」社家之器物、可有其沙汰之由、堅約諸之」□□（上者）、有限井料米、於無相違〔難渋〕者、就彼」溝在所、社家又曾不可有違乱、○〔就中此溝口自然有相違之事者、可然在所、随御所望可進之候了、〕既為」惣社一同之儀之上者、向後有不知案内之」輩、雖致妨碍、任此契状之旨、不」可有○〔御〕承引者也、仍為後証之状如件、

宝徳参年四月廿六日

五一〇　松尾社契状案　（教王護国寺文書一四三〇号）

東寺領為上野庄用水、新溝〔口広者二丈余〕在所」□（事）、□（於）当社領河原田本田内、当寺（東）連ゝ」□□（所望）之間、

加社家之評儀、不可有子細之旨、」所申談也、彼溝代少年貢米者、以社家」□□(器物)毎年三石宛、無旱水損、本領主」相言宿所江可被沙汰納之由、堅承候、」若自然此溝之口相違之時者、別而又、」可申談候、不可有等閑候、今度自他定」置候溝之口、雖為少被上堀候者、則令」異変之、可築塞者也、仍証之状如件、

宝徳三年六月　日　　松尾社 御師相言代　判

五一一　宝泉院快寿書状案　(教王護国寺文書一四三二号)

(為)□御礼計○(五色・二籠)二百疋令進覧之候(進候)、委細者、」雑掌可申入候、返々左道之至候、其」憚候、

上野庄井水事、御懇被懸御意」候之条、一寺本望(寺家大慶)無極候、左様之子細、」以参可申入候之処、不能出頭時分」候之間、乍恐以雑掌令啓候、可然之」様、預御指南候者、可為恐悦候、」恐々謹言、

宝徳三
七月十九日　　快寿

寺尾殿

五一二　上桂庄井水一献方用途注文（教王護国寺文書一四三二号）

（端裏書）
「□□（一献）方注進」
□□（注進）　□□□（上野庄）井水御一献方入足事
□□（宝徳）二八月三日
□　和仁蔵人方へ
二百文　同六日
寺尾方へ
二百文　宝徳三二月廿四日
寺尾下人　松尾社家へ使遣候時
酒直
□（宝）徳三　五□（月）九日
五百文　越後（祐算）法橋同道
三貫四百文　肥州（飯尾為種）・寺尾両所御礼
肥州（飯尾之種）・与三左衛門方五色共ニ
以上四貫八百文
五百文　寺尾方へ　重而可有御礼分
宝徳三年七月廿三日

花押240（勧修寺経茂）

五一三　後花園天皇綸旨（宿紙）（東寺文書　書七）

当寺境内并山城国」久世上下庄・上野・拝師・」植松庄・東西九条巷」所散在田畠・丹波国」大山庄・播磨国矢野」庄内例名方・若狭国」大（ママ）良庄等事、任当」知行、為武家下知之」旨、被聞食旱、不可」有相違者、
天気如此、仍執達如件、
宝徳三年十一月三日　（付箋）「勧修寺御妻」右兵衛権佐（経茂）（花押240）
謹上　東寺供僧等御中

五一四　後花園天皇綸旨案（に函一九五号）

○この文書は、前号（東寺文書　書七）の案文なので省略する。

五一五　後花園天皇綸旨案　〔つ函三号(三)〕

○この文書は、五一三号（東寺文書　書七）の案文なので省略する。

五一六　後花園天皇綸旨案　〔ア函二〇二号(一〇)〕

○この文書は、五一三号（東寺文書　書七）の案文なので省略する。

○ア函二〇二号の山城国東西九条地頭職支証案は、一〇通からなる文書案であるが、上桂庄に関係のあるのは一〇通目のこの後花園天皇綸旨案だけである。したがって、廿一口方重書案（東寺文書　追加之部二二号）の扱い（四一五号の註参照）に準じてここに収める。なお、この文書の筆跡は、寺崎玄雅のものである。

五一七　後花園天皇綸旨案　（ミ函一〇八号㈨）

寺領惣安堵綸旨案

○この文書は、五一三号（東寺文書　書七）の案文なので本文を省略する。

○ミ函一〇八号の東寺修造料所文書案は、二三通からなる文書案であるが、上桂庄に関係のあるのは一九通目のこの後花園天皇綸旨案だけである。したがって、廿一口方重書案（東寺文書　追加之部二三号）の扱い（四一五号の注参照）に準じてここに収める。なお、この文書の奥に、封紙ウワ書の

（表書）謹上　東寺供僧等御中　右兵衛権佐経茂

を書き写している。

五一八　後花園天皇綸旨案

（廿一口方重書案（東寺文書　追加之部二三号㈡））

（綸旨）同

○この文書は、五一三号（東寺文書　書七）の案文なので本文を省略する。

五一九　後花園天皇綸旨案　（廿一口方重書案（東寺文書　追加之部二三号㈡））

同〈綸旨〉

○この文書は、五一三号（東寺文書　書七）の案文なので本文を省略する。

五二〇　山城国諸庄園文書包紙　（二函五四三号）

（包紙ウワ書）
「上野系図有之
　拝師・上野・両庄〻〻院町
　　宝徳三十七　同十二月七日納入
　　此内院宣一通二枚〻〻〻〻〻
　綸旨以下雑〻
　　造営方渡候〻〻〻〻〻
」

五二一　上桂庄光明講方年貢米算用状（ヱ函一七〇号）

（端裏書）
「上野一反小年貢注進〻〻《宝徳》宝徳三□」

上野庄光明講方御年貢米事

合

大　本米八斗　内　足五斗六升　納之　左衛門三郎弁

半　本米六斗之内　足参斗五升二合　納之　兵衛次郎弁

以上　九斗一升二合

下行成　九斗八升四合八夕成　此内　弐升九合　職分

残　九斗五升五合八夕

代　一貫文　進之

宝徳三年分　祐算（花押）227

花押241（宗寿一）

五二二　文書出納日記抄（あ函四三号）

上野庄代官寺崎請文出之、金勝院へ進之、

花押242（杲覚）

花押243（融寿）

享徳元年十月十四日　　宗寿（花押）241

　　　　　　　　　　杲覚（花押）242

学衆方第一納

享徳元年十二月晦日　融寿（花押）243　宗寿（花押）241

五二三　寺崎玄雅書状案（教王護国寺文書一五四〇号）

（端裏書）
「井料出之状　案文」

上野庄東田井御興行之上者、」井溝大儀之間、本井料半分」壱石五斗、毎年以御公平之内、」可有御立用候、弥井溝可有」御執沙汰之由候也、仍為後日」之状如件、

享徳参年甲戌四月十三日　寺崎法橋玄雅在判

中野殿
御宿所

○この文書の筆跡は、寺崎玄雅のものである。

五二四　寺崎玄雅上桂庄名主職売券案（シ函五七号）

（端裏書）
「売券案」

永代売渡申東寺領山城国上桂上野庄東」田井田畠名主職之間事

合東田井分者

右彼名主職者、相副玄雅法橋相伝之証文、直銭」漆拾貫文仁、永代所売渡申実也、但以前契約申」田地之残也、彼東田井者、依為興行之在所、荒野不作」等在之、其内御子田并佃畠同茶木本除之、其外者」一円可為御知行候、依御興行一庄及作毛之条、且御忠節」之段無其隠者哉、然則現作分一町者、松尾梅宮井料可有」其沙汰候、其余者為興行之地之間、本所役六斗外者万」雑公事無之、此上者溝事者、為名主役可有其沙汰候、」然者本所名主成水魚之思、更以不可有其煩、万一向後」我等子孫、亦違乱之輩出来之時者、於　公方可被止其」妨者也、仍為永代証文売券之状如件、

享徳三年甲戌卯月十三日　　寺崎法橋　玄雅判

○この文書の筆跡は、寺崎玄雅のものである。

五二五　東寺領諸庄園斗升増減帳　（二函六〇号）

（端裏書）
「都鄙寺領諸庄園斗升増減張（ママ）」

東寺御領庄薗斗升増減之事

一　下行壱斗事

坊用　壱斗壱升　仏性　壱斗参升五合
拾参合　参升七合　上久世庄　捌升壱合
下久世庄　五升捌合　上野庄　捌升六合五夕
拝師庄　漆升参合　植松庄　肆升九合
女御田　陸升捌合　大山庄　陸升七合五夕
公田
矢野庄　漆升壱合壱夕　領家
太良庄　捌升六合五夕
平野庄　漆升弐合　教冷院（ママ、以下同じ）　参升六合
大山寺家斗　壱斗一合九夕　針小路猪熊
買屋　捌升九合

一　坊用壱斗事

下行　玖升壱合　仏性　壱斗弐升三合
拾参合　参升四合五夕　上久世庄　漆升四合
下久世庄　五升参合　上野庄　捌升

拝師庄　陸升五合五夕
女御田　陸升弐合
矢野庄　漆升参夕
平野庄　陸升四合五夕
大山寺家斗　玖升参合

一　仏性壱斗事
下行　漆升壱合
拾参合　弐升捌合五夕
下久世庄　四升弐合五夕
拝師庄　五升弐合五夕
女御田　五升
矢野庄　五升壱合
平野庄　五升壱合五夕
大山寺家斗　漆升参合

一　拾参合壱斗事
下行　弐斗五升四合捌夕
仏性　参斗四升九合四夕

植松庄　肆升五合
大山庄斗　陸升捌夕
太良庄　捌升
教冷院　参升参合五夕
買屋　捌升壱合

坊用　漆升捌合捌夕
上久世庄　五升九合五夕
上野庄　陸升参合五夕
植松庄　参升六合
大山庄斗　四升九合
太良庄　陸升参合五夕
教冷院　弐升六合
買屋　陸升四合五夕

坊用　弐斗漆升九合
上久世庄　弐斗壱升五合

下久世庄　壱斗五升壱合五夕　上野庄　弐斗弐升五合
拝師庄　壱斗捌升捌合　植松庄　壱斗弐升五合
女御田　壱斗捌升弐合五夕　大山庄斗　壱斗漆升四合
矢野庄　弐斗　太良庄　弐斗弐升五合
平野庄　壱斗捌升七合　教冷院　玖升四合五夕
大山寺家斗　弐斗六升弐合　買屋　弐斗弐升七合

一　上久世庄壱斗事
下行　壱斗壱升六合　坊用　壱斗弐升七合
仏性　壱斗五升六合　拾参合　四升五合
下久世庄　陸升玖合　上野庄　壱斗五夕
拝師庄　捌升五合五夕　植松庄　五升捌合
女御田　捌升弐夕　大山庄斗　漆升九合五夕
矢野庄　捌升弐合六夕　太良庄　壱斗五夕
平野庄　捌升四合五夕　教冷院　四升参合
大山寺庄家斗　壱斗壱升七合　買屋　壱斗壱合五夕

一　下久世庄壱斗事
下行　壱斗六升弐合四夕　坊用　壱斗捌升参合

仏性　弐斗参升参夕　拾参合　陸升五合
上久世庄　壱斗四升　上野庄　壱斗四升五合
拝師庄　壱斗弐升壱合　植松庄　捌升参合五夕
女御田　壱斗弐升参合　大山庄斗　壱斗壱升参合
矢野庄　壱斗弐升五夕　太良庄　壱斗四升五合
平野庄　壱斗弐升　教冷院　陸升弐合五夕
大山庄寺家斗　壱斗六升五合七夕　買屋　壱斗四升六合五夕

一　上野庄壱斗事

下行　壱斗捌合　坊用　壱斗弐升五合
仏性　壱斗五升五合　拾参合　肆升五合
上久世庄　玖升四合　下久世庄　六升捌合
拝師庄　捌升四合　植松庄　陸升六合五夕
女御田　漆升玖合　大山庄斗　漆升捌合
矢野庄　捌升八合　太良庄　壱斗
平野庄　八升参合　教冷院　肆升参合
大山寺家斗　壱斗壱升五夕　買屋　壱斗壱合

一　拝師庄壱斗事

下行　壱斗参升六合　坊用　壱斗五升弐合
仏性　壱斗捌升八合　拾参合　五升参合五夕
上久世庄　壱斗壱升七合五夕　下久世庄　捌升三合
上野庄　壱斗弐升壱合　植松庄　陸升玖合
女御田　玖升四合　大山庄斗　玖升四合五夕
矢野庄　壱斗四升　太良庄　壱斗弐升壱合
平野庄　玖升捌合　教冷院　五升弐合
大山庄寺家斗　壱斗参升捌合五夕　買屋　壱斗弐升弐合五夕

一　植松庄壱斗事

下行　弐斗壱合　坊用　弐斗弐升五合
仏性　弐斗八升壱合　拾参合　捌升
上久世庄　壱斗七升参合五夕　下久世庄　壱斗弐升弐合
上野庄　壱斗八升　拝師庄　壱斗四升八合
女御田　壱斗四升八合五夕　大山庄斗　壱斗四升
矢野庄　壱斗六升七合　太良庄　壱斗八升
平野庄　壱斗四升七合　教冷院　漆升六合
大山寺家斗　弐斗参合　買屋　壱斗八升弐合

一　女御田壱斗事

下行　壱斗参升五合

仏性　壱斗八升弐合五夕

上久世庄　壱斗壱升参合

上野庄　壱斗壱升七合

植松庄　陸升七合

矢野庄　壱斗壱升

平野庄　玖升七合

大山庄寺家斗　壱斗参升六合

坊用　壱斗四升五合

拾参合　五升弐合五夕

下久世庄　漆升玖合五夕

拝師庄　玖升捌合

大山庄斗　玖升壱合五夕

太良庄　壱斗壱升七合

教冷院　五升参夕

買屋　壱斗壱升八合五夕

一　大山庄寺家之御倉壱斗事

下行　玖升捌合

仏性　壱斗参升弐合

上久世庄　捌升

上野庄　八升四合五夕

植松庄　肆升七合五夕

矢野庄　漆升

平野庄　漆升壱合

坊用　壱斗五合

拾参合　参升六合

下久世庄　五升七合五夕

拝師庄　六升七合

女御田　六升五合

太良庄　捌升五合

教冷院　参升五合

買屋　捌升七合

一大山庄壱斗事

大山寺家斗　壱斗四升八合

下行　壱斗四升五号

拾参合　五升六合五夕

下久世庄　捌升七合五夕

拝師庄　壱斗五合

女御田　壱升八合

太良庄　壱斗弐升八合

教冷院　五升四合

一矢野庄壱斗事

下行　壱斗参升参合

仏性　壱斗七升八合

上久世庄　壱斗壱升弐合五夕

上野庄　壱斗壱升三合

植松庄　六升五合五夕

大山庄斗　捌升玖合

坊用　壱斗六升壱合

仏性　弐斗弐合

上久世庄　壱斗弐升五合

上野庄　壱斗弐升八合

植松庄　漆升参合

矢野庄　壱斗壱升壱合

平野庄　壱斗四合参夕

買屋　壱斗弐升九合五夕

坊用　壱斗四升参合

拾参合　五升壱合五夕

下久世庄　七升八合

拝師庄　玖升七合

女御田　九升八合

太良庄　壱斗壱升参合

平野庄　玖升六合　　教冷院　四升九合
大山庄寺家斗　壱斗参升五合七夕　　買屋　壱斗壱升四合

一　太良庄壱斗事

下行　壱斗捌合　　坊用　壱斗弐升五合
仏性　壱斗五升五合　　拾参合　四升五合
上久世庄　玖升四合　　下久世庄　六升八合
上野庄　壱斗　　拝師庄　捌升四合
植松庄　六升六合五夕　　女御田　漆升九合
大山庄斗　漆升八合　　矢野庄　八升八合
平野庄　八升五合　　教冷院　四升参合
大山庄寺家斗　壱斗壱升　　買屋　壱斗壱合五夕

一　平野庄壱斗事

下行　壱斗参升七合九夕　　坊用　壱斗五升五合
仏性　壱斗玖升　　拾参合　五升五合
上久世庄　壱斗弐升　　下久世庄　八升参合五夕
上野庄　壱斗弐升弐合五夕　　拝師庄　壱斗壱合
植松庄　漆升　　女御田　九升五合

大山庄斗　九升五合　矢野庄　壱斗四升壱合弐夕
太良庄　壱斗弐升弐合五夕　教冷院　五升弐合五夕
大山庄寺家斗　壱斗四升五夕　買屋　壱斗弐升四合

一　教冷院壱斗事

下行　弐斗六升　坊用　弐斗九升四合
仏性　三斗六升六合　拾参合　壱斗三合五夕
上久世庄　弐斗弐升八合　下久世庄　壱斗五升八合
上野庄　弐斗三升三合　拝師庄　壱斗九升三合五夕
植松庄　壱斗三升七夕　女御田　壱斗九升七合
大山庄斗　壱斗八升参合　矢野庄　弐斗壱合
太良庄　弐斗参升参合　平野庄　壱斗九升壱合五夕
大山庄寺家斗　弐斗六升六合　買屋　弐斗参升六合

一　針小路猪熊買屋壱斗事

下行　壱斗壱升五合　坊用　壱斗弐升参合
仏性　壱斗五升参合　拾参合　四升参合
上久世庄　玖升壱合五夕　下久世庄　陸升六合
上野庄　玖升九合　拝師庄　捌升弐合

花押244（乗珍）

花押245（証英）

花押246（聡快）

植松庄　伍升五合
矢野庄　捌升四合五夕
平野庄　捌升壱合
教冷院　肆升弐合
大山庄斗　漆升六合五夕
太良庄　玖升九合
女御田　漆升七合
大山庄寺家斗　壱斗壱升七合弐夕

康正元年乙亥十二月十五日

納所乗珍法橋（花押244）（寿賢）
納所慶性法橋　清増（花押221）
慶定法橋　証英（花押245）
越後法橋　祐算（花押227）
若狭法橋　祐賢（花押208）
駿河上座　聡快（花押246）
寺崎法橋　玄雅（花押220）
公文所法眼　浄聡（花押222）

法印権大僧都（宝泉院快寿）（花押204）

○この文書は、一一紙からなり各紙継目の裏には宝泉院快寿の花押204がある。

五二六　東寺領諸庄園斗升増減帳案　（東寺文書　霊宝蔵中世文書）

○この文書は、前号（ニ函六〇号）の案文なので省略する。

五二七　東寺領諸庄園請文等文書目録　（テ函一一二号）

諸庄薗請文等目六

三村庄代官請文　　上野方請文　二通西芳寺長国寺

垂水代官請文

矢野庄先代官請文

永尊上人請文

宗真上人請文

北山吹屋敷等請文　一結

夏衆中請文

康正元年十二月廿一日

五二八　文書出納日記抄　（あ函四三号）

一　上野庄預所職請文康正元 十一 十九 定清　一通

一　矢野庄代管職請文供僧方康正元 八 二十七 増祐

一　其国寺請文一通康正元 十二 廿三

康正元年十二月廿九日　原永（花押238）

覚永（花押247）

○ この三通の文書については、返納の記載はない。また長禄三年十月五日作成の五六八号（ケ函一六五号）にも、未返納の文書として、この三通が載せられている。ただし、「上野庄預所職請文」は七〇五号(2)（セ函六一号(二)）に、「矢野庄代官職請文」はヤ函九〇号に、「其国寺請文」はテ函一一三号にある。

花押247（覚永）

花押248（定清）

花押249（堯忠）

五二九　文書出納日記抄　（あ函四三号）

一上野庄寺崎請文壱通出之

康正弐年九月八日　宗寿（花押）241

定清（花押）248

同十月十四日納之早 二通

宗寿（花押）241

堯忠（花押）249

五三〇　光明講方年貢注文　（ヱ函一八三号）

康正弐年分

光明講方御年貢注進事

一反六十歩

上野庄　現納一石八升三合

下行成一石一斗六升九合六夕四才

代一貫百十四文　わし一斗五合

図書料田

花押250（仁然）

花押251（堯杲）

現納　代三百文以上下行ニ三斗一升五合
兵庫料四百文百文ハ七月二七条へ下行
以上一貫八百十四文進之
同十二月廿日　祐算（花押）227

五三一　文書出納日記抄　（さ函一一一号）

一上野庄代官職請文二通出之
康正三年五月廿四日　仁然（花押）250
融寿（花押）243
長禄元十一月十四日納之　仁然（花押）250　堯杲（花押）251

五三二　寺崎玄雅書状　封紙（ニ函六二号）本紙（京函一〇三号）

（包紙端裏書）
「就上野代官寺崎出状康正三丁丑」

（封紙折封ウワ書）
「寺崎法橋
謹上　公文所法眼御房　玄雅」

（本紙袖）
（切封）

御補任状進覧之候、不沽脚（ママ）仕候」事分明候、能々可得御意候、
梅宮別当中野賢祐上野庄御代官」職、自私号相伝、令契約于別人候之由」蒙仰候、曾以無
其儀候、名主職之事者、」就井水之大儀少々去渡了、不限彼」一人候、此下地買得以後、既
経年序」候之処、雖為一日片時、於所務者、不及」執沙汰候之上者、猛悪之段勿論候哉、」
所詮中野与私、被召合御奉行所、」被糺売券之文言、速被散御不審」候之様、預御披露候
者、可畏入存候、」恐惶謹言、

六月二日　寺崎法橋
　　　　　玄雅（花押）220

謹上　公文所法眼（浄聡）御房

○この文書の封紙は、後にこの文書の包紙として使用されている。そして封紙の裏の左上と右下に、包紙として使用した時の、つぎのような二つの端裏書がある。

就上野代官寺崎出状康正三丁丑

寺崎出状

なお、この文書の筆跡は、寺崎玄雅のものである。

五三三　文書出納日記抄　（さ函一一一号）

一上桂箱上野庄検注等一結十九出之

康正三年六月廿一日　仁然（花押）250

尭全（花押）239

長禄三年□月二日納之　宗寿（花押）241

尭忠（花押）249

○ここに記載された文書も、五二八号（あ函四三号）と同様長禄三年十月五日作成の五六八号（ケ函一六五号）に未返納の文書としてみえる。

五三四　公文所法眼浄聡・公文法橋祐賢連署契約状案　（ア函二一八号）

（端裏書）「契状案　康正三　七　四
光聚院進之」

東寺領山城国上野庄内梅宮別当賢祐買得分」名主職事

一　彼賢祐相語下津屋与次良、令代官職等異乱、」対本所不忠不儀之子細顕然之間、任請文旨、彼」名主職令勘落早、仍彼等異乱之刻、依」御扶持令寺家□渋之条、衆悦至也、依之」弐拾箇年自丑至申間、彼名主加得分可執進事、

一　就此名主職田地、毎年恒例臨時本所諸役等、」并井料米以下井溝修理等、毎事可為惣庄引懸事、

一　不熟年於本所損免者、一向不可及免米沙汰、」於名主損免者、可被准余名之例事、

右条〻、毎年為寺家致勘定、於自余土貢者、厳」密可執進納之候者也、仍為後証之状如件、

康正参年□(七)月四日　公文法橋祐賢

公文所法眼浄聡

光聚院雑掌

五三五　光聚院某書状　（マ函九一号）

(端裏書)
「上野庄事
康正三年丁丑。七月七日
御自筆御書也」
(本紙袖)　(切封跡)

①ほう《奉》しよ《書》の事、申候て
いたし候ハんするに
御所さま　御もう〳〵、　いまた御
ます〳〵とも、わたらせ御ハし
まし候ハぬほとに、　いまゝて
申し候ハす候、よき御事にて候ハ、、
やかて申し候て、まいらせ候へく候、
②てら《寺》さき《崎》、三しうへめやすを、
まいらせて、これへうけ給候へとも、
寺りやう《領》た《田》と候つるとかう《号》して、よくに
申候と、かのふんを、はや
御所さまへ、しかと申入候て
おほえ候、いつかたより

③し候ハ、、いつも
かやうに、寺りやう《領》を
候つると、かう《号》し
候ハんする

④ほと《程》に　たい《代》くわん《官》を
御返まいられ候へく候、
あなかしく、

うけ給候とも、このふんにて
まいらせ候よし申候へく候、
なを〳〵てらさきたいくわん（寺崎代官）を

（礼紙奥ウワ書）
「（切封墨引）
光しゆ院
ほ□りん院（宝輪院）まいる」

五三六　乗円祐深・乗観祐成連署上桂庄代官職条々請文

包紙（テ函一一六号）
本紙（セ函四三号）

（包紙ウワ書）
「上野庄両代官請文 乗観 乗円 康正三 八 四」

（包紙裏）
「任料事
各々四貫弐百文分進之
□合　八貫四百文也」

花押252（祐深）

（端裏書）「上野庄　乗円代官請文正文　乗観請文同」

謹請申

東寺領山城国上桂上野庄御代管《（ママ）》職事

右為寺恩、被補御代管職之上者、背寺命、毎事不可」有自由緩怠之儀事、

一　毎年御年貢米并地子・藁・糠・人夫等、不過其時分」可令寺納之事、

一　有新開田地之時者、上使申下、可有御検知事、

一　新開田畠等興行之時、雖為段歩令出現者、無」隠密之儀、相当御年貢等必可申執沙汰事、

一　就御年貢以下、両人之内一人雖令無沙汰、為今一人」可弁申事、

一　御年貢并公事物等、悉可納申惣御倉、若号小」分、於私在所令収納者、堅可預御罪科事、

一　若損免事、仮令名主百姓等雖申之、一切不可申執次事、

右条〻雖為一事、若令違背者、不日可有改替御代管職、其」時不可申一言子細者也、若此旨偽申者、鎮守八幡大卅・」稲荷五社并大師三宝伽藍護法等御罰可罷蒙」各身者也、仍謹請文之状如件、

康正参年丁丑八月四日

乗円　祐深（花押）252

乗観　祐成（花押）253

花押253（祐成）

○この文書の乗円祐深・乗観祐成への代官職補任状案が、康正三年の廿一口方評定引付（く函二一号）八月四日の条にある。

五三七　乗円祐深・乗観祐成連署上桂庄代官職条々請文案　（し函一三二号）

（端裏書）
「上野庄乗観・乗円請文案康正参八 四」

○この文書は、前号（セ函四三号）の案文なので本文を省略する。

五三八　乗円祐深・乗観祐成連署上桂庄代官職条々請文案（教王護国寺文書一五九〇号）

□□《謹請》申

東寺御領山城国上桂上野庄御代官職事

右□《為》寺恩、被補御代官職之上者、背寺命、毎事不可」有自由緩怠之儀事、

一　毎年御年貢○《米》并地子人夫藁・糠・人夫等不過」其時分、可令寺納事、有新開○《田地》時、上使申下、可有」検知事、

一

一　新開田畠等○《於有》興行者、雖為段歩令出現者、」無隠密之儀、相当分御年貢忩可申加増《執沙汰》」事、罪科事、

一　就御年○《貢》等、両人之中《内》一人雖令無沙汰、○《為》今一人」可弁申事、

一　御年貢以《并》下諸公事○《物》等、悉可納○《申》惣御倉事、」若号少分、於私在所令収納者、堅可預御」

一　於有損免者者《年》、一円可為名主沙汰之、○若損免事、仮令名主百姓等雖申、一切於本所、不可有免米儀候、」不可申執儀次事、千万名主・」百姓等、寄事於左右、於申免米《損免》、一切以同心」儀、不可執申事、

右条々、雖為一事、令違背者、不日可有」改替御代官職、其時不可申一言子細者也、」若此旨偽申者、　鎮守八幡大𦬇・稲荷」五社并大師三宝伽藍護法等御罰、可」罰罷蒙各身者也、

仍〻謹〻起請文〻之状。如件、

康正参年八月四日

祐深

公〻文〻法〻眼〻浄聡

祐成

権〻少〻僧〻都

法〻印〻権〻大〻僧〻都

五三九　室町幕府奉行人連署奉書

包紙（教王護国寺文書一五九一号）
本紙（つ函三号(三)）

（包紙ウワ書）
「上野庄代官職安堵奉書康正三年八月四日」

（包紙裏）
「散位　飯尾左衛門大夫之種

加賀守　飯尾之清　」

花押254（飯尾之種）

花押255（飯尾之清）

東寺領山城国上桂上野庄」代官職事、早止下津屋与次郎」信秀競望、弥可全寺家直務、」就中梅宮別当賢祐対本」所、致不忠之上者、任請文之旨、於」買得名主職者、悉致返付寺家之」由、所被仰下也、仍執達如件、

康正三年八月四日　　散位（飯尾之種）（花押）254

加賀守（飯尾之清）（花押）255

当寺供僧学衆御中

五四〇　宝光院尭全・仏乗院仁然連署避状（ミ函一二一号）

（本紙袖）（切封跡）

当寺領上野之庄〻内」梅宮執行中野売（ママ）得分」名主職之事、度〻可進上申候由、」雖寺家申上候、堅御斟酌之上者、」不及申候、所詮以前如申上候、」廿箇年之間、御坊様へ、」可進上申候、以此旨、可預御披露候哉、」恐〻謹言、

（康正三）八月十一日　　尭全（花押）239

仁然（花押）250

光聚院殿雑掌

花押256（諏訪忠郷）

五四一　室町幕府奉行人連署奉書（東寺文書　射一七）

東寺領山城国上桂上野庄代官」職事、依井水興行之労功、令補任」上者、早任文安二年四月十一日寺家連」署之旨、停止方ゝ競望、如元可被」全領知之由、所被仰下也、仍執達如件、

康正三年九月十日　前信濃守（諏訪忠郷）（花押）256
散　位（飯尾之種）（花押）254

寺崎玄雅法橋

五四二　室町幕府奉行人連署奉書案（チ函一一八号）

○この文書は、前号（東寺文書　射一七）の案文なので本文を省略する。

○正文の「令補任上者」が、この文書では「限永代令補任云ゝ」となっている。なお端裏には、

寺崎玄雅法橋　前信濃守忠郷

という封紙ウワ書が写されている。またこの文書の筆跡は、寺崎玄雅のものである。

五四三　室町幕府奉行人連署奉書案　（ほ函六七号）

（端裏書）
「御奉書案寺崎申給分」

○この文書は、五四一号（東寺文書　射一七）の案文なので本文を省略する。

○　この文書の筆跡は、寺崎玄雅のものである。

五四四　寺崎玄雅書状　（京函一〇四号）

（端裏書）
「康正三年丁丑」　（本紙袖）（切封）

就上野庄御代官職之事、被下御奉書候、私」雖非本望之儀候、為　上意被召放候之由、」被仰下候、仍被付于所務職於別人候之間、依」失為方候、達　上聞候訖、曾以非寺命違背之」

儀候、自最初如申上候、雖為以後不可存」不儀候、此上者寺家様以御憐愍之儀、如元」被返付候者、可畏入存候、是等之趣、可然候様」預御披露候者、所仰候、恐々謹言、

九月廿一日　　玄雅（花押）220

公文所法眼（浄聡）御房

（礼紙奥ウワ書）
「（切封墨引）
　　寺崎法橋
公文所法眼御房　　玄雅」

○この文書の筆跡は、寺崎玄雅のものである。

五四五　宝荘厳院并上桂庄法式（袋綴）（ナ函四三号）

（表紙外題）
「宝荘厳院并上野庄法式康正参年丁丑」

宝荘厳院并上野庄　法式康正参年丁丑始之

□二年二月十三日評義云
於未来亀鏡之法式者、自今以後此双紙可経」□之、敢不可違越、此法量、就中雖為以前被
定置」□分安見、重而可書加之由、依群儀載翰」□

□院年貢寺所納事
□事者、於各〻預所宅納之云〻、□不可」□今以後被停止此義了、自明年丑年」
□為少分忩於惣寺庫、可納之由、康正弐」□丙子十二月廿日評義治定畢、□

□

□若□時、於闕分者、宝荘厳院奉行懃仕之」□先規也、然近年大小公事繁多之間、廿
一□(日)」□預計会過法欤、仍自今以後為籠衆之」□有参懃之由、　長禄三年十一月
三日」□之衆儀治定之訖、

○この文書は、五紙からなっていて、最後の二紙は白紙である。なおこの文書は傷みが甚だしく文字の欠落が多い。

参考七　西岡諸所本所注文（折紙）（を函五七八号）

（竪紙端裏書）
「西岡諸本所」

諸本所　御事

上久世　　東寺

寺戸　　御むろ様

かわしま　　三条殿様

　　さいおんし殿様

　　やましな殿様

しもとはやし　　松尾

　　ほそかわ（細川阿波州）

　　あわしう

　　せんあミ

かつら　　このへ殿様

とくたいいし　　妙法院

うしかせ　　たいり様御領

　　せうおんし

おうやふ　　久我殿様

ますい方
下久世　　東寺
　　　　徳大寺□□』
おうきまち（正親町）　からす丸

○この文書は、康正二年鎮守八幡宮供僧評定引付（る函六二号）康正三年三月廿六日の条により同年のものとわかる。

五四六　東寺陳状案（や函一五九号）

目安
東寺領上野の庄代官職ついて」賢祐法師上聞をかすめたてまつる」間事
右去五月廿一日、飯尾の加賀の守。《おりかミをもて》年預」罷出へきよし申候間、則罷向処ニ上野の」庄の代官職の事、下津の与二郎ニ仰付」らる、ものなり、このむね為寺家存知」仕へきよしか（加賀）申おわぬ、随又与二郎か」かたより当座の代官職の事、仰付らる、」間、百姓等存知仕へきよし、地下ニ相ふる、てう、」かれこれもて寺家めいわくきわりなきニ」よて、いせんそのおもむき申上おわぬ、更ニもて」寺家くわんたいを存せさるものなり、」然ニかの賢祐名主職ニおいてハ、少分寺崎か」かたよりはいとくせしむといへとも、代官職ニ」おいてハ、かつて相伝なきものなり、名主と」代官とハ天地各別の職なり、若。《かの》賢祐法師」名主職の支証をもて、代官職の証文として」上聞をかすめたてまつるか、所詮代官職」相伝の支証ならひニ寺家のふにん状これ」あ。《るか》□□めしおかれかたく御紀明ニあつかり」これを帯せハ也、かたく御紀明預へき也、

○この文書は年紀を欠くが、長禄元年廿一口方評定引付（く函二一号）五月二十三日の条に、

上野庄代官職事、飯尾加賀守被仰出之当代官職事、下津屋与一以梅宮執行賢祐……

とあるので、康正三年のものとした。なお、五三九号（つ函三号㈢）も参照。

五四七　東寺申状案（教王護国寺文書一五八七号）

目安

東寺領上野庄代官職に付て賢祐法師上聞かすめ」まつる間事、

右去五月廿一日飯尾加賀守以折紙。《を》もて、年預罷出へきよし」申間、すなわち罷向処ニ、上

野庄代官職事、下○《津》野与次郎ニ」仰付らるゝもの也、此旨寺家存知ある《仕》へきよし、加賀申
了、」随又与次郎方より、当庄代官職事仰付らるゝ間、地下」百姓等存知仕へきよし○《地下ニ》相ふ
るゝ間《ま》、彼是もて寺家迷惑」仕るによて○《きわまりニなしきもの也、》然《に》間彼賢祐名主職にをいてハ、少分玄雅《寺崎》か」方
より買得せしむと云へとも、代官職にをいてハ、更《かつて》もて」相伝きにあらすなきもの也、名
主職と代官職方ハ《と》、」天地各別の職也、若彼祐賢祐法師名主職の支証をもて、」○《代官職》証文と号《し》
て、上聞かすめたてまつるか、所詮《代官職相伝の」支証并寺家安堵状等」是あらん、》支証を」めしいたされ、かたく御きうめいあるへき物
なり、
よて、以前そのをもむき申□《(上)了、》ところ也、更以寺家くわんたいを」存さるもの也、
若代官職の支証等を進上申すハ、請文の旨ニ任せ、名主」職を寺家ニ返し付《下》され、いよ〳〵
直務をまたふ《(全)》」せんとほつし、謹目安言上如件、

○この文書及び次号（や函一六〇号）・五四九号（教王護国寺文書一五八八号）は、年紀を欠くが前号と同様に梅宮との相論に関するものなのでここに収める。

五四八　東寺雑掌陳状案　（や函一六〇号）

支申　東寺雑掌謹言上
就当寺領山城国上桂上野庄代官職梅宮執行」無理奸訴間之事
右当庄者、忝　後宇多之法皇正和年中以」御起請符案文備進、限未来際、○為○人法紹隆天長」地久、　御寄附之地也、然間　御寄附以来、」于今無他妨、○全知行無相違令致直務之処○也、爰」梅宮執行賢祐帯代官職相伝之支証、令」与奪下屋之与一云々、子細何事乎、以外之」奸訴也、彼執行近年当庄名主職之内、纔三町余」令売（買）得歟、然者於代官職者、為本所不致」下知上者、曾以不可有相伝之儀、以名主職相伝」之相伝支証、号代官職相伝之証文、奉掠　」上聞之条、言語道断之私曲也、所詮不日預」御紀明、被停止彼押妨、実犯露顕者、堅為被処」罪科、粗支言上如件、

○　この文書は年月日を欠くが、五四六号（や函一五九号）の関連文書と考えられるので、康正三年のものとする。なおこの件に関する室町幕府奉行人奉書が、長禄元年十月廿五日に五五〇号（み函六七号）、同年十一月十四日に五五五号⑶（ゐ函七一号㈢）、同年十二月十二日に五五五号⑷（ゐ函七一号㈣）が出されている。

五四九　東寺申状案　（教王護国寺文書一五八八号）

（包紙ウワ書）
「就上野庄代官職梅宮別当違乱目安案」

目安

東寺領山城国上野庄の代管（ママ）職ニついて、」梅宮別当○（の賢祐）無理に押妨をいたす間の事

○副進　御起請符以下案文

右当庄ハ　後宇多○（の法皇）院正和年中ニ永代当寺ニ御寄」附よりこのかた、他の妨なく直務をいたす処也、然に」梅宮の別当、彼庄の代管職相伝と号し、下律（津）」屋の与二郎方に契約せしむと云々、子細なに事」そや、彼賢祐ハ当庄の内名主職少分寺崎か」方より売得（買、以下同じ）せしむるものなり、全く代官職相伝」の事あるへからす、然間代官ニをひてハ、寺家として」玄雅・祐算二人に申付、いまに取さた仕る上ハ」賢祐か相伝ニあらさる事分明也、いかてか売得にあら」す、又相伝なき代管職をもて、他人に契約すへ」きや、猛悪のいたり、言語道断の次第也、若名主職売得」の証文をもて、代管職相伝の支証として、上らんにそな」うるか、かたく御きうめひにあつかり、若私曲をかまへ、きよ言」をいたさハ、賢祐ニをひてハ、不日にさいくわに処せられ、請文」のむねに任せ、名主職をめしはなされ、寺家ニ返し下され」いよ〳〵直務をまつたふし、天下安全・御武運長久の」せい〳〵をぬきんで

んかため、粗目安言上如件、

五五〇　室町幕府奉行人連署奉書　包紙（教王護国寺文書一五九四号）本紙（み函六七号）

（包紙ウワ書）
「上野庄奉書長禄元年十　廿五」

（包紙裏）
「両奉行実名事
　飯尾左衛門大夫之種
　散位
　飯尾　之清
　加賀守　」

東寺領山城国上桂上野」庄代官職并梅宮別当賢祐」買得名主職等事、先度雖」被成奉書、被召返訖、早任去」八月四日奉書之旨、寺家可被」致成敗之由、所被仰下也、仍執達」如件、

長禄元年十月廿五日　散位（飯尾之種）（花押）254
　加賀守（飯尾之清）（花押）255

当寺供僧学衆御中

五五一　文書出納日記抄　（さ函一一一号）

一上野箱
上野庄両度季奉行・代官請文等一結納之
長禄元年十一月十四日　　仁然（花押）250
　　　　　　　　　　　　尭杲（花押）251

五五二　文書出納日記抄　（さ函一一一号）

一上野庄請文五通祐賢快舜定清祐盛甚清并聖無動院状一通出之、
長禄元年十一月十八日　　仁然（花押）250
　　　　　　　　　　　　尭全（花押）239

長禄元年十二月廿日
　納之、但請文相□納之　　仁然（花押）250　宗寿（花押）241

五五三　上桂庄光明講方年貢送進状　（ヌ函一八六号）

注進光明講方御年貢事
上野庄　大ニ八斗之内現納五斗九升一合　道春
同　半ニ六斗之内現納四斗六升八合　兵衛次郎
以上現納分　一石五升九合
下行延　八升四合四夕
合　一石一斗四升三合四夕
代　一貫参百四十五文　わし八升五合
右所進之状如件、
長禄元年十一月廿六日　祐算（花押）227

五五四　上桂庄臨時仕足算用状　（や函八九号）

（端裏書）「上野庄臨時仕足散用状長禄元年十二月三日算勘畢」
注進　就上野庄御代官職事梅宮別当」中野相語下津屋与次郎時之入足事

合　康正三年丁丑

百七十文　五月廿二日　御代粮
弐貫文　同廿五日　飯尾加賀方
百七十文　同日　御代粮
一貫文　六月二日　三郎左衛門方
百七十文　同日　御代粮
二百七十八文　同日　御内談入足
十貫文　六月五日　光聚院殿御礼
五貫文　同日　恵首座
四十文　同日　人夫
卅文　同日　辰法師酒直
八十文　六月十三日　三ヶ所御祈禱御支具
百七十文　同月八日　御代粮
二貫百卅四文　六月十日　光聚院殿折代
百九十文　同日　御代粮
一貫五百文　同日　御聖天供光明院殿進之
五百十六文　六月十八日　御代粮

一、百五十文　同日　御出立御酒
一、五百十六文　六月十九日　御代粮
一、三貫文　同日　光聚院殿ソウシヤ中
一、廿文　同日　五郎四郎酒直
一、二百文　六月廿三日　善蔵方へ越後法橋持参
一、百七十文　六月卅日　御代粮
一、百五十文　七月四日　御代粮
一、百七十文 〃〃〃　七月八日　御代粮 〃〃〃
一、百文　同日　地下人等参申時酒直
(付箋)
「已上他八貫文造営御方ニテ御借用」
一、五貫文　六月廿一日　三郎左衛門方
一、一貫八百文五文子　同利自六月至十一月六ケ月分
一、廿文　六月廿一日　人夫
一、十五貫文此内五貫文恵首座　六月廿三日　光聚院殿是ハ善蔵方ヨリ御借用
一、三貫文五文子　同利自六月至九月四ケ月分
一、四十文　同日　人夫
一、二貫五百文　七月七日　清首座御礼

七百五十文 六文子　　同利五ヶ月分

百七十文　　同十日　御代粮

五十一文　　同利五ヶ月分

五百廿三文　　同十一日　光聚院殿御中間参申時酒直引物以下
此内三百文御中間　百文三郎左衛門方中間　被下

百五十七文 六文子　　同利五ヶ月分

五百十文　　七月廿八日　地下御算用之時入足

百五十三文　　同利五ヶ月分

六貫百卅八文　　八月九日　光聚院殿折代以下

一貫四百七十三文 六文子　　同利四ヶ月分

三百七十二文　　八月廿八日　御内談入足

六十六文　　同利三ヶ月分

三百七十四文　　八月卅日　光聚院殿御中間参申時

六十七文　　同利三ヶ月分

百七十文　　九月二日　御代粮

卅文　　同利三ヶ月分

三百文　　九月三日　寺尾方

五十四文　　同利三ヶ月分

弐貫文　九月五日　御奉行所御礼
廿文　同日　人夫
百文　同日　酒直
十八文　同利三ヶ月分
三百四十三文　八月卅日　御代粮
百七十文　九月四日　御代粮
　已上　六十九貫百八十文

就上野庄事寺崎法橋并中野御代官并名主」致違乱之時入足之事

百七十文　九月十二日　御代粮
卅文　同利三ヶ月分
二百四十文　九月十三日　御代粮
四十三文　同利三ヶ月分
百卅文　九月十四日　同御酒直
廿三文　同利三ヶ月分
三百六十一文　九月十五日　御代粮
六十六文　同利三ヶ月分

一貫百卅八文　九月十七日　御代粮五人御出時

二百四文　同利三ヶ月分

三百八十一文　九月十八日　御代粮

六十八文　同利三ヶ月分

三百四十三文　九月廿一日　御代粮

六十二文　同利三ヶ月分

二百卅三文　九月廿二日　御代粮

五十八文　同利三ヶ月分

二貫文　九月廿六日三宝院殿御内之　肥後方御礼

一貫文　九月廿七日　福阿ミ方

百卅文　同利平二ヶ月分

八十文　九月廿八日　三ヶ所御祈禱御支具

一貫二百十四文　光聚院殿松茸代注文別紙有之

百七十文　十月五日　御代粮

卅一文　同利二ヶ月分

五貫文公方様御成時　此外五貫文ハ植松御方ヨリ出之　十月八日　光聚院殿御礼

六百文　同日　同利二ヶ月分

一廿文　人夫
一三百四十三文　同日　御代粮
一四十一文　同利二ヶ月分
一十貫文　十月十日　□和方
一一貫二百文　同利二ヶ月分
一廿文　同日　人夫
一三百廿三文　十一月九日　御代粮
一二百六十文　同十日　米之時車力二両分
一三百文　同日　三郎左衛門方若党
一四十三貫文　十一月十三日　公方様御礼
注文御奉行ニ有之
一二貫文　十一月十八日　与三左衛門方御奉書御礼
一三百文　同日　同寺尾方
一百七十文　同日　御代粮
一弐貫文　十一月廿日　駿河方別給
一百六十四文　十一月廿一日　駿河方向之時酒直上下十一人
一百七十文　十一月廿二日　御代粮

十一月卅日　御代粮

三百四十三文

以上　七十四貫五百五十文

都合　佰肆拾参貫七百卅二文之内

拾五貫六百五十六文　上野庄年貢代十一月十日マテノ分

残分　佰弐拾捌貫七十三文造営方料足御借用也

亦此外　弐仟疋為御折紙　□有□借用

惣ツ合佰肆○拾捌貫七十三文也、同造営方料足

一　御米之事

五石　上野庄本斗定　光聚院殿

一石　恵首座

三石　三郎左衛門方

已上九石

右注進之状如件、

長禄元年十一月晦日　納所法橋乗珎（寿賢）（花押）244

長禄元年十二月三日散勘㫗　（仏乗院仁然）（花押）250

（宝光院尭全）（花押）239
（宝輪院宗寿）（花押）241
（光明院尭忠）（花押）249
（金勝院融覚）（花押）206
（宝泉院快寿）（花押）204

○この文書の紙継目裏毎に、仏乗院仁然の花押250がある。

五五五　上桂庄代官職并名主職文書案　（ゐ函七一号）

（端裏書）
「御奉書案文等四通」

(1)室町幕府奉行人連署奉書案

○この文書は、五三九号（つ函三号㈢）の案文なので本文を省略する。

（端裏書）
「奉書□」

(2)室町幕府奉行人連署奉書案

○この文書は、五五〇号（み函六七号）の案文なので本文を省略する。

(3)室町幕府奉行人連署奉書案

東寺領山城国上桂上野庄、本所」并名主職年貢等事、任奉書」旨為、寺家令催促之処、難渋云〻、」太不可然、所詮早速可被究済、」尚以有無沙汰儀者、可被処厳科由」被仰出候也、仍執達如件、

長禄元
十一月十四日　(飯尾)之種在判
(飯尾)之清在判

梅宮別当御房

(4)室町幕府奉行人連署奉書案

東寺雑掌申年貢事、」度〻被成奉書之処、令難渋云〻、」太不可然、不日可致其沙汰由、被」仰出候也、仍執達如件、

長禄元
十二月十二日　之種在判
(之カ)貞清在判

梅宮別当御房

○　この文書(2)の袖裏に「東寺供僧学衆御中　加賀守之清」という封紙ウワ書が写されている。

五五六　上桂方料足借状（折紙）（ヤ函一〇〇号㈢）

上野方
造営御方御料足之内」佰肆拾捌貫漆拾参文」借用申候、但此御足者、」上野御方為御遣足也、仍」借状如件、

長禄元
十二月十三日　乗珍（納所寿賢）（花押）244

乗観坊（祐成）

越後法橋坊（祐深）

（折紙端裏書）
「上野」

（花押）（仏乗院仁然）248

三十五貫文　長禄二年返弁

三十貫文　同 三年返弁

四十貫文　同 四年返弁

（押紙）「三貫文　寛正二年若返弁歟」

十貫文　寛正三年返弁之』

十貫文　寛正五年十二月廿日」返弁

五貫文　寛正六 十二 廿九返弁

五貫文　文正元戌年分返弁

以上百卌八貫文返弁
残十貫七十三文□

此分可被渡進候、

（宝輪院宗寿）
（花押）241

同日

越後法橋

○ヤ函一〇〇号は造営方料足文書七通からなる文書であるが、上桂庄に関係のあるのは三通目のこの上野方料足借状だけである。したがって、廿一口方重書案（東寺文書 追加之部二二号）の扱い（四一五号の注参照）に準じてここに収める。

五五七　寺崎玄雅上桂庄代官職請文

（滋賀県立琵琶湖博物館所蔵東寺文書）

（端裏書）
「寺崎法橋請文長禄元十二　廿」

謹請申

東寺御領上野庄一方御代官職御改替之間事

右当庄御代官職者、依有条〻子細、御改替之処、」玄雅御奉書申給之条、率尓次第也、殊為寺官」身致緩怠之故、寺家様上下悉預御義絶之条、」迷惑至極不可過之、依之度〻悔先非雖歎申、」于今無御許容之条、失為方者哉、所詮今度玄雅」申給御奉書、寺家様永進置上者、自今以後」御代官職之事、就内外権門権威、一切不可致」競望、就中而、梅宮別当賢祐就此庄事、向後不可有」談合蜜通之儀、加之就自余御領等、毎事不可致」不忠緩怠之儀候、此等条〻不応衆命者、堅可預」御罪科、若尚令違背寺命者、被申　公方様、可被処」厳科者也、万一此等趣、雖為一事若偽申者、可」罷蒙当寺伽藍三宝等殊大師八幡大」廾・稲荷五社大明神等御罰者也、仍為後日」請文之状如件、

長禄元年丁丑十二月廿日　　寺崎法橋玄雅（花押）220

○この文書の筆跡は、寺崎玄雅のものである。

五五八　寺崎玄雅書状案（折紙）（教王護国寺文書一六〇一号）

上野庄年貢内、自」□□（明年）戊寅歳、玄雅」□（一）期之間、毎年五石宛」可下賜之由、蒙仰候、」忝
□入候、□（若）千万違」寺□（命カ）申候者、可有御」□変候、□□（時）不可申」是非候、此等趣、可預御」
披露候、恐〻謹言、

長禄元
十二月廿日　　寺崎法橋
玄雅

公文所法眼（浄聡）御房

五五九　上桂庄給主職請文等包紙（テ函一一九号）

（包紙ウワ書）
「上野庄給主請文等」

（包紙裏）
「上野庄給主相伝請文事

一通　聖無動院状　　一通　祐賢請文
一通　祐盛〻〻　　一通　快舜〻

一通　甚清法印　　　　一通　定清アサリ

已上六通

長禄元年十二月　類集之　」

○この包紙の筆跡は五五二号（さ函一一一号）の仁然のものと一致し、そこに記されている文書名もこの包紙のものと同一であり、また長禄元年十二月という日付も一致する。したがって、仁然はこの包紙に六通の文書を包んで西院文庫に返却したものと考えられる。なお、ここに見える六通のうち、聖無動院状は多数あるが、その他の請文は次の如きものが各一通ずつ現存している。

祐賢上桂庄預所職条々請文　一三八号（セ函一一号）

融盛上桂庄預所職請文　七〇五号(3)（セ函六一号㈢）

法橋快舜条々請文　三七〇号（セ函三二号）

権大僧都甚清上桂庄預所職条々請文　七〇五号(1)（セ函六一号㈠）

定清上桂庄預所職請文　七〇五号(2)（セ函六一号㈡）

五六〇　上桂庄文書包紙　(ア函二一九号)

(包紙ウワ書)
「上野庄奉書以下一結　長禄元年」

○この包紙に包まれていた文書の内容は確定できないが、筆跡は前号(テ函一一九号)と同筆である。

五六一　寺崎玄雅上桂庄所務条々注進状　(教王護国寺文書一六〇四号)

注進　上野庄御年貢内年記御免分□

一　東田井去宝徳二年興行分田□(数)□四十歩□□(分米カ)」五石四斗六升七合内半分二石七斗三升三合五夕迄于」去年、五ケ年御免也、

一　同方享徳三年興行分田数一町廿歩□分米」六石三斗三升三合内半分三石一斗六升六合五夕自」去年五ケ年御免也、就此興行及隠田之□(由)、□(御)」沙汰候歟、不便之至候、所詮自宝徳三年、迄于」享徳◦二年、三ケ年之間、被召出百姓等之請取、可」被散御不審候哉、此外六反余未属無為者也、

一同庄、就御百種代以下之未進、被留置御恩細谷郷」等候、雖及御代官職御改替候、可致其沙汰候者、私」去年之夏引違申分、可預御立用候哉、
一同庄役守護代方御礼事、一向不存知仕候、以」去〻年散用状、可有御交合候哉、
一同庄雑掌給、未被下之候、
一同庄新御免五石事、自去年被加御扶持候□(者)、」可畏入候、
右条〻、注進之状如件、
長禄二年正□(月)十六日　寺崎法橋 玄雅（花押）220

○この文書の筆跡は、寺崎玄雅のものである。

五六二　賢祐上桂庄藪地子請文　（東寺文書　無号之部五〇号）

（包紙ウワ書）
「善光上野藪請文号御器蔵」

（端裏書）
「上野藪善光請□文」

請申

花押257（賢祐）

上野庄内藪二ヶ所御地子之事

右彼両所之藪御地子、毎年」漆百文宛六月中仁必可○致其沙汰」候、若千万無沙汰申事出来

候者、」彼藪不日可被召放候、仍為後日」請文之状如件、

長禄二年四月七日　　賢祐（花押）257

○賢祐については、四七四号（シ函五四号）及び五〇七号（や函八三号）に梅宮神宮寺別当中野賢祐の文書があるが、いずれもこの文書と筆跡・花押を異にするので、別人と考える。

五六三　上桂庄東西年貢算用状　（教王護国寺文書一六二〇号）

（端裏書）
「上野庄東西本年貢算用状養源院分」

長禄弐年十月　日

上野庄内東西本年貢算用状

五町壱段半　分米　参拾石九斗

新開
八段半卌歩　分米　弐石五斗七升五合

已上参拾三石四斗七升五合内

壱石五斗　定井料引之

可進納分　参拾壱石九斗七升五合

装束壱石弐斗七升九合

并定進納分　参拾参石弐斗五升四合

両度仁沙汰分　参拾壱石八升六合量立

残弐石壱斗六升八合歟

養源院

五六四　上桂庄年貢米未進徴符（上下部欠）（ア函一三一五号）

□野庄御年貢米未進徴符」之事

□八十六石六斗六升六合三夕内

但中野実分違目三斗一升五合有へき□

庄除以下引定

□八十五石四斗三升四合十二月十日マテノ寺納申分

□未進九斗一升七合三夕内

□

二郎四郎

□　　　　同分
□升　　　道春
□夕　　　さ藤三郎
□　　　　弥四郎
□　　　　三郎二郎
□　　　　兵衛次郎
□二合　他所　兵衛《ふしわら》四郎
　　　若　二郎三郎
已上九斗一升七合三夕
□（未カ）進状如件、
長禄弐年十二月十五日
御代管 祐成（花押）253
同 祐深（花押）252

五六五　山城国守護代誉田祥栄書下（折紙）（セ函四五号）

（竪紙端裏書）
「誉田折紙」

花押258（誉田祥栄）

東寺雑掌申山城」国久世上下庄・上野・」拝師・殖松庄等段銭」以下臨時課役事、」先ゝ免除之上者、」任御下知状、可停止」使者入部之旨、」可令存知之状如件、

長禄三
四月廿三日　　　（誉田）祥栄（花押258）

原七郎殿

五六六　山城国守護代誉田祥栄書下案（を函一二四号）

（端裏書）
「誉田免除折紙案長禄三当国不入」

○この文書は、前号（セ函四五号）の案文なので本文を省略する。

五六七　上桂願果論議着到状（東寺観智院金剛蔵聖教又別五二函三〇〇号）

理趣三昧十一月四日引声上野庄願果

供養法

宏寛」　融覚」　公禅」　仁然」　尭忠」

宗寿　勝清調声　尭杲　重増　宗杲

尭全　宗耀　原永　澄基　覚永

融寿　宗忠讃　隆耀　公偏（遍）　慶清

厳種　仁盛　宗承

聖　妙英　永尊　祐清　宗俊

祐賢　祐算　証英　祐成　英玄　祐深

○この文書は、年紀を欠くが長禄三年廿一口方評定引付（天地之部三四号）十一月三日の条に、上野立願理趣三昧日次事披露之処、明日四日吉日□、先於西院可被行之、……の記事があり、供僧名も一致するので、長禄三年とする。

五六八　廿一口方所出文書目録　（ケ函一六五号）

（端裏書）
「自西院所出文書方廿一口目六 自文安六至長禄二
長禄三 十 五 書写之」

自西院被出文書廿一口方事

一 当国不入御判一通出之了、奉行肥前守付之畢、
文安六年三月十四日　甚清　杲覚

一 両国播州太良不入御教書一通出之、肥前方付之、
宝徳元年十一月廿四日　甚清　清円

一 四月七日仏事料所支二通　肥前方ニ可有之、
享徳二年四月十八日比付之歟

一 洛中地口免除目録文安二一通肥前方ニ□歟
享徳二年四月十八日出之、

一 三ヶ国反銭御教書三通出之、寺崎方へ渡之、
享徳三年二月十六日　原清　融寿

一 寄進田目録仏事方一巻、新寄進田目六一巻、
已上両通寄進田上箱ヨリ出之、
享徳四年五月七日　覚永　尭忠

一 矢野庄守護段銭免除案文等四通、廿一口方第一箱ヨリ」出之、
康正元年八月二日　快寿　杲覚

一 散所免除支証三通廿一口方第二箱ヨリ出之、寺尾方付之、

康正元年八月廿六日　　快寿　宗寿

一廿一口方第一箱
同支証奉書宝徳三九　廿四正文一通出之、付寺尾許、

同　九月廿四日　　快寿　尭忠

一　同支証寺務奉書一通出之、飯尾肥前方付之、

同　九月廿八日　　快寿　宗寿

一廿一口方第二箱
同支証院宣案親房卿一通出之

同　廿九日　　快寿　尭忠

一　上野庄預所職請文康正元十一十九定清一通

一　矢野庄代官職請文　供僧方　康正元八廿七　増祐、

一　其国寺請文一通　康正元十二廿三

康正元年十二月廿九日　　原永　覚永

一上桂箱
上野庄検注等一結十九出之、

是ハ若被納之歟、

康正三年六月廿一日　　仁然　尭忠

一大山箱ヨリ出之
平野・垂水・大成庄等惣安堵綸旨一通二枚

廿一口方第四箱
并大成庄文書案文一巻五枚以上二通出之、

康正三年八月廿五日　　仁然　重増

此一結長禄元　十一　十四若納欤、

一　散所支証康正二一通出之　長禄二年十月十五日尭忠　杲覚

五六九　上桂庄名主中野申状包紙　（ア函二三三号）

（包紙ウワ書）
「上野名主中野目安長禄三　十一　廿六」

五七〇　足利義政御判御教書　（東寺文書　書一二）

東寺領山城国久世上下庄・上野・拝師・」植松庄・丹波国大山庄・播磨国矢野」庄内例名方・若狭国太良庄并当寺」境内・東西九条・巷所八条以南堀川以西　九条以北朱雀以東・八条」以北大宮半・院町拾参箇所内・同以北所々」屋地目録在別紙散在田畠等事、任当知行」旨、領掌不可有相違之状、如件、

長禄三年十二月廿日

花押259（足利義政）

（押紙）「慈照院殿」

内大臣兼右近衛大将源朝臣（足利義政）（花押）259

五七一　足利義政御判御教書案（ヰ函一〇六号）

（端裏書）「当御代御判案長禄三 十二 廿」

○この文書は、前号（東寺文書　書一二）の案文なので本文を省略する。

五七二　足利義政御判御教書案（廿一口方重書案（東寺文書　追加之部二二号⑽））

（慈照院殿）同御判

○この文書は、五七〇号（東寺文書　書一二）の案文なので本文を省略する。

五七三　足利義政御判御教書案

（廿一口方重書案（東寺文書　追加之部二三号⑽））

○　この文書は、五七〇号（東寺文書　書一二）の案文なので本文を省略する。

（慈照院殿）
同御判

五七四　足利義政御判御教書（東寺文書　書一二）

（押紙）
「諸役免除御判慈照院殿 長禄三　十二　廿」

東寺領山城国久世上下庄・上野・拝師・」植松庄・丹波国大山庄・播磨国矢野」庄内例名方・若狭国太良庄并当寺」境内・東西九条・巷所八条以南 堀川以西 九条以北 朱雀以東・八条」以北大宮半・院町拾参箇所内・同以北」所々屋地目録在 別紙 散在田畠等、段銭臨時」課役以下事、任度々証文之旨、所令免除」也、弥可為守護使不入地之状如件、

長禄三年十二月廿日

内大臣兼右近衛大将源朝臣（足利義政）（花押）259

○　この文書の袖の押紙は、もと端裏書を巻子に仕立てる際に切り取って、ここに貼付したものである。

五七五　足利義政御判御教書案　（レ函一六七号）

○　この文書は、前号（東寺文書　書一二）の案文なので省略する。

五七六　足利義政御判御教書案　（サ函七九号）

（端裏書）
「文明元十月晦日　下」

○　この文書は、五七四号（東寺文書　書一二）の案文なので本文を省略する。

五七七　足利義政御判御教書案

（廿一口方重書案（東寺文書　追加之部二二一号(九)））

○この文書は、五七四号（東寺文書　書一二）の案文なので本文を省略する。

慈照院殿御判

五七八　足利義政御判御教書案

（廿一口方重書案（東寺文書　追加之部二二三号(九)））

○この文書は、五七四号（東寺文書　書一二）の案文なので本文を省略する。

慈照院殿御判

五七九　東寺領諸庄園諸役等免除文書案（京函一〇八号）

（端裏書）
「殖松庄安堵御代口并諸役免除御判等案文六通難為惣寺領支証殖松方為所用書之早長禄六　九　廿一」

○この文書は、五七〇号（東寺文書　書一二）の案文なので省略する。

○この文書は、四九四号（東寺文書　射一四）の案文なので省略する。

○この文書は、四八八号（せ函武家御教書并達七七号）の案文なので省略する。

○この文書は、四六七号（せ函武家御教書并達七六号）の案文なので省略する。

○この文書は、四一二号（旧東寺文書　五常義五）と同文なので省略する。

○この文書は、四二五号（廿一口方重書案（東寺文書　追加之部一二号(四)））と同文なので省略する。

(1)足利義政御判御教書案

(2)山城国守護畠山持国遵行状案

(3)管領畠山持国下知状案

(4)管領細川勝元下知状案

(5)足利義持御判御教書案

(6)室町幕府奉行人連署奉書案

(1)足利義政御判御教書案

(2)管領畠山持国下知状案

五八〇　寺領惣安堵文書案　(ミ函一二四号)

(端裏書)
「惣安堵案文　長禄三御判　宝徳元御教書」

○この文書は、五七〇号(東寺　書一二)の案文なので省略する。

○この文書は、四八八号(せ函武家御教書并達七七号)の案文なので省略する。

五八一　宝生院杲覚上桂庄預所職条々請文　(ヤ函一〇一号)

請申

東寺領山城国上桂上野庄預所職之事

一　彼職者、為寺恩被宛行上者、就惣別専興」隆、不存私曲、毎事可致忠節事、

一　於向後譲与仁躰者、必寺家不退常住、寺僧之」中撰器用仁、可令譲与、員外之者仁不可譲渡事、

一　預所得分事、切田五段之分米参石一反別六斗定」所被定置也、但大損亡之時、本所分年貢

六斗内」令減少者、以惣庄引懸可渡給事、
一万一対寺家、於有不忠不儀之子細者、彼職於不日」可被召放、其時不可及異儀事、
一湯頭役事、毎年弐百文宛、可致其沙汰事、
右条々、雖為一事、令違越者、彼預所職、速」可被召放者也、仍為後証、請文之状如件、
長禄四年庚辰八月廿九日　権大僧都（宝生院）杲覚（花押）242

五八二　上桂庄興行畠検注分注進状（折紙）

（教王護国寺文書一六五六号）

（折紙端裏書）「上野庄宍畠注進長禄四」

注進
上野庄興行畠内」ニク畠之事
合三段半十歩
麦一石五升九合
右為長禄弐年卯月二日」検注分、注進如件、
長禄四
九月廿二日　（自署）（乗観）「祐成」260

自署260（祐成）

五八三　越後法橋祐算請文　（東寺文書　無号之部五一号）

（端裏書）
「上野庄宍畠越後法橋請文」

謹請申

上桂上野庄宍畠之事

合参段半拾歩　現作分

右件畠者、御掃除方奉行被仰付之間、」一端給分仁宛給者也、但給分之最初実」否之様、衆中無御存知之間、追而可有」御糺明、其時若非分之儀申掠事候者、」則彼畠可被召放者也、更以異儀不」可申候、仍請文之状如件、

長禄四年九月廿六日　越後法橋　祐算（花押）227

五八四　越後法橋祐算請文案（下部欠）（教王護国寺文書一六五七号）

（端裏書）
「上野宍畠越後請文案　長禄四」

○　この文書は、前号（東寺文書　無号之部五一号）の案文なので本文を省略する。

○ この文書は、破損が甚だしいが、前号(東寺文書 無号之部五一号)の案文と考えられる。

五八五　上桂庄内検封屋注文(折紙)(う函一五号)

(折紙端裏書)
「寛正二　正　十九
上野内鳥原罪科屋注文」

上野庄鳥原西家以下」検符事

西家
一　口四間　　奥五間
　　門戸　一枚

大郎九郎家
一　口三間半　　奥五間
　　門戸明分　五枚

大郎九郎弟
一　口二間　　奥四間

以上

寛正二年
正月十九日

（折紙奥）「宝寿院」

五八六　乗観祐成折紙（折紙）（滋賀県立琵琶湖博物館所蔵東寺文書）

（折紙端裏書）「就上野闕所事、乗観進出寺家折紙」

就上野庄千代原西之」事、去廿一日高畠奥」彦五郎来申之趣、則」寺家様へ執申之処、」不可叶之由、廿四日御返事」被仰出候間、彦五郎方へ」申遣、随而此事可」然様可申籌策由、」弥三郎方へ申遣処、」返事折紙如此仕者也、」其後廿六日弥三郎」参、此事一道有」御下知も者、涯分』可致籌策之由申」旨、則申入早、此外ハ」就今度公事、聊にて」も虚言虚説全以」不申上候、万一私曲姧」曲申入之由、後日ニ被」聞食及ハ、速被放」召彼御代官、永被放」公人、可有境内於御」追出也、其時更不可」及一言子細者也、仍為」後証折紙如件、

寛正弐
正月廿九日　乗観
祐成（花押）253

五八七　左衛門等連署請文案（折紙）（う函一六号）

（折紙端裏書）
「千代原闕所屋〻敷為桂中庄之所見
自宝寿院出帯之折紙也
寛正二　二　五　　　　　」

弥四郎・大郎九郎・」孫九郎両三人」屋敷之事、」桂中庄内にて候」御事無隠候、」恐惶謹
言、

二月三日

左衛門判
大夫　判
兵衛　判』

宝寿院
納所禅師

五八八　鎮守八幡宮論義廻請（折紙）（教王護国寺文書一六六八号）

（端裏書）
「上野願果論義廻請寛正二二九」

八幡宮
講師(宗寿)　宝輪院御坊
読師(尭杲)　金蓮院〻〻(御坊)
問者(宗杲)　観智院〻〻(御坊)
散花(宏清)　宝厳院〻〻(御坊)
証義(仁然)　仏乗院〻〻(御坊)
右来七日、上野庄願果」論義講問役等如件、
二月　日

五八九　鎮守八幡宮論義着到状　(教王護国寺文書一六六三号)

(端裏書)
「鎮守論義着到二上野願果七」
鎮守八幡宮論義着到 上野庄立願果 寛正二年辛巳

二月七日

読師（金蓮院）尭杲

講師（宝輪院）宗寿　代尭全（宝光院）

問者（観智院）宗杲

証義仏（仏乗院仁然）
法印権大僧都唄

尭忠　杲覚　宗寿　勝清　重増　宏清〈散花〉　宗耀　原永　宝済　澄基　覚永　融寿　俊忠　隆耀　公遍　慶清
○仁盛　重禅　宗承　宗永　原紹　厳信

問　講讃経王者、羅什訳也、可云耶、

問　自宗意、頓大真言行者、先成就世間　悉地、可云耶、

五九〇　西院論義廻請（折紙）（教王護国寺文書一六六七号）

（端書）
「上野願果論義廻請寛正二 二九」

西院

講師（杲覚）宝生院御坊

読師（勝清）按察僧都〻〻（御坊）

問者（重増）宝勝院〻〻（御坊）

散花（尭全）宝光院〻〻（御坊）

証義（融覚）金勝院〻〻（御坊）

右来九日、上野庄願果」論義講問役等如件、

二月　日

五九一　西院論義着到状　（教王護国寺文書一六六四号）

（端裏書）
「西院論義着到二九上野願果」

西院論義着到上野庄立願果寛正二年辛巳

二月九日

読師（按察）
勝清

講師（宝生院）
杲覚

問者（宝勝院）
重増　代融寿（宮内卿）

証義（金勝院融覚）
法印権大僧都唄

尭忠　宗寿　尭杲　重増　宗杲」尭全散花　宏清　宗耀　原永　宝済」澄基　覚永　俊忠　隆耀　〔公遍〕」慶清

厳信　仁盛　重禅　宗承」宗永　原紹

聖　妙英　栄尊　祐清　宗俊

預　祐賢　証英　祐成　祐深

問　講讃経首題大楽金剛不空等文、「聖金剛」当躰譬喩之中、何也、可云耶、

問　同経王之教主者、「新成正覚仏身」也、可云耶、

五九二　上桂庄立願果論義問題注文　（し函一三六号）

（端裏書）
「寛正二年上野庄立願果二月七日鎮守／九日西院論義問題〃者仏乗院」

上野庄立願果論義問題事

鎮守八幡宮　　講経　般若心経、

問　講讃経王者、羅什三蔵所訳、可云耶、

問　自宗意、「頓大真言行者密、先成就世間」悉地、可云耶、

西院　　講経　理趣経

首題大楽金剛不空処、聖金剛当躰譬喩中、御申

問　講讃経文　吉祥講歎大摩尼殿公文祐之

且於摩尼金剛二顆玉有勝劣、可云耶、

問　同経教主者、新成正覚如来、可云耶、

略押261（次郎四郎）

花押262（藪田則徳）

五九三　上桂庄百姓次郎四郎注進状（折紙）（う函一七号）

（折紙端裏書）
「上野百姓折紙
　寛正二　二　廿八」

ちよはらいゑ（千代原家）の事、」くわんおん寺のしゆ（住）房か」申候とて後家申候、」しゆこ（守護）方より、かわしま」の物（者）にうり候て、明日」こほすへきよし申候」間、き、およふ子細を八、」何事をも注進申せ」と、蒙仰候之間、申上候、

寛正二
二月廿八日　上野次郎四郎（略押）261

五九四　藪田則徳書状（折紙）（う函一八号）

（折紙端裏書）
「寛正二　二　卅」

当国千代原闕所」屋之事、今日ニこ」ほし、可京進由を、」神保安芸・稲生両」人方より申下候」間、其分用意仕候」処ニ、一昨日預御使候」程ニ、今日事ハ相延」候、早々両人方へ被」仰、可有落居候、三ケ」日間ハ、私をもんて」心得可申候、恐々謹言、

二月極日　藪田則徳（花押）262

東寺雑掌御坊

五九五　東寺雑掌申状（案）（ほ函六八号）

東寺雑掌申

当寺領山城国上野庄闕所屋之間事

副進　御判案文一通

右当庄者、為異于他寺領、任代々　御判等」旨、為守護使不入地之間、検断以下一円仁、自」寺家致沙汰之処也、其子細　御判明鏡也、爰」去正月十八日地下人等及喧嘩、既太郎九郎」兄弟二人被殺害早、仍敵人西ト申者則逐電仕之」間、任先規、為寺家検符、其屋令検断之処、高畠」彦五郎及兎角違乱、剰開検符之屋、返置犯科」人之条、乱吹之至、言語道断之所行、不軽其科者」歟、然彼彦五郎事御被官人之上者、早可止綺」之由、為御屋形、堅可預御下知、若猶不承引」申者、別而及御沙汰、弥欲全寺家知行、粗目安」之状如件、

寛正二年二月　日

五九六　東寺雑掌聡快・増祐連署書状案（折紙）（う函一九号）

（折紙端裏書）
「遣寺家雑掌於藪田方折紙案」

尚〻、卒尓之儀」候てハ、不可然候、

一昨日承候上野庄」闕所屋事、定而」内〻御存知候哉、寺」領事者、自往古」不入事候、殊更当」御代被成御判、厳」重之子細候間、不可有」卒尓之儀候、然者」不及神保殿申候、」此趣委細可申旨候、」恐〻謹言、

寛正二
三月二日　　東寺雑掌
聡快判
同
増祐判

藪田殿（則徳）
進之候

五九七　藪田則徳書状（折紙）（う函二〇号）

（折紙端裏書）
「藪田折紙　寛正二
三　十七」

先日御書にて承候、」当国千代原庄内」闕所屋事、承子細、」則注進仕候処、京」都雑掌申候分者、」御判之趣者、不背申候、」千代原庄之事ハ、」彼領主宝珠院（ママ）」既屋内於検封仕候」上者、上野庄各別」段勿論ニ候哉、東寺之」御判ニ千代原之事ハ、」不入候上者、更ミ承」引不可申候之由」申候、其上　御判にも』段銭・臨事（時）課役」等ハ、可停止守護綺由」候、致殺害重科人御」成敗者、不見御支証」候上者、旁以自此方」、堅可致其沙汰之由」申付候、恐ミ謹言、

寛正二
三月十七日　藪田
則徳（花押）262

東寺雑掌御坊

五九八　道春・三郎次郎連署注進状案（折紙）（ヌ函二一五号）

（端書）
「上野百姓注進於正文者付事書
行加賀方畢
」

上かつら下かつらの」うちに候けんたん」むきの事ハ、いれくミ」の本所〳〵より御」けんたん候事ハ、」かくれなき御事にて候、」そう庄御もち候とて」各ミの御本所むき」をそう庄として御」けんたん候事ハ、」ゆめ〳〵なき御事」にて候、

(1)道春・三郎次郎連署注進状案（折紙）

寛正二年
三月廿八日　　上野庄
道春判
同所
三郎次郎判

(2)道春・三郎次郎連署注進状案（折紙）

惣庄ハこのへ殿の御領」にて候、上かつらの庄」内のほりおうち《（登大路）》西方寺」りやうにて候、此内ニ」道りうと申物と又」道悟と申物、これ両人」けんくわを仕りて」候を本所さい方寺」として御けんたん」にて候、

寛正二年
三月廿八日　　上野庄
道春判
上野庄
三郎次郎判

○この文書の(1)(2)は、それぞれ折紙の両面に書かれている。

五九九　上桂庄年貢米未進徴符（ア函二四一号）

注進　上野庄御年貢米未進徴符之事　寛正元年分

六升七合　卯年分　徳大寺　左衛門九郎

二石二斗七升二合　中野
三斗五升九合三夕　道春
一斗六升八合　次郎四郎
二升二合　さ藤三郎
四升六合　弥四郎
一斗九升九合　左衛門三郎
二升五合　衛門太郎
五斗　五郎次郎
以上三石六斗五升八合三夕
寛正二年三月　日

六〇〇　東寺申状（案）（ほ函六九号）

目安
東寺領山城国上野庄闕所屋自嵯峨宝寿」院違乱之間事
右当庄者、

後宇多上皇、正和二年自御寄附于当寺以降、任代々」御判等之旨、為守護使不入之地子細案、文見験断以下毎事」自当寺致沙汰之在所也、爰去正月十八日地下人等及喧」嘩、既致殺害之間、任先例令験断之処、自彼宝寿院」及違乱之条、相尋子細之処、入紭(組カ、以下同じ)宝寿院領千代原村故也云々、」此段更無其謂次第也、凡入紭之事者、於都鄙郡郷弥」論欤、雖然保庄村里為各別之時者、験断等事、為」各々領主令沙汰之条、其例定有之欤、縦雖為入紭之」在所、彼者千代原、是者上野庄、争以千代原知行之支」証、致上野庄之験断乎、自領他領混乱之条、太不可然」者欤、所詮且任厳重御判等之旨、且任理運至極旨、」為東寺可令験断之由、被成下　御下知、弥全寺家知行」、欲専仏庭荘厳之御願、粗目安言上如件、

寛正二年三月　日

六〇一　高畑安貞注進状（折紙）（う函二一号）

（折紙端裏書）
「寛正二　四　四午刻」

③遅候てハ、我々大事にて候、　②尚々式部殿御口入、」申候事にて候間、」八時まてと申候て、」さゝへ候、いそき〳〵以」使者御問答可有候、

①彼西方之家」自宝寿院、」以大勢、只今」こほし候間、其」様へ詫事申候」間、一□心之(ママ)

花押263（高畠安貞）

花押264（松田秀興）

間」おさへおき候、それ」の依御返事候て、」彼方へあいしらい於」可申候、殊ニ自上」可御下候由、使申」候間、聽〻人を」御下候て、其之趣」可有仰候、返〻」注心（ママ）の間を、人」夫を、おさえ置候」間、聽〻御返事、」可承候、蜷河之」式部方へ、可申」候へ共、時刻遷候」間、其へ申候、」恐〻謹言、

四月四日　高畠安貞（花押263）

東寺
正覚院人〻御中

六〇二　室町幕府奉行人連署奉書（折紙）（ヰ函一〇七号）

東寺領山城国上野」庄内西并太郎九郎・」孫九郎跡闕所分事、」為不入之地之処、致苅」取彼等跡作麦云〻、」太不可然、早可被返付」寺家之由、被仰出候也、」仍執達如件、

寛正弐
四月十五日　（飯尾）之清（花押255）

（松田）秀興（花押264）

守護代

六〇三　室町幕府奉行人連署奉書案（折紙）（三函六四号）

（端書）
「正文付于宝寿院畢」

東寺領山城国上野」庄内西并太郎九郎・」孫九郎跡闕所分事、」及違乱、剰壊取彼屋」云々、太無謂、早如元」可被運返之、若又」有子細者、追而可被」糺決之由、被仰出候也、」

仍執達如件、

寛正弐
四月十五日　当寺奉行飯尾加賀守　之清判
松田丹後守　秀興判

宝寿院雑掌

六〇四　宝寿院領山城国千代原庄四至注文（折紙）（う函二三号）

（折紙端裏書）
「千代原四至事　自嵯峨宝寿院　出之寛正二四　廿二」

宝寿院

千代原庄四至事

東限　豆田溝《アツキタノミソ》、

西限 馬上《ムマノボリ》、
南限 中ノ縄手、
北限 里中ノ道、
罪科人屋敷ヨリ豆田溝マテ」三町、西馬上マテ三町半町、中ノ南」三町、北里中ノ道マテ一町ナリ、」然者彼屋敷在庄内段」勿論也、千代原与上野之」間ニ里二ケ所在之（一八号上桂、一八号御庄、）」相隔十余町計也、

六〇五 宝寿院雑掌陳状案 （ほ函七〇号）

（端裏書）
「就上野千代原闕所屋自宝寿院出帯之目安案文寛正二 四 廿二」

宝寿院雑掌謹言

右当院領山城国桂中庄者号千代原、鹿苑院殿」御寄附地也、殊為守護使不入臨時課役以下」免除之地、于今無相違致検断在所也、爰千代原」内東寺領在之、此在所殺害人出来之間、令検断処、」自東寺申云、為上野庄東寺領類地之上者、雖散在」千代原内、為寺家可致検断云〻、本上野庄者、去」千代原十余町、令検断相論在所者、千代原内也、」仍於千代原惣庄者、自元当院検断之上者、何」可見所哉、其上於此庄内、雖有他領、為当院致」検断之儀、

先例歴然也、今度同致検断早、」然東寺於千代原内、始可相計之由所掠申也、」早任御成敗之旨、当院令進止之様、為預御」糺明粗言上如件、

寛正二年四月　日

六〇六　東寺雑掌重申状案（ほ函七二号）

就上野庄闕所屋

東寺雑掌重言上

○宝寿院申状非拠条〻事

右彼申状云、本上野庄者、去千代原十余町、令検断」相論在所者、千代原内也云〻、此条自元為当寺令」言上畢、仍於入勘事者、更非所論之限者也、○（凡）此在所」雖有千代原内、全非彼庄類○（地）之上者、何称庄内恣」可致験断哉、然不決理非、壊取件屋之条、乱吹之所」行、以外次第也、所詮雖為他領他郷○（類地）令入勘千代原」者、可検断支証被召出之、可預御糺明者也、同状云、」東寺於千代原内、始可相計之由、所掠申也云〻、此条又」奸曲也、全（曾）以非千代原験断之相論、件殺害人等在地」為当寺領上野庄随一之間、任厳重之御判等旨、」可相計之由所申上也、後宇多院御寄附以来当」知行之地也、何為新儀申状乎、縦又雖為千

代原類地」領主各別之時者、各〻可令検断也、其故者、近年於上桂」内登大路西芳寺、領有
地下人等喧嘩事、彼登大路雖入」紐（組カ）惣庄上桂、自領主西芳寺令験断畢、千代原又雖」有桂
惣庄内、為宝寿院致検断之由、既以自称之上者、」争号入勘、限当闕所、付千代原可自全
乎、一事両様之」申状、敢非猛悪之至哉（也）、就中件屋事、乱約諾、壊取之条」不可然、速可
運返由、雖有　御下知、于今不運返之条、併非」違背上意乎、言語道断之次第也、所詮早
被召出証文、任理運」預憲法　御成敗、全寺家知行、弥欲抽御祈禱懇誠、謹言上」如件、

寛正二年四月　日

○この文書は、ほぼ同文の次号（ほ函七一号）を土代として作成されたと考えられる。

六〇七　東寺雑掌重申状案（ほ函七一号）

○この文書は、前号（ほ函七二号）とほぼ同文なので省略する。

紙背　某書状

（後欠）

○この文書は、上桂庄と関係がないので省略する。

六〇八　上桂庄内千代原西跡以下在地注進状（折紙）（チ函一二五号）

注進
　上野庄之内千代原西跡以下
　　在地之事
東西　　廿丈
南北　　□七丈五尺
　　　　　　（十）
　以上
此内屋敷跡并畠分事
東西八丈
南北六丈　　西家跡分
東西六丈　畠
南北五丈　　同方せトノ分
　以上
東西二丈
南北四丈　　孫九郎跡分』

東西二丈
南北五丈　　太郎九郎跡
東西三丈
南北三丈五尺　同せトノ分
以上
右注進如件
寛正二年五月六日
御代官乗円
祐深（花押）252
納所法橋
乗珍（花押）244
納所法橋
清増（花押）221

○　この文書の不明の箇所、「□七丈五尺」は寛正二年廿一口方評定引付（く函二四号）五月六日の条で補った。

六〇九　次郎四郎右衛門上桂庄田地年貢等請文　包紙（テ函一二七号）本紙（セ函五〇号）

（包紙ウワ書）
「上野庄内千代原大田并屋敷跡百姓次郎四郎右衛門請文寛正二 五 一五」

謹請申　東寺御領上野庄之内田地等之事

合壱所田大　在千代原之内但非千代原之類地
上野庄散在田地也
西弥四郎作分跡也御年貢

壱所畠并藪等弐段余
西弥四郎并太郎九郎・孫九郎屋敷
等跡御年貢段別毎年五百文宛也

右御下地者、依望申被預下之条、畏存者也、随而御年貢」事、米銭共毎年拾月中仁、無未進懈怠可納申、」其外臨時課役人夫等事、随被仰出、無異儀可」沙汰申也、万一云御年貢云諸公事、難渋仕致無沙汰、背」申御寺命者、速可被召放彼御下地、其時更不可及」一言之子細者也、仍為後証、請文之状如件、

寛正弐年辛巳五月十五日

御百姓
次郎四郎右衛門（略押）265

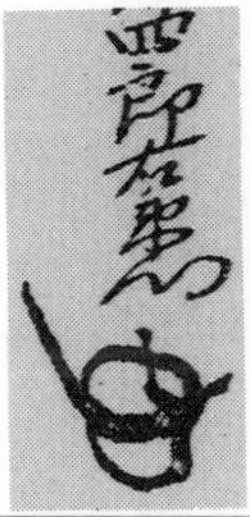

略押265（次郎四郎右衛門）

六一〇　上桂庄并女御田代官乗観祐成請文　（ヤ函一〇三号）

（端裏書）
「上野女御田乗観代官請文正文」

謹請申　御寺領上野庄御代官職并女御田以下事

右於彼御領事者、任先度請文之旨、更不可有」等閑疎略、加之或就有縁、或依人語等、御為寺家」不忠不儀失墜等之儀、一切不可存之、兼又就西院」鎮守御番等、致緩怠進退、或以下人等召仕、」便宜寺役等事、曾以不有之、次於諸御坊中等、」現自由之振舞、全以不可有緩怠之儀者也、」万一自今以後、就公私、如此進退等現之者、速」被召放所職、堅可預御罪科也、仍請文之状」如件、

寛正弐年六月五日　　乗観
祐成（花押）253

六一一　上桂庄并女御田代官乗観祐成請文案　（し函一三七号）

（端裏書）
「女御田乗観請文案寛正二六五」

○　この文書は、前号（ヤ函一〇三号）の案文なので本文を省略する。

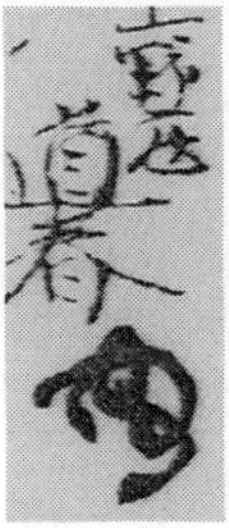
花押266（道春）

略押267（左藤三郎）

略押268（三郎四郎）

六一二　上桂庄道春等連署注進状（折紙）（ケ函一六八号）

上野庄之内梅宮」中野方名主分事、」悉闕所候之由、昨日」朔日梅宮社務方」より相ふれら
れ候、」さ候程ニ百姓おあら」ためられ候間、則」寺家様へ注進申」候、此由昨日初而存
知仕候、仍注進如件、

寛正弐
七月二日　上野庄 道春（花押）266
左藤三郎（略押）267
三郎四郎（略押）268

六一三　上桂庄千代原闕所文書包紙（モ函九四号）

（包紙ウワ書）
「寛正二年文月 上野千代原闕所
沙汰之時目安案文共」

六一四　上桂庄千代原闕所屋相論文書包紙　（ヰ函一〇九号）

（包紙ウワ書）
「寛正二年上野庄内千代原
闕所屋当寺与嵯峨宝寿院
相論之時公方奉書并両方
折紙等正文案文又目安等色々」

○寛正二年正月にはじまった千代原闕所屋に関する東寺と宝寿院との相論関係文書は一九通ある。いまそれを列挙すると、

五八五号（う函一一五号）　五八六号（琵琶湖博物館所蔵文書）　五八七号（う函一一六号）
五九三号（う函一一七号）　五九四号（う函一一八号）　五九五号（ほ函六八号）
五九六号（う函一一九号）　五九七号（う函一二〇号）　五九八号（ヌ函二一五号）
六〇〇号（ほ函六九号）　六〇一号（う函一二一号）　六〇二号（ヰ函一〇七号）
六〇三号（ニ函六四号）　六〇四号（う函一二二号）　六〇五号（ほ函七〇号）
六〇六号（ほ函七二号）　六〇七号（ほ函七一号）　六〇八号（チ函一一二五号）
六〇九号（セ函五〇号）

である。それぞれの文書の大半には、端書・端裏書（折紙端裏書）がしるされており、その筆跡はすべて同筆である。それは六一四号（ヰ函一〇九号）の包紙ウワ書の筆跡、及び六一

三号（モ函九四号）の包紙ウワ書の筆跡と同一で、同年の廿一口方供僧の年預尭忠のものと考えられる。この相論の終結に当たって尭忠は、これらの文書を整理一括して、六一四号（ヰ函一〇九号）・六一三号（モ函九四号）に包んだものと考えられる。また、五九五号（ほ函六八号）・六〇〇号（ほ函六九号）・六〇六号（ほ函七二号）・六〇七号（ほ函七一号）の申状の案文の筆跡も尭忠と考えられるが後考をまつ。なお、参考としてこの六一四号（ヰ函一〇九号）の全文と、五八五号（う函一五号）・五八七号（う函一六号）・六〇四号（う函二二号）の折紙端裏書の写真をつぎに掲げる。

○六一四号（ヰ函一〇九号）の全文

○五八五号（う函一五号）の折紙端裏書

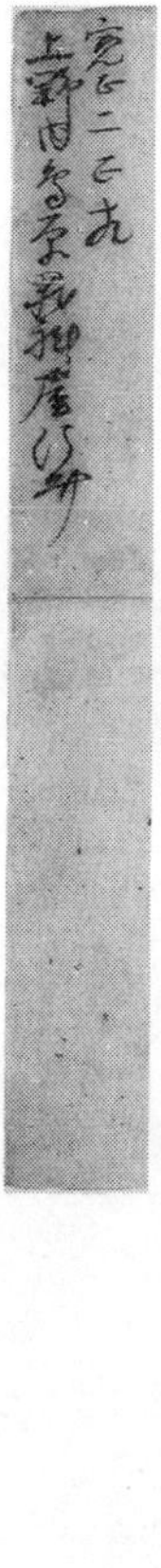

○五八七号（う函一六号）の折紙端裏書

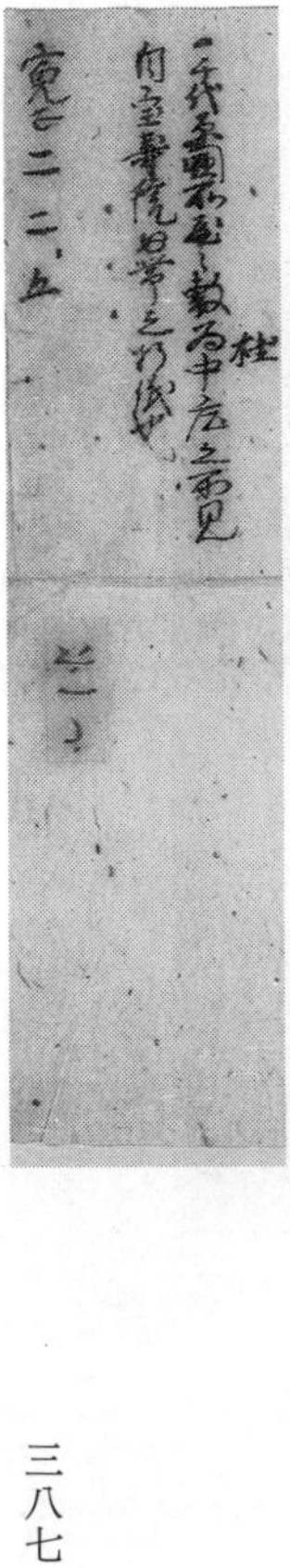

○六〇四号（う函二二号）の折紙端裏書

六一五　上桂庄百姓次郎三郎作分下地注進状（折紙）（チ函一二六号）

（折紙端裏書）
「寛正二 十 廿四
上野次郎三郎作分下地名□分」
上野庄御百姓次郎三郎
　作分御下地之事
三段四十歩
　名主正覚院殿
三百歩
　名主長国寺
以上参段三百四十歩
右地下注進如此、

寛正二
十月廿四日　祐算（花押）227
祐賢（花押）208

六一六　光明講方年貢算用状（後欠）（へ函一〇五号）

（端裏書）
「光明講　寛正弐年分」

注進　光明講方御年貢御算用事
寛正弐年分

一　上野庄一反六十歩ニ
合　一石四斗内七斗当免
残七斗内　二升井料方へ
一斗五升三合　代百七十五文
みそほり代分
一升代十二文　用水方へ
以上一斗八升三合御百姓立用申候
現納二斗六升四合
下行ニ二斗八升五合二夕
此内七合減分

残弐斗七升八合二夕
代二百九十二文わし九升八合
未進弐斗五升三合
一　図書料（寮）田御年貢米事
合二斗者
現納壱斗五升内　四合減分
残一斗四升六合本所斗一斗八 下行ニ二斗四升
下行ニ三斗五升四才
代三百五十八文わし九升八合
一　兵庫料（寮）御年貢銭事
合五百文之内　百文ハ（七）□月ニ光明真言ツカ掃除ニ 御百姓ヨリ渡之
残四百文
以上壱貫五十三文
一　敬性法橋御年貢米事
合三斗者　惣十三合 是ハ光明講　臨時両度入之 内升六斗祐算進之 注文ニ有之
（後欠）

六一七　御成方料足下行切符抄（切紙）（夕函一六九号㈢・㈦）

(12)御成方料足下行切符（切紙）

廿三日　御成方

百三文　上野庄人夫　十人　八月廿二日

七十文　上久世庄人夫　七人　同日

二百六十六文　植松庄人夫　廿六人　同日

百八十三文　中居　九人　越後□七　納所　乗観　乗円　慶連　乗金　乗林　浄忍

五十文　門指　五人

二百文　河原物善阿ミ使　四人　酒直　同日

寛正三年八月廿三日　乗珎（花押）244

（宝輪院宗寿）（花押）241

(71)上桂庄竹人夫酒直下行切符（切紙）

上野庄竹之人夫酒直事

合　四十文者　四人分

右可有下行、仍切符如件、

寛正三年七月廿三日（宝輪院宗寿）（花押）241

○御成方料足下行切符（タ函一六九号）は、八十八紙の切符からなる。そのうち上桂庄に関係のある二通を掲載した。

六一八　某書状（テ函一二九号）

②猶〻、しやうかく
いんのかたへ
御計り候て、
③よく〳〵
おほせられ候へく候、
①とうしより　上の〻」しやうへ、たんせんの事、」か〻り候よし、申され候、」ことしの事ハ、御ねんく」一りうもなき事」にて候へハ、いか〻」せられ候へき、それに」しやうかく院殿へ」御計り候て、よきやうに」御わひ事候て、ことしの事ハ、」まつ〳〵　さしおかれ候」やうに、おほせられ候へく候、」よく〳〵申せとて候、」かしく、

（礼紙奥）（別筆）
「寛正三　十一月十日」
（礼紙奥捻封）
「（捻封墨引）

せうかく寺へ　まいる」

花押269（聖祐）

六一九　聖祐請文（折紙）（し函一四五号）

（竪紙端裏書）
「寛正三
上野庄御成段銭日請折紙」

上野庄之」段銭之事、」来十八日うけこ」ひ申候間、立符」御出候て給候」ハヽ、畏入可申
候、」恐々謹言、
（寛正三）
十一月十日　聖祐（花押）269
上野庄
御代官

六二〇　上桂庄御成段銭算用状（教王護国寺文書一六九八号）

（端裏書）
「上野庄御成段銭算用状　寛正三」
注進　上野庄　御成段銭算用状之事

合

一 西田井 二段六十歩　寺家御名主

一 同 二町半内 一反小 当不作　(原永)正覚院殿 依有御申子細 催促無之

一 同 二町内 二反廿歩 当不作　長国寺

分銭弐貫文現納

一 同 二町内 二反半 当不作 残一町二反半　稲田

分銭壱貫弐百五十文現納

一 東田井 二町九反大廿歩内 当荒二町五段大廿歩 残四段　中野跡

分銭弐百文　御百姓役半分定、名主分御延引也

一 西田井 三町四段内 当荒一町六反 残一町八段　同跡

分銭六百十七文現納　未進二百六十七文有之 内二百文出之

一 三町二反六十歩内　他所散在

八段三百歩　徳大寺　不可進由申、左衛門九郎作

大　ふし原　公方一色

三反　夫田

残一町九反大

分銭壱貫九百六十二文現納

都合六貫卅二文送進
又未進二百文送進
以上現納六貫二百卅二文
右注進如件、
寛正参年十一月廿九日
御代官乗観
祐成（花押）253
同　乗円
祐深（花押）252

六二一　光明講方年貢算用状　（ゐ函一〇六号）

（端裏書）
「光明講方年貢算用状寛正三年十二卅」
注進　光明講方御年貢算用事
一　上野庄一反六十歩分
合壱石四斗内当免七斗
残七斗内　二升井料
現納五斗二升七合未進一斗五升三合
下行成五斗六升九合二夕内一升七合減分

残五斗五升二合二夕
代三百九十文
一　図所料田御年貢事（書寮）
合二斗者
現納一斗五升四合減分
残一斗四升六合
下行成三斗五升四夕
代二百五十文
一　兵庫料御年貢事（寮）
合五百文之内百文七月ニ光明真言ツカ掃除方へ御百性ヨリ渡之
残四百文
一　敬性法橋作御年貢事
合三斗者　惣十三合弁
下行成七斗六升四合四夕十三合一斗八下行ニ二斗五升四合八夕
此内二升三合減分
残七斗四升一合四夕
代五百卌文

都合一貫六百九十文文内　五百七十二　御成方百文□銭出

右御算用状如件、　定残一貫四百七十二文

寛正三年十二月廿七日　祐算（花押）227

○　光明講方年貢算用状は、ほぼ毎年作成されたと考えられる。その書式はこの六二一号に準ずるので、以下では上桂庄に関する箇所のみ記載し、その他（図書寮田御年貢・兵庫寮御年貢・敬性法橋作御年貢など）は省略する。

六二二　御成方算用状　（夕函一七〇号）

（端裏書）「御成方算用」

注進　御成方御算用状事

合　有足之事　　寛正三年八月廿二日御成

上久世　弐拾漆貫八百文　但上久世庄段銭　十二月廿一日マテ

下久世　拾六貫八十一文　但下久世庄段銭　自十一月十三日至十二月廿五日

此外　一貫文　散袮院分以前御算用入之

植松
八貫文　植松庄反銭　十二月廿日マテ
上野
四貫四百卅二文　光明講掃除御方加定　上野庄反銭
此外　二貫文　長国寺分以前御算用入之
百六十貫文御折紙二通分　造営方御料足御借用
廿三貫二百六十六文　売物代御注文有之
九貫文　矢野庄御年貢代　十二月廿日
此外　一貫文　両御給主御分進之候
五十五貫三百八文　浮足方ヨリ出之
已上　参百参貫八百九十文

同御返弁分事
百貫文　本銭御返弁
十五貫文　同利自八月至十二月五ケ月分　三文子
五十貫文　本銭御返弁
七貫五百文　同利自八月至十二月五ケ月分　三文子
八十五貫文　本利御返弁
此外　卅貫文作替文書渡之十一口方分

卅七貫百十二文　先度御算用過上分
九貫二百七十八文　同利自八月至十二月五ケ月分　五文子
已上三百三貫八百九十文

寛正三年十二月晦日　乗弥（花押）244

右算用之状如件、

六一三　光明講方年貢算用状（ヱ函一九七号）

光明講御年貢御算用事

（中略）

一　上野庄一反六十歩　不作畠分検知　以上

以上

右注進之状如件、

寛正四年分

祐算（花押）227

六二四　公文所法眼浄聡請文案　（ツ函一四五号）

（端裏書）
「就上野井口五ヶ庄へ請文案寛正五三　廿七」

定申就石堂口溝借申請文条々事

一　彼在所之内、雖借申於郷中溝口、」聊其煩出来者、雖為何時、被取還」可申事、

一　借申、溝口仁井裏可伏事、

一　郷中井手急水之時、石或芝不可」抜事、

右借申子細者、上野溝口自根本拾壱ヶ郷、」雖在溝口之下仁依渕成不叶水便間、石堂」口之内借申者也、万一此溝侘事依申、郷中」用水事欠并背此条々申者、被早取」返可申也、仍為後証請文如件、

寛正五年甲申三月廿七日

上野庄代官乗観
　　　　　同　祐成
　　　　　　　乗円
　　　　　　　祐深
東寺
　公文所法眼

十一ヶ郷諸沙汰人々中
　　　　　　人々御中

○　この文書は、もと上野庄代官乗観祐成・乗円祐深連署請文の土代として作成されたものである。のち差出書・宛所の一部を訂正して公文所法眼浄聡請文の土代として用いられた。なお、寛正五年廿一口方評定引付（ち函一八号）の三月二十八日条に、この文書と同一の案文がある。

六二五　譲位要脚段銭配符（切紙）（な函一九五号）

（端裏書）
「御譲位段銭配符」

御譲位要脚反銭事、壱段別」百拾参文宛、来十三日以前可有究済、」若有難渋者、可令入部譴責使者也、

寛正五年十二月八日　従真（花押）270

正広（花押）271

とうし

花押270（従真）

花押271（正広）

六二六　譲位要脚段銭配符案（切紙）（を函二三九号）

（端裏書）「とうし　寛正五　十二　十一」

○この文書は、前号（な函一九五号）の案文なので本文を省略する。

○この文書には、宛所の「とうし」の下に「清式部　布施新右衛門」との記載がある。

六二七　山城国段銭文書（折紙）（京函一一一号）

（竪紙端裏押紙）「久世植松庄以下御譲位段銭免除状 寛正五 十二 廿六」

東寺領山城国久世」上下庄・上野・拝師・」植松庄・東西九条号女御田」所々散在田地等　」御譲位段銭事、為」先々免除地之上者、」所令停止催促之」状如件、

寛正五
十二月廿六日　清基（花押）272　（付箋）「布施新右衛門」

秀数（花押）273　（付箋）「清式部」

(1)室町幕府奉行人連署奉書（折紙）花押272（布施清基）

花押273（清秀数）

(2)山城国守護結城満藤奉行人神戸性全奉書（折紙）

花押274（神戸性全）

(3)山城国守護代牧秀忠書下（折紙）

当寺雑掌

（竪紙端裏書）
「東寺領所ゝ段銭御免状応永七 九 五」
（付箋）
「結城越後守ゝ護書下」
東寺領山城国」所ゝ散在分段銭事、」先ゝ免除之上者、可」被止催促之儀之由候也、」仍執
達如件、

応永七年九月五日　（付箋）「神戸」性全（花押274）

小泉越前入道殿
斎藤若狭入道殿
林兵部丞殿

（竪紙奥裏押紙）
「結城越後守守護時書下」

（折紙端裏書）
「段銭閣之状牧」
東寺領散在」段銭事、被閣」候之上者、可止」催促候也、　恐ゝ謹言、

花押275（牧秀忠）

十一月十二日　（付箋）「牧入道」秀忠（花押）275

糺井民部丞殿
参

○この文書の(3)は、応永七年のものと推定される。

六二八　室町幕府奉行人連署奉書案（折紙）（を函二四〇号）

（折紙端裏書）
「山城国御譲位段銭免除状案
寛正五　十二　廿六」

○この文書は、前号(1)（京函一一一号㈠）の案文なので本文を省略する。

六二九　譲位要脚段銭配符（切紙）（教王護国寺文書一七二九号）

（端裏書）
「□□つのうちかミの　寛正六年　二　五」

御譲□（位）要脚段銭事、壱段別」百拾参文宛、来四日（五日）以前、可有究済、」□（若）有□（難）渋者、可令入部
譴責使者也、

□(寛)正六年正月卅日

従真　(花押)270

□つのうちかミの

正広　(花押)271

六三〇　光明講方年貢算用状　(教王護国寺文書一七三一号)

(端裏書)「光明講方年貢散用状寛正五分」

注進　光明講御年貢米算用状事

合　寛正五年甲申分

一　上野庄

一段六十歩分米

合壱石四斗者之内

四斗五升四合　当免歎申分

現納　九斗四升六合

下行延　壱石二升一合六夕八才内三升六夕減分

残九斗九升一合八才

代七百九十三文和市一斗二升五合

（中略）

都合壱貫六百□□文進之

右注進之状如件、

寛正六年三月二日　法橋祐算

六三一　上桂庄譲位段銭一献料送進状（ゐ函一一〇号）

（端裏書）「上野庄段銭用途送状」

注進　上野庄御譲位反銭御一献料事

合

十二町六反　本庄

三町一反　他所

以上十五町八反内

除　一町六反大　荒川

二反六十歩　寺家御名主

六反大　西芳寺領
一反　徳大寺川成
一反大　寺戸竹田山門領由申
三反大　サカ兵衛四郎ふし原無沙□
以上三町一反三百歩引之
残十二町六反六十歩
分残三貫七百八十五文　反別卅文宛　送進
右所注進如件、
寛正六年三月十二日　祐深
祐成（花押）253

六三二　上桂庄春日社参竹木并人夫等配符（切紙）

（教王護国寺文書一七四四号）
（端裏書）
「九□二　上野」
就春日御社参竹木并人夫之事

竹　五ケ（荷カ）
□（合）　□しら　五らん
人夫なわ　一ケ（荷カ）　人五人
右宇治にて御厩・御雑掌所以下御さうち等」之事、任御奉書旨、来十一日以前ニ可有其御
沙汰候、」若御無沙汰候者、以使節□（堅）可致催促候、□（仍）状如件、
寛正六　九月八日　泰家（名倉）（花押）276
上の（野）

花押276（名倉泰家）

六三三　光明講方年貢算用状

（ゐ函一一一号）（後欠）
（教王護国寺文書一七五五号）（前欠）

（端裏書）
「光明講方年貢算用状寛正六年乙酉分」

注進　光明講方御年貢算用状事
合　寛正六年乙酉年分
一　上野庄御年貢米事
壱段六十歩分米一石四斗内　損免七斗依為中田半損也
現納七斗

下行成七斗五升六合内　上野一斗八下行二一斗八合延
二升二合減分
残七斗三升四合代七百九十文　和市九升三合
（中略）
以上壱貫九百七十六文内
四百文　兵庫料当年分未進
定残壱貫五百七十六文　進之
寛正六年十二月廿七日　祐深（花押）252

○　この文書の前半は函一一一号（後欠）にあり、後半は教王護国寺文書一七五五号（前欠）にある。

六三四　山城国東寺領大奉幣米文書（折紙）（な函一九六号）

（竪紙端裏押紙）
「山城国大奉幣米免除 永享元 十二 廿六」

東寺領大奉幣」米事、可被止」催促之由候也、」恐々謹言、

（付箋）
「永享元 神保」
十二月廿六日　久吉（花押277）

八木中務入道殿
鞍河式部丞殿

東寺領山城国」所々大奉幣米事、」先々免除之上者、可」被止催促之由候也、」仍執達如件、

永享元
十二月廿三日　（松田）浄胄判
（摂津）満親判

伯家雑掌

（裏）
（押紙）
「伯雑掌判 筆并判
（花押）278」

(1)山城国守護代神保久吉奉書（折紙）

花押277（神保久吉）

(2)室町幕府奉行人連署奉書案（折紙）

花押278（某二〇）

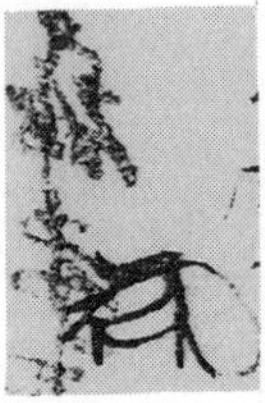

○この文書の裏中央に付箋・花押がある。

(3)神祇伯家雑掌基満奉書案（折紙）

（竪紙端裏書）
「正文守護所留之了」

東寺領当国」所ゝ大奉幣米事、」先ゝ為免除之地」旨、奉行奉書如此、」可被止催促之由、
候也、」仍執達如件、

永享元
十二月廿五日　左衛門尉基満判

山城国大奉幣米大使御中

(4)室町幕府奉行人奉書（折紙）

（竪紙端裏書）
「東寺領山城国所ゝ大奉幣米免除応永廿二」

東寺領山城国」所ゝ注文在之大奉幣」米段銭事、可被」止催促候也、仍執達」如件、

応永廿二
三月十一日　（斎藤）基喜（花押）184

山城国大使御中

(5)神祇伯家雑掌清有・資兼連署奉書案（折紙）

（竪紙端裏書）
「伯雑掌免状正文大使方付了
山城国大奉幣米免除寛正七二十八」

○この文書は(7)の案文なので本文を省略する。

(6)室町幕府奉行人連署奉書案（折紙）

（竪紙端裏書）
「東寺領山城国所〻大奉幣米段銭免除寛正七 二 十一
奉書
正文伯方付之了」

東寺領山城国」所〻散在大奉幣」米事、先〻免除」之上者、可被止催促」由候也、仍執
達如件、
寛正七
二月十一日　秀興在判
之親在判
伯家雑掌

(7)神祇伯家雑掌清有・資兼連署奉書（折紙）

花押279（清有）

東寺領当国久世」上下庄之内、上野・拝師・」植松庄之内九条号女御田」等田地大奉幣米」事、
先〻免除之上者、」可被止催促之由候也」、仍執達如件、
寛正七
二月十八日　清有（花押）279
資兼（花押）280
山城国大奉幣大使御中

花押280（資兼）

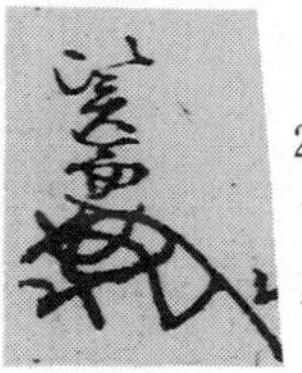

(1)室町幕府奉行人奉書案（折紙）
(2)山城国守護代神保久吉奉書案（折紙）
(3)室町幕府奉行人連署奉書案（折紙）
(4)神祇伯家雑掌基満奉書案（折紙）
(5)室町幕府奉行人連署奉書案（折紙）
(6)神祇伯家雑掌清有・資兼連署奉書案（折紙）

六三五　山城国東寺領大奉幣米文書案（折紙）（ヰ函一一八号）

○この文書は、前号(4)（な函一九六号㈣）の案文なので本文を省略する。

（竪紙端裏書）
「東寺領山城国所々大奉幣米免除案文」

○この文書は、前号(1)（な函一九六号㈠）の案文なので本文を省略する。

（竪紙端裏書）
「正文□（大）使方被遣之了」

○この文書は、四二一号（を函一二三号）と同文なので省略する。

○この文書は、四二二号（を函一二四号）と同文なので省略する。

○この文書は、前号(6)（な函一九六号㈥）と同文なので省略する。

○この文書は、前号(7)（な函一九六号㈦）の案文なので省略する。

　○この文書(3)の中央裏には
　　正文守護方留之了

伯雑掌判・并筆
在判

とある。

六三六　上桂庄中野知行分田畠売券案（教王護国寺文書一七七〇号）

永代沽却　中野知行分上野庄田畠事

合

右在所者、依有要用、直銭佰」陸拾貫文、相副御奉書二通、慈春」御方江所沽却実也、仍為後」証、売券如件、

文正元年丙戌八月十三日

西園寺殿御局雑掌
八野備中守
信昌　判
佐脇掃部助
久家　判

花押281（垣屋豊遠）

花押282（斎藤親基）

六三七　山名宗全奉行人垣屋豊遠奉書（折紙）（ヲ函九五号）

東寺領山城国植松・」上野両庄并久世上下」庄・拝師・女御田及散在」所〻田地等兵糧米事、」不混自余寺社等之」間、所被免除也、然者」方〻綺、堅可被」停止之由、依仰免除」之状如件、

応仁元
九月三日　（垣屋）豊遠（花押）281

東寺雑掌

六三八　室町幕府奉行人連署奉書（折紙）（ヲ函九六号）

東寺領山城国上野」庄・拝師・東西九条・」植松庄等事、混」西岡半済類違乱云〻、」太不可然、早加下知、」可被止其綺之由候也、」仍執達如件、

応仁元
十月廿六日　（斎藤）親基（花押）282
（布施）貞基（花押）213

西岡面〻中

六三九　光明講方年貢算用状（ゐ函一一八号）

（端裏書）
「算用状年貢方応仁元分」

注進　光明講□□（方御）年貢算用状事

合

一上野庄　壱段六十歩　分米壱石四斗内

二升　　松尾井料

六斗八升壱合　　半済之由申

以上七斗一合

現納　六斗九升□□（九合）

下行成七斗五升四合九夕二才内上野庄一斗八 下行一斗八合成

二升二合五夕　減分

残七斗三升二合四夕二才

代五百五文和市一斗四升五合

（中略）

都合壱貫□□（四百）八文内

七百□　去年過上分引之残

□文　進之十二月廿六日

□壱貫四百八文

右注進如件、

応仁元年□□（十二）月廿六日　祐深（花押）252

六四〇　永隆奉書（折紙）（ヲ函九八号）

東寺雑掌申」山城国上野庄・拝師」并東西九条・植松」庄等半済事、非」西岡中脈云々、然者」可被止催促之由候也、」仍執達如件、

応仁二
三月四日　永隆（花押）283

神足孫左衛門尉殿

高橋勘解由左衛門尉殿

花押283（永隆）

花押284（忠清）

寒河越中入道殿
石原弾正左衛門尉殿

六四一　山城国東寺領半済免除証文等包紙（な函一九七号）

（包紙ウワ書）
「当国半済免除証文等」
（裏）
「半済事、久世并植松・上野・拝師庄・女御田等」悉被免除早、
余四ヶ庄奉公并遵行彼方〻」被納之、但久世庄者、遵行無之、
応仁二年三月九日記之、　久世奉行 権少僧都融寿
」

六四二　管領細川勝元奉行人連署奉書（折紙）（を函二四六号）

東寺〻領山城国」所〻并洛中屋地」等事、任当知行」旨、方〻被停止」綺、弥可被全寺」
務之由候也、仍執達」如件、

花押285（久春）

応仁弐
七月廿四日　忠清（花押）284
久春（花押）285

東寺雑掌

六四三　管領細川勝元奉行人連署奉書案（折紙）（を函二四七号）

東寺〻領山城国」所〻并散在田地」洛中屋地等事、」半済兵粮米」以下被免除之」処也、任当知行之」旨被停止方〻」綺、弥可被全寺」務之由候也、仍執達」如件、

応仁弐
七月廿四日　、、
、、

東寺雑掌

花押286（木沢助秀）

花押287（斎藤宗時）

六四四　某奉書案（折紙）（を函二四八号）

東寺領山城国植松」上野両庄・久世上下」庄・拝師○院町女御田○其外及」散在田地○畠其外及所々巷所」○屋地等、半済并兵粮米」事、不混自余之」寺社等之間、所致」免除也、然者方々」綺堅被致停止」之由、依仰免除之」状如件、

応仁弐
七月　日

東寺雑掌

六四五　山城国守護畠山義就奉行人連署奉書（折紙）（ヲ函九九号）

東寺領半済」事諸院家知行、分除之於」伽藍分所々者、為」免許之地、令停止」催促之上者、可被全」寺家所務之由候也、」仍執達如件、

応仁弐
十月廿九日

（木沢）助秀（花押）286
（斎藤）宗時（花押）287
（遊佐）盛貞（花押）288

花押288（遊佐盛貞）

花押289（誉田就康）

花押290（遊佐就家）

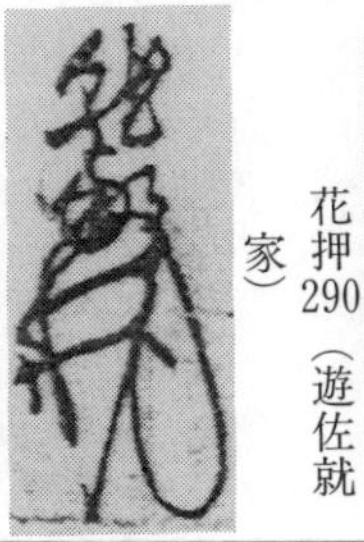

花押291（長福寺紹儀）

花押292（井上道林）

東寺雑掌

（誉田）就康（花押）289

（遊佐）就家（花押）290

六四六　（長福寺）紹儀・井上道林連署年貢米請文　（テ函一四一号）

（端裏書）「上野庄〻内附子原梅津僧請文 応仁二　十一　廿七」

請乞申東寺御領年貢米之事

合参段大者　并畠半　在所者梅津庄〻内 在罧原上野庄類地

一　御年貢米、弐斛捌斗之事

一　畠地子、夏冬仁弐百五十文之事

一　毎年井料者、為作人可沙汰事

右此条〻者、任補任旨、無相違寺納可申候、」万一無沙汰儀候者、不日彼下地、可被召放、為」寺命蒙仰之上者、聊不可有相違者也、仍而」請乞之状如件、

応仁弐年戊子十一月廿七日　（長福寺）紹儀（花押）291

井上道林（花押）292

六四七　光明講方年貢算用状　（ゐ函一一九号）

（端裏書）
「光明講方年貢□□□（算用状）□□（応仁）二年分」

注進　光明講方御年貢算用状事

合　　応仁二戊子年分

一　上野庄　壱段□□（六十）歩　当年庄家焼失間一向無之依乱世如此

（中略）

□（以カ）上九百□□（八十）七文内

六百文　□十月十三日進之

三百八十七文　二月十二日進之

以上九百八十七文

右御散用状如件、

応仁三年□□（二月）十二日　祐深（花押）252

六四八　光明講方年貢算用状（下部欠）（教王護国寺文書一八〇九号）

（端裏書）
「年貢方乗円算用□」

注進　□（光）□

合

一　上野庄　壱段六十歩□

合　壱石□

現納　六斗二升五合□

下行成　六斗七升□（五合カ）

残　六斗五升□

代　五百四□

（中略）

都合□

残□

右注進畢□

文明二年□

六四九　光明講方年貢算用状　（レ函一七八号）

（端裏書）
「文明二年寅分
年貢方算用状　乗円」

注進　光明講方御年貢米御算用状事

合　文明弐庚寅年分

一上野庄壱段六十歩御年貢米事

合　壱石四斗内　八斗三升三合去年両国衆方へ一重成
仕又当年井料入足等ニ引申由申

現納　五斗六升七合内

下行成六斗一升二合三夕六才内　一升八合三夕　減分引之

残五斗九升四合六才

代四百六十四文

（中略）

都合壱貫六百六文内

除

五百文　上野下地両国衆違乱之間御奉書入足
配当出之

弐百文　　祐深給
以上七百文引之
定残九百六文内
五百文　　冬渡進
四百六文
以上
右注進御算用状如件、
文明三辛卯年二月　日　祐深（花押）252
（後略）

六五〇　光明講方年貢算用状　（レ函一七九号）

（端裏書）「文明三年辛卯分
年貢方算用状　乗円」
注進　光明講方御年貢米算用状事
合　　文明参辛卯年分

一　上野庄御年貢米事
　　合壱石四斗者内
　　　九斗　当免又井料并両国衆方へ出分之由
　　　　　　申不進之
現納伍斗
下行成五斗四升内　上野一斗ハ下行ニ一斗八合ニ成
　　一升六合　減分引之
　残五斗二升四合
代五百卅六文　和市一斗二升

（中略）

　以上九百卅六文内
除　二百文　祐深給　　三百文　喜阿ミ給コシヤ奉行徳分当年充
　　卅二文　勅旨田クリヤ銭　福善跡御弁ニ成守護方へ出
　　　以上五百卅二文引之
定残四百四文
　以上

右注進御算用状如件、

文明三年十二月廿九日　祐深（花押）252

六五一　光明講方年貢算用状　（レ函一八二号）

（端裏書）
「文明四年分壬辰年貢方算用状　乗円」

注進　光明講方御年貢米算用状事

合　文明四年分

（一上）
□野庄一段六十歩御年貢

合　一石四斗内　九斗六升六合両国衆并他国衆方へ出分又当免米

藁引申由申不進之

現納四斗三升四合

下行成四斗六升八合七夕二才内　上野一斗八下行一斗八合成　減分一升四合引

残四斗五升四合七夕二才

代五百五文　和市九升

（中略）

都合壱貫百七十九文内

除　弐百文　祐深給　　三百文　喜阿弥給下行之

以上五百文引之

定残六百七十九文

右注進如件、

文明五年二月　日　　祐深（花押）252

六五二　乗観祐成・乗円祐深連署年貢請文

（滋賀県立琵琶湖博物館所蔵東寺文書）

（端裏書）
「乗観乗円請文　文明七」

謹請申

諸庄薗御代官職、為寺恩被仰付之処、」御年貢地子以下、依致未進不法、堅雖蒙」御折檻、誨先非送年序、依詫事申、御」宥免之儀、千万忝奉畏存者也、所詮」於向後者、年貢以下

花押293（清貞秀）

花押294（松田数秀）

不可致無沙汰、将又」就惣別大小事、不存私曲可致忠節、就中」対申衆中様、毎事不可致緩怠矣、」右趣若令違犯者、

奉始伊勢天照大神・六十余州大小神」祇、殊当寺八幡大菩薩・稲荷五社大明神・」両部諸尊・八大高祖御罰、各身可」罷蒙者也、仍請文状如件、

文明七年九月十七日

（乗円）祐深（花押）252

（乗観）祐成（花押）253

六五三　室町幕府奉行人連署奉書（東寺文書　楽甲六）

東寺領山城国久世上下庄・上野・拝師・」植松庄・東西九条・院町・柳原・当寺境」内并巷所八条以南堀川以西 九条以北朱雀以東・所〻屋地目録在別紙・」散在田畠等事、敵退散之上者、為守護」使不入之地、任先例、検断以下致其沙汰、」可被全寺務之由、所被仰下也、仍執達」如件、

文明九年九月廿六日　（清貞秀）和泉守（花押）293

（押紙）「松田」（数秀）主計亮（花押）294

当寺雑掌

六五四　室町幕府奉行人連署奉書案（折紙）（を函二五一号）

東寺領山城国久世」上下庄・上野・拝師・植松・」東西九条号女御田・院町・」柳原散在名田畠并」境内所々検断以下事、」為守護不入之地、致其」沙汰之処、今度違乱云々、」太無謂、早退押妨之族、」寺家可被全所務之由」被仰出候也、仍執達如件、

文明九
九月廿六日　（清）貞秀在判
（松田）数秀在判

守護代

○この文書は、上桂庄に関係がないので省略する。

六五五　山名政豊奉行人田公豊職奉書（折紙）（を函二五三号）

東寺領山城国久世」上下庄・上野・拝師・植松・」東西九条号女御田・院町・」柳原・散在名田畠并境」内所々検断等事、」一円被」渡付之上者、彼代官可」入部云々、」早任被仰下之旨、」年」貢以下如先々可致其沙汰」由候也、仍執達如件、

(1)室町幕府奉行人連署奉書案（折紙）

(2)室町幕府奉行人連署奉書案（折紙）

花押295（田公豊職）

花押296（垣屋宗続）

文明九
十二月十九日 （押紙）「田公」豊職（花押）295

当所名主沙汰人等中

六五六　山城国守護代垣屋宗続遵行状（折紙）（を函二五二号）

当寺領所ヽ一円」被成遵行早、早」可被全寺務之旨候也、」仍状如件、

文明九
十二月十九日 （押紙）「垣屋四郎次郎」宗続（花押）296

東寺雑掌

六五七　光明講方年貢算用状（レ函一八四号）

（端裏書）
「□□（光明）講方年貢散用状 文明九分」

注進　光明講方御年貢御算用状之事

合　文明九年分

一　上野庄　先方并当守護殿へ沙汰仕一向無由申不出之

（中略）

以上五百九文内

除　三百文　喜阿ミ給分　弐百文　祐深給分

以上五百文引之

残九文

右御算用状如件、

文明十年二月　日　祐深（花押）252

六五八　足利義政御判御教書　（東寺文書　千字文）

東寺領山城国久世上下庄・上野・拜師・植松・」院町拾参ヶ所・柳原・宝荘厳院敷地・当寺」境内并巷所八条以南堀川以西　九条以北朱雀以東・東西九条号女御田・」八条以北大宮半・所ゝ屋地散在名田畠目録在別紙」丹波国大山庄・播磨国矢野庄内例名方・若狭国」太良庄・大和国平野殿庄・同国河原庄・江州三村」庄・摂津国垂水庄・備中国新見庄等事、如元」所返付也、臨時課役段銭

以下令免除之訖、早為」守護使不入之地、検断等致其沙汰、可全領知之」状如件、

文明十年六月九日

准三宮（足利義政）（花押）259

慈照院殿

六五九　足利義政御判御教書案　（二函七四号㈤）

○この文書は、六五八号（東寺文書　千字文）の案文なので本文を省略する。

○ニ函七四号の山城国東西九条女御田文書案は、五通からなる文書案であるが、上桂庄に関係のあるのは五通目のこの足利義政御判御教書案だけである。したがって、廿一口方重書案（東寺文書　追加之部二三号）の扱い（四一五号の注参照）に準じてここに収める。

六六〇　足利義政御判御教書案　（ト函一二九号㈣）

○この文書は、六五八号（東寺文書　千字文）の案文なので省略する。

○ト函一二九号の五条以南東寺領洛中散在敷地注文并支証案は、六通からなる文書案であるが、上桂庄に関係のあるのは四通目のこの足利義政御判御教書案だけである。したがって、廿一口方重書案（東寺文書　追加之部二二号）の扱い（四一五号の注参照）に準じてここに収める。

六六一　足利義政御判御教書案　（廿一口方重書案（東寺文書　追加之部二二号㈡））

（慈照院殿）
同御判

○この文書は、六五八号（東寺文書　千字文）の案文なので本文を省略する。

六六二　足利義政御判御教書案

（廿一口方重書案（東寺文書　追加之部二三号(二)））

（慈照院殿）
同御判

○この文書は、六五八号（東寺文書　千字文）の案文なので本文を省略する。

六六三　東寺領山城国諸所年貢公事銭等注進状案

（を函二五四号）

（端裏書）
「寺領土貢注進案就五分一儀畠山殿ェ被進之」

注進　東寺領山城国諸所事

一　乙訓郡上久世庄　鎮守八幡宮領

合弐百弐拾八石ノ内

除　十五石　庄立用

残　二百十三石　此外雑石少分有之

同公事銭　卅四貫《貫》七十一文

一　同郡下久世庄　八幡宮御供料所

合五十九石五斗内

除　八石余　地下立用

残五十一石余寺納分　此外雑石少分有之

同公事銭　十五貫四百五十文

一　葛野郡植松庄　長日尊勝陀羅尼料所

合百弐拾石内

除　二石余　庄立用

残百十七石余寺納分

同郡上野庄

合五十余石　本庄并他所散在　但不作河成毎年内検之知地所

同銭残拾貫文余　此外　夏麦少分有之

一　紀伊郡拝師庄散在

合九十二石

同郡女御田　伽藍造営料所

合百廿四石

同公事銭十九貫五百文

一　同郡　南田　弐町　諸堂仏性田（尚ゝ饗ゝ餉（餉））
　　合四十九石　　三合升定（号仏性升）ゝ
一　○柳原地子（東山）　　講堂護摩（并）仁王経料所
　　合五十貫文　毎季分
　　　但此内（依）荒ニ作近年減少
右注進如件、

以上　此外雖有散在田畠、依為名主作職不（加地子分）ゝゝ」注進申、次境内水田（并）院町所ゝ屋地、依為」落（ママ）中略（不）ゝ能注進之、
　　文明十年七月　日
　　　　　　　　　　　雑掌　増祐
　　　　　　　　　　　雑掌　聡快

米六百九十六石（五分一）百卌九石
銭七十九貫九百文（五分一）十八貫文（柳原十貫文分也、）
　南田十七石（十合升定）　水田二十一石七斗一升（内田分）
　　已上四十三石七斗一升

六六四　室町幕府奉行人奉書　（を函四七八号）

当寺領当国所〻」土貢事、早〻可致」注進之由、被仰出候、」恐〻謹言、

（文明十年）
八月廿日　　　貞秀（清）（花押）293

上総殿（増祐）
駿河殿（聡快）

○この文書は年紀を欠くが、次号（ゐ函一二七号）の関連文書と推定されるので、文明十年のものとしてここに収める。次号の注を参照のこと。

六六五　東寺領山城国土貢注文案　（ゐ函一二七号）

（端裏書）
「此裏ニ段銭免除案文写之
寺領山城国土貢公方様江注進案」

注進
　東寺領山城国所〻寺納分事

一　久世上下庄　　鎮守八幡宮御供以下神用

合弐百六十余石
一　植松庄　長日尊勝陀羅尼料所
合百拾七石
一　上野庄　安居并諸堂掃除料所
合五十余石
一　拝師庄　二季談義毎月八幡宮論義料所
合九十弐石
一　女御田　伽藍造営料所
合百弐拾四石
一　寺辺水田　諸堂仏餉（餉）料所
合四拾四石
一　柳原地子　講堂護摩并仁王経料所
合弐拾貫文両季分
一　院町地子両季分〻〻〻　二季談義并論義料所
合弐拾貫文両季分
一　所〻巷所　伽藍修理料所
合参拾貫文余

裏(1)室町幕府奉行人連署奉書案

裏(2)山城国守護畠山持国遵行状案

裏(3)室町幕府奉行人連署奉書案

裏(4)室町幕府奉行人連署奉書案

都合陸佰捌拾漆石
都合漆拾貫文
右注進如件、
文明十年八月　日
雑掌増祐
雑掌聡快

如此守護畠山殿ェ注進之雖尓
当国五分一寺社本所雖及御沙汰被閣早、

○この文書の差出人は、前号（を函四七八号）の宛所と一致し、内容的にも前号の命令を受けて作成されたものと推定される。

○この文書は、六二七号(1)（京函一一一号㈠）の案文なので省略する。

○この文書は、四九四号（東寺文書　射一四）の案文なので省略する。

○この文書は、四三三号(1)（京函九六号㈠）の案文なので省略する。

東寺領山城国所々大奉幣米之事、先々」免除之上者、可被止催促之由候也、仍執達如件、

永享七
十二月廿三日　松田丹後浄胄判
　　　　　　　津満親判

伯家雑掌

六六六　光明講方年貢算用状（教王護国寺文書一八五一号）

（端裏書）
「光明講年貢方算用状文明十年分同□月廿九日」
注進　光明講御方御年貢御算用状事
　合　　文明十年戊戌年分
一上野庄一段六十歩
　合一石四斗内五松□□□并井溝入足由申、不出之
現納□□九升八合　□□八下行升一斗八合成
下行成九斗六升九合八夕四才□□二升八合八夕　減分一斗ニ三合宛
　残九斗四升一合□　□百八十四文　和市一斗二升

（中略）

都合　壱貫三百四十三文内
除
三百文　喜阿ミ給　二百文　祐深(乗円)給
二百七十七文　十一月廿三日　講之時、進之
□百六十三文　二月廿四日　送進之
以上
右注進状如件、
文明十一年二月廿五日　祐深(乗円)（花押）252

六六七　光明講方年貢算用状　（レ函一八七号）

(端裏書)
「光明講方年貢算用状□□(文明)十一年分　二月十九日勘定了」
(同十二年)
注進　光明講御方御年貢御算用状之事
合　文明十一己亥年分
一上野庄
一段六十歩
合　壱石四斗者内　三斗七升井溝堀入足并松尾井料当免以下ニ引給之由申候

現納一石三升
下行成一石八升二合四夕内　上野一斗ハ下行ニ一斗八合
三升二合四夕　減分一斗ニ三合宛引之
残一石五升　代六百五十六文　和市一斗六升
（中略）
都合壱貫四百七十三文内
除　三百文　喜阿ミ給
弐百文　祐深給
以上五百文引之
定残九百七十三文内
二百文　十月廿三日御講米代進之
七百文　十二月卅日送進之
七十三文　二月五日進之
以上九百七十三文
右注進御算用之状如件、
文明十二年二月　日　祐深（花押）252

同二月十九日勘定了

六六八　土一揆以下入足配当注文　（テ函一四六号）

今度土一揆以下入足配当之事

文明十二年十月十六日

合弐拾四貫百八十二文　本利定

石別廿六文

久世上下庄　三百廿石　八貫三百廿文

植松庄　二百四十石　六貫二百四十文

女御田　二百五十五石　六貫六百卅文

上野庄　五十石　壱貫三百文

拝師惣庄　七十八石　弐貫廿八文

以上弐拾四貫五百廿一文

余三百卅六文

右配当如件、

花押297（厳信）

花押298（公遍）

花押299（俊忠）

花押300（教済）

花押301（宗寿(二)）

文明十二年十月十六日算用早

（宝泉院覚永）（花押）247

宰相律師（厳信）（花押）297

実相寺（公遍）（花押）298

増長院（俊忠）（花押）299

宮内卿僧都（融寿）（花押）243

宝井院（教済）（花押）300

金蓮院（尭杲）（花押）251

宝生院（杲覚）（花押）242

宝輪院（宗寿）（花押）301

六六九　光明講方年貢算用状　（レ函一八八号）

（端裏書）
「光明講方年貢算用状 文明十二年分 同十三年[illegible]月十四日勘定早」

注進　光明講□貢算用状之事

合　文明十二庚子年分

一上野庄

合　一石四斗者内三斗五升五合春講入足并当免松尾井料以下引由申

□（現納一石）四升五合　上野一斗ハ下行ニ一斗八合也

□（下行成）一石一斗二升八合六夕内　減分三升三合八夕

残一石九升四合八夕

代六百八文　和市一斗八升

（中略）

都合一貫三百七十九文内

除　三百文　喜阿ミ給分

弐百文　祐深給分

百五十文　冬季御講米代進之

七百卅文　十二月廿九日進之

以上一貫三百七十九文

右御算用状如件、

文明十二年十二月廿九日　　祐深（花押）252

六七〇　光明講方年貢算用状　（レ函一九一号）

（端裏書）
「光明講方年貢算用状文明十三年分」

注進　光明講御方御年貢算用状事

合　　文明十三辛丑年分

一上野庄

合壱石四斗者内　五升松尾并梅宮井料

二斗五升八合　当免米

現納一石九升二合

下行成一石一斗七升九合二夕内　上野一斗ハ下行ニ一斗八合

三升五合三夕　減分、、

残一石一斗四升四合　代六百七十三文和市一斗七升

（中略）

都合壱貫四百六十七文内

除

三百文　喜阿ミ給　　二百文　祐深給

二百七十四文　惣塔修理入足注文別在進之

以上七百七十四文引之

五百文

残六百九十文　送進之　二月十八日

〃〃〃〃〃〃

二百七十四文　重而進之　都合九百七十文

右注進状如件、

文明十四年二月　日　祐深（花押）252

六七一　光明講方年貢算用状（上部欠）（レ函一九二号）

（端裏書）

「（光明講方年貢）算用𠀋　文明十四年分 同十五三七日□勘定𠀋」

明講御方御年貢御算用状之事

（合カ）
□

文明十四壬寅年分

□一石四斗者内　五升　松尾并梅宮井料
三斗九升六合　当免并溝入足以下ニ引之
以上四斗四升六合
□四合
□三升□夕二才内　上野一斗ハ下行ニ一斗八合
三升一合　減分一斗ニ三合宛
（残カ）□九斗九升九合三夕二才
代八百文　和市一斗二升五合

（中略）

□一貫五百五十文内
□祐深給　三百文　故喜阿ミ下行
以上　五百文引之
□一貫五十文内　一貫文　送進　十二月晦日
五十文　送進　二月八日
□如件、
文明十五年二月　日　祐深

六七二　光明講方年貢算用状　（ゐ函一二九号）

（端裏書）
「光明講方年貢算用早 文明十六年 二月廿日」

注進　光明講御方御年貢御算用状事

合　　文明十五癸卯年分

一　上野庄一反六十歩

合一石四斗者内　五升　松尾并梅宮井料

三斗五升　当免以下由申

以上四斗引之

現納　壱石

下行成一石八升内　上野一斗ハ下行ニ一斗八合

減分　三升二合四夕　一斗ニ三合宛

残一石四升七合六夕

代九百五十二文　　和市一斗一升

（中略）

都合壱貫九百五十九文内

除　三百文　尊阿ミ給
　　二百文　祐深給
　　　以上五百文引之
　　定残壱貫四百五十九文
右注進御算用状如件、
　　文明十六年二月　日　祐深（花押）252

六七三　上桂庄太郎衛門等連署申状（下部欠）（ア函二六〇号）

（端裏書）
「上野申状」
畏申上候、」当年上使御下向之時□」上候、以外地下迷惑申候、地□」衛御扶持候ハ者、畏入存候□」去ゝ年者上使被下向之時、」二石分東代□取内にて」御免候、当年者、無御免」候之間、旁存上申候、仍申」状如件、
　　　　　　　　　　太郎衛門
文明十六年十二月十三日　弥四郎
　　　　　　　　　　徳阿□

兵へ三□
虎三郎

六七四　光明講方年貢算用状　（ゐ函一三一号）

（端裏書）
「光明講方年貢算□（用状）文明十六年分
同十七年乙巳二月十二日勘定了」

注進　光明講御方御年貢算用状之事

合　　　　　文明十六甲辰年分

一上野庄　一反六十歩

合　一石四斗□□（者内）　□□（五升）　松尾并梅宮井料
五斗七合　当免以下之由申
以上五斗五升七合引

現納　八斗四升三合

下行成九斗一升二夕内　上野一斗ハ下行ニ一斗八合

減分　二升七合二夕

残八斗八升三合
代七百六文　和市一斗二升五合
（中略）
以上一貫五百五十八文内
除　二百文　祐深給分
三百文　尊阿ミ給
以上五百文引之
定残一貫五十八文内
一貫文　御奉行増長院殿へ送進十二月廿七日
五十八文　同送進　二月十一日
以上
右注進御算用状如件、
文明十七年二月　日　祐深（花押）252

六七五　東山殿普請料納帳　（リ函二〇二号）

（端裏書）
「東山殿御普請料納帳文明十七年分」

東山殿御普請料納帳　文明十七年乙巳

上久世庄　五貫文内

十一月廿九日　九百四十三文　十二月四日　一貫文　十二月九日　一貫五百文
十二月十七日　四百八十三文

已上　三貫九百廿九文　出之　未進一貫六十八文

下久世庄　二貫八百文内

十一月廿三日　一貫五百文　十二月二日　一貫文　同七日　三百文

已上　二貫八百文　出之

植松庄　唐橋方　梅小路者一向不出之

十一月廿八日　一貫文　十二月五日　五百文

已上 一貫五百文 出之　　未進

境内
十二月二日
一貫二百文 出之

柳原
十一月廿三日
五百文 出之

上野庄
十二月二日
一貫文 出之

南小路
同日
五百文 出之

已上 十一貫四百廿九文

一 同使足
文明十七年
十月九日
十貫文　　御普請 日役銭出之
二貫文　　対馬方 礼物
四百文　　同方 御一荷

五百文　　　　　　　　　　同□□彦五郎方礼物
百八十文　　　　　　　　　御代粮
四十文　　　　　　　　　　同御共二人
廿文　　　　　　　　　　　同時人夫二人
以上　十三貫百四十三文
五文子
一貫三百十四文　同利平自十月至十一月二ケ月分
十一月四日
一貫二百九文　　御算用入足注文別アリ
六十文　　　　同利一ケ月分
合　本利十五貫七百廿九文内
有銭　十一貫四百廿九文
残　四貫三百文
以上
右算用状如件、
文明十八年三月　日　　　　公文所法橋（聡快）（花押）
246

花押302（清閑寺家幸）

六七六　室町幕府奉行人奉書（折紙）（ホ函六三号）

内裏御普請事、」於当寺領者、被除之、」被仰付東山殿御普」請訖、早〻可被致其」沙汰之
由候也、仍執達」如件、
　文明十八
　六月五日　（松田）数秀（花押）294
東寺雑掌

六七七　後土御門天皇綸旨（宿紙）（東寺文書　楽甲五）

当寺事、為
後宇多院御起請符、不」混他寺、厳重御願所也、」寺領并境内段銭・棟別・地口」已下臨時
課役免除事、歎」申趣、被聞食畢、可任武家」下知旨由、
天気所候也、悉之以状、
　文明十八年六月十一日　右少弁（花押）302
　（押紙）「清閑寺家幸」

東寺供僧中

六七八　後土御門天皇綸旨案

（廿一口方重書案（東寺文書　追加之部二一号(吾)））

綸旨

○この文書は、前号（東寺文書　楽甲五）の案文なので、本文を省略する。

六七九　後土御門天皇綸旨案

（廿一口方重書案（東寺文書　追加之部二三号(吾)））

綸旨

○この文書は、六七七号（東寺文書　楽甲五）の案文なので、本文を省略する。

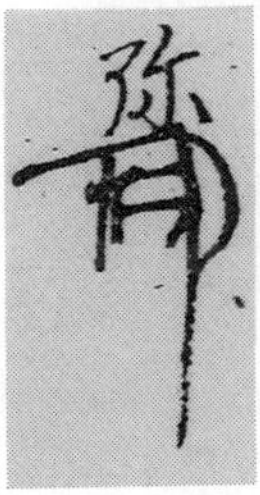

花押303（飯尾元連）

六八〇　室町幕府奉行人連署奉書（ト函一三〇号）

（封紙端裏書）
「□□課役免除御奉書 松田対馬守 文明十八　六　十七」

（封紙折封ウワ書）
「東寺雑掌　　（飯尾元連）沙弥宗勝」

当寺境内并寺領所々（目録在別紙）事、為」後宇多院御起請符地、不混他寺、厳」重御願所之段、被成　綸旨訖、早段銭・」棟別・地口・臨時課役已下、向後弥可」令為免除之由、所被仰下也、仍執達」如件、

文明十八年六月十七日　（松田数秀）対馬守（花押）294

（飯尾元連）沙弥（花押）303

東寺雑掌

六八一　室町幕府奉行人連署奉書案（廿一口方重書案（東寺文書　追加之部二二号(五一)））

武家御下知

○　この文書は、前号（ト函一三〇号）の案文なので本文を省略する。

六八二　室町幕府奉行人連署奉書案

（廿一口方重書案（東寺文書　追加之部二三号㈤））

武家御下知

○　この文書は、六八〇号（ト函一三〇号）の案文なので本文を省略する。

六八三　東山殿普請料文書（リ函二〇四号）

（端裏書）「東山殿御普請料□□注文文明十八年分」

拾貫文　　御普請料

弐貫文　　対馬方江

壱貫八百文　　同利五ケ月分三文子六月ヨリ十月マデ分

以上　拾参貫八百文

(1)東山殿普請料等注文（切紙）

壱貫文　　　　　　同散用世諦十月廿日

(2) 東山殿普請方入足配当注文案

（端裏書）
「案」

東山殿御普請方入足配当分事

都合十六貫百文之内

八貫五百文
上久世庄　　　　　定五貫文〈六貫文〉〈ヒ〻〻〻〉

四貫文
下久世庄　　　　　三貫文

四貫文
植松庄　　同梅小路分三貫文　　三貫文

三貫文
上野庄　　　　　一貫五百文

二貫文
柳原　　　　　五百文〈七百文〉〈ヒ〻〻〻〉

控一貫文
散所　　　　　五百文〈七百文〉〈ヒ〻〻〻〉

二貫文
境内　　　　人夫六十人分
一貫二百文

以上十六貫百文

文明十八年十月十九日

六八四　東山殿普請料算用状（リ函二〇九号）

（端裏書）
「御普請料配当出銭算用状 文明十八年丙午 □」

注進　御普請料算用状之事

文明十八年丙午六月　日

拾貫文　御普請料　六月八日

弐貫文　対馬方礼物　四日

已上　拾弐貫文　三文子同利　二貫五百廿文 自六月至十二月七ヶ月分

壱貫文　御算用入足　十月十九日

五文子同利　百五十文 自十月至十二月三ヶ月分

已上十五貫六百七十文

一　方〻出銭

十一月二日皆済 一貫二百文　境内在家人夫六十人分 人別廿文宛

十二月三日 七百文　柳原

十二月廿五日
七百文両度分　　南小路

同日
一貫文　　上野庄

十二月廿九日
一貫五百文両度分　　下久世庄

已上　五貫百文内

除

五百文　　乗珍法橋文明十七年催促奉行分給之

五□□（百文）　　当年催促分給之

已上　一貫文引之

残　四貫百文

三貫二百五十七文　去年文明十七年　久世庄御公事銭残分

已上　七貫三百五十七文

残　八貫三百十三文　同利五文子八百卅文自正月至二月　二ケ月分

以上　九貫百四十三文　未三月六日

右算用状如件、

文明十九年丁未二月　日　公文所法眼（聡快）（花押）246

六八五　光明講方年貢算用状　（レ函一九九号）

（端裏書）
「光明講方年貢算用状 文明十八年分 同十九丁未年二月廿日勘定了」

注進　光明講方御年貢米御算用状事

合　　　　文明十八丙午年分

一上野庄 一段六十歩

合壹石四斗 者内　五升梅宮并松尾井料

二斗九升一合　当免

以上三斗四升一合引之

現納　壱石五升九合

下行成　壱石一斗四升三合七夕二才内　上野一斗八 下行一斗八合

此内三升四合　　減分一斗ニ三合宛

残一石一斗一升

代八百八十八文　　和市一斗二升五合

（中略）

以上一貫八百廿五文内

除　二百文　祐深給　三百文　尊阿ミ給

以上五百文引之

一　七十七文　地口配当分公文所方へ渡之

以上五百七十七文

定残壱貫弐百四十五文　送進之

右注進御散用状如件、

文明十九丁未年二月　日　祐深（花押）252

六八六　東山殿普請方入足配当注文（ひ函一一九号）

（端裏書）
「御普請料配当　長享元年丁未分」

東山殿御普請方入足配当之事

合　八貫八百九十三文内　長享元丁未年

上久世庄　五貫文　定　四貫文

下久世庄　三貫文　定　二貫文

植松庄　二貫文　定　一貫五百文
上野庄　二貫文　定　一貫文
柳原　一貫五百文　定　五百文
散所　一貫五百文　定　五百文
境内　一貫五百文　定　六百文
以上　十貫二百文

一　去年分未進之事
上久世庄　無沙汰　八貫五百文
同利　四貫七百六十文　去年自十月当年至十一月十四ケ月分
下久世庄　無沙汰　一貫五百文
同利　八百四十文　同前　十四ケ月分
植松庄　無沙汰　三貫文
同利　一貫六百八十文　同前　十四ケ月分
以上　廿貫弐百八十三文
長享元丁未年十一月十六日　公文所法眼（聡快）（花押）246

同年同日　配当算勘畢　当奉行厳信（花押）297

○この文書の紙継目裏に、金蓮院厳信の花押297がある。

六八七　東山殿普請方入足配当注文案　（リ函二一一号）

○この文書は、前号（ひ函一一九号）と同文なので省略する。

○この文書は、封紙の裏を利用したもので、前号と筆跡・花押が同じであるが、端裏書と紙継目裏花押を欠く。また袖裏に封紙として使用されたときの墨引がある。

六八八　光明講方年貢算用状　（レ函二〇一号）

（端裏書）
「光明講方年貢算用状長享元年分同二年二月廿日勘定畢」

注進　光明講方御年貢米算用状之事

合　長享元丁未年分

一上野庄　一段六十歩

合壱石四斗者内　五升梅宮并松尾井料

反別二斗七升宛

三斗一升五合　当免

以上三斗六升五合引之

現納壱石三升五合

下行成一石一斗一升七合八夕内

減分三升三合三夕引之　一斗ニ三合宛

残一石八升四合五夕

代八百五十四文　和市一斗二升七合

（中略）

以上一貫七百七十九文内

除　二百文　祐深給

三百文　尊阿ミ給

以上五百文引之

定残壱貫二百七十九文　送進之十二月廿日

以上

右注進御散用状如件、

長享元年十二月卅日　　祐深（花押）252

六八九　上桂庄年貢算用状（後欠）（教王護国寺文書二〇一八号）

（端裏書）
「代官方
上野庄算用状長享元年丁未分
同二年三月九日勘定畢」

注進　上野庄御年貢米算用状之事

長享元丁未年分

合

一　本庄田数之事

西田井
二町半せトノ田半加之、半広狭有之、追而、可糺明者也、　正覚院殿

同
二町　長国寺

同
二町　川間

已上六町半　分米卅六石三斗

西田井
三町四段　本田　中野跡
東
一町七段半　本田　同
以上五町一反半　分米卅石九斗
東代
壱町二段八十歩　新開中野跡
以上六町参段大廿歩
分米□□（卅八）石二斗三升四合

（後欠）

○この文書は、紙継目裏に宝縁の花押304があるが、継目から後半が欠落しており、花押も半分欠けているので、完全な形のもの長享二年二月　日山城国東西九条女御田年貢米散用状（わ函一九号）から採録した。

花押304（宝縁）

六九〇　東山殿普請方入足配当注文（ひ函一二〇号）

（端裏書）
「東山殿御普請料配当長享弐年戊申分」

東山殿御普請方入足配当之事
長享二戊申年

合

上久世庄　定五貫文　可被仰付分八貫文
下久世庄　定三貫文　同五貫文
植松庄　定二貫文　同三貫文
上野庄　定一貫五百文　同二貫五百文
柳原　定七百文　同一貫文
散所　定七百文　同一貫文
境内　定□百文

定分以上十三貫五百文

長享二戊申十一月三日　公文所法橋（聡快）（花押）246

同年十一月三日配当早　（妙観院公遍）（花押）298

○この文書の紙継目裏に、妙観院公遍の花押298がある。

花押305（飯尾清房）

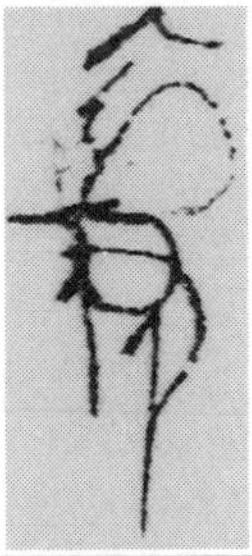
花押306（飯尾兼連）

六九一　室町幕府奉行人連署奉書　（東寺文書　千字文）

当寺境内并寺領所々目録在別紙事、為」後宇多院御起請符之地、不混他寺、」厳重御祈願所之段、
帯」綸旨以下、」諸公事免除御下知之処、今度号」松尾社神輿造営料、相懸段銭云々、」太
無謂、所詮任度々証文之旨、可停止」催促之趣、被成奉書訖、宜被存知之由」所被仰下也、
仍執達如件、

長享弐年十二月九日　(飯尾清房)前加賀守（花押）305
(飯尾兼連)散　位（花押）306

東寺雑掌

六九二　室町幕府奉行人連署奉書案　（東寺文書　書一四）

○この文書は、前号（東寺文書　千字文）の案文なので省略する。

六九三　室町幕府奉行人連署奉書（折紙）　包紙（教王護国寺文書二〇二三号）本紙（東寺文書　楽甲六）

（包紙ウワ書）
「松尾社神輿造替段銭免除奉書長享二年戊申」

東寺雑掌申当寺境内」同寺領所々事、為　後宇多院」御起請符之地、不混他寺、厳重」御祈願所之段、帯　綸旨以下、」諸公事免除御下知之処、今度」号松尾社神輿造営料、」相懸段銭於寺領山城国植松」庄・上野庄并所々散在等、及」譴責云々、太不可然、所詮早任」奉書之旨、可令停止催促、更」不可有遅怠之由、被仰出候也、仍」執達如件、

長享弐
十二月九日　（飯尾）清房（花押）305
　　　　　（飯尾）兼連（花押）306

当社神主殿

六九四　室町幕府奉行人連署奉書案（折紙）（に函二四八号）

（竪紙端裏書）
「段銭代官周宣蔵主方へ奉書案文」

東寺雑掌申当寺」境内同寺領所〻事、為　」後宇多院御起請符之」地、不混他寺、厳重御祈願」所之段、帯　綸旨以下、」諸公事免除御下知之処、」今度号松尾社神輿」造営料、相懸段銭於」寺領山城国植松庄・上野」庄并所〻散在等、及譴責云〻、」太不可然、所詮早任奉書之」旨、可令停止催促、更不可有」遅怠之由、被仰出候也、仍」執達如件、

長享二
十二月九日　(飯尾)清房判
(飯尾)兼連判

周宣蔵主

六九五　光明講方年貢算用状　(ゐ函一三六号)

(端裏書)「光明講方年貢算用状長享弐戊申年分同参年二月廿日　勘定畢」

注進　光明講方御年貢米算用状之事

合　長享二戊申年分

一　上野庄一段六十歩
合一石四斗内　五升　梅宮并松尾井料

一斗七升九合　当免反別一斗五升之由申

以上二斗二升九合引之

現納　一石一斗七升一合　上野庄二斗ハ下行一斗八合

下行成　一石二斗六升四合六夕内

減分三升七合九夕　一斗ニ三合宛

残一石二斗二升六合七夕

代七百六十七文　和市一斗六升

（中略）

以上一貫五百八十四文内

除二百文　祐深給　三百文　尊阿ミ給

以上五百文　引之

残　壱貫八十四文　送進之　二月十日

右注進御算用状如件、

長享三己酉年二月　日　法橋祐深（花押）252

六九六　石見上座聡我上桂庄代官職請文（ヤ函一五〇号）

（端裏書）
「上野庄代官請文石見長享三　卯　廿三」

謹請申
　　東寺領山城国上桂上野庄御代官職事
右為寺恩、被補御代官職之上者、背寺命、」毎事不可有自由緩怠之儀事、
一　毎年御年貢米并地子・藁・糠・人夫等、不過」其時分、可令寺納之事、
一　有新開田地之時者、上使申下、可有御検知事、
一　新開田畠等興行之時、雖為段歩令出現者、無」隠密之儀、相当御年貢等、必可執沙汰申事、
一　就御年貢以下、両人之内一人雖為無沙汰、為今」一人可弁申事、
一　御年貢并公事物等、悉可納申惣御倉、若号小分、」於私在所令収納者、堅可預御罪科事、
一　損免事、仮令名主百姓等雖申之、一切不可執次」申事、
一　御算用之世諦、為両代官、毎年五百文進之、内半分」弐百五十文、可致其沙汰事、
右条〻、雖為一事、若令違背者、不日可有改替御」代官職、其時一言不可申子細者也、　若此旨偽申者、

鎮守八幡大井・稲荷五社并大師三宝伽藍護法等御罰」可罷蒙者也、仍謹請文之状如件、

長享参年己酉卯月廿三日　石見上座 聡我（花押307）

六九七　兵衛太郎上桂庄内屋敷売券（尊経閣古文書纂編年文書三四二）

（端裏書）
「高田祖京上人寄進之　屋敷一処之支証」

永代売渡申山城国葛野郡上野庄之内屋敷事

合壱所者　四至限東ハ道　西ハサカイノ柱　北ハ堀　南ハ道

右件屋敷者、雖為兵衛大郎先祖相伝屋敷、依」有要用、置（直）銭参貫文仁祖京房ニ永代売渡申」処実正也、但雖可相副本支証等、一乱ニ引失候」間、不相副本証候、万一号本文証、相違之儀出」来候ハヽ、為請人可致其明候、一本年貢ハ毎年」両度ニ五十文充沙汰申候、此外ハ無万雑公事候、」名主得分ハ九合五夕升にて五斗可計申候、若無」沙汰仕候ハヽ、屋敷被召放可申者也、仍而為」後日売券之状如件、

長享三己酉年五月九日

売主兵衛大郎（略押308）

請人左衛門大郎（略押309）

花押307（聡我）

略押308（兵衛太郎）

略押309（左衛門太郎一）

六九八　東山殿普請方入足算用状（下部欠）（リ函二一一三号）

（端裏書）
「去年戊申御普請方諸庄薗未進。加利平定配当□延徳□」

東山殿御普請方入足配当□

去年未進分
上久世庄　八貫文
同利三文子　二貫八百八十文自申十一月至□
以上　十貫八百八十□

下久世庄　五貫文
同利　一貫八百文十二ケ月分□
以上　六貫八百文

植松庄　三貫文
同利　一貫八十文十二ケ月分
以上　四貫八十文

上野庄　二貫五百文
同利　九百文十二ケ月分
以上　三貫四百文

合　廿五貫百六十三文　被本利〔　〕

延徳元己酉
十月十七日

同年十月十七日勘定𠦝（花押カ）□

六九九　光明講方年貢算用状　（レ函二〇五号）

（端裏書）
「光明講方年貢算用状延徳元年己酉分　同弐年二月廿四日勘定𠦝」

注進　光明講方御年貢米御算用状事
　合
　　延徳元己酉年分

一上野庄一段六十歩
　合壱石四斗内　五升　梅宮并松尾井料

三斗九升　反別三斗三升　当免　大損者諸名主近例之由申

以上四斗四升引之

現納九斗六升

下行成一石三升六合八夕内三升一合　減分一斗ニ三合宛

残一石五合八夕

代六百廿九文　和市一斗六升

（中略）

以上壱貫四百四十六文内

二百文　祐深給分

定残壱貫弐百四十六文　送進之庚戌二月十三日

□（以上カ）

右注進御算用状如件、

延徳弐年庚戌二月　日　法橋祐深（花押）252

○この文書の紙継目裏に、金勝院融寿の花押243がある。

七〇〇　足利義材御判御教書（東寺文書　書一二）

東寺領山城国久世上下庄・上野・拝師・植松・」大和国平野殿庄・同国河原庄・摂津国垂水」庄・近江国三村庄・若狭国太良庄・丹波国大山庄・」播磨国矢野庄内例名方・備中国新見庄并」当寺境内・同巷所八条以南堀川以西九条以北朱雀以東・東西九条号女御田・」院町拾参ヶ所・八条以北大宮半・所々屋地散」在名田畠目録別紙在、段銭臨時課役以下事、任度々」証文之旨、所免除也、為守護使不入地、検断等」寺家令進止、可全領知之状如件、

延徳二年八月廿八日

参議左近衛権中将源朝臣（足利義材）（花押）310

花押310（足利義材）

七〇一　足利義材御判御教書案（廿一口方重書案（東寺文書　追加之部二一二号㈢））

同御判

〇この文書は、前号（東寺文書　書一二）と同文なので本文を省略する。

七〇二　足利義材御判御教書案

（廿一口方重書案（東寺文書　追加之部二三号㈢））

同御判

○この文書は、七〇〇号（東寺文書　書一二）と同文なので本文を省略する。

七〇三　光明講方年貢算用状

（ゐ函一三九号）

（端裏書）
「光明講方年貢算用状延徳二年分同三年二月廿日勘定𠀋」

注進　光明講方御年貢御算用状事

合　延徳弐庚戌年分

一　上野庄一段六十歩

合壱石四斗内　三斗八升五合　当免

五升　梅宮并松尾井料

以上四斗三升五合引

現納　九斗六升五合

下行成　一石四升二合二夕内　減分三升一合二夕　一斗ニ三合宛
残一石一升一合
代八百四十二文　　和市一斗二升
（中略）
以上一貫八百一文内
除　二百文　祐深給
二百文　勅旨田定使酒直分下行之、此下地斗代可興業之由申間、下司石井被仰代管、玉泉方ヱ申届、違乱止間如此、
以上四百文引之
定残壱貫四百一文　御奉行送進二月五日
右注進御算用状如件、
延徳三辛亥年二月　日　法橋祐深（花押）252

○　この文書の紙継目裏に、妙観院公遍の花押298がある。

七〇四　越前法橋弘慶上桂庄代官職条々請文（ヤ函一五四号）

謹請申

　東寺領山城国上桂上野庄御代官職事

右為寺恩被補御代官職之上者、背寺命」毎事不可有自由緩怠之儀事、

一　毎年御年貢米并地子藁粮（ママ）人夫等、不過」其時分可令寺納之事、

一　有新開田地之時者、上使申下、可有御検知事、

一　新開田畠等興業之時、雖為段歩令出現」者、無隠密之儀、相当御年貢等必可執沙汰申事、

一　就御年貢以下両人之内、雖為無沙汰為今一人可弁」申事、

一　御年貢并公事物等悉可納申惣御倉、若号」少分於私在所令収納者、堅可預御罪科事、

一　損免事、仮令名主百姓等雖申之、一切不可執次申事、

一　御算用之世諦、為両代官、毎年五百文進之内、半」分弐百五十文可致其沙汰事、

右条〻、雖為一事、若令違背者、不日可有改替御」代官職、其時一言不可申子細者也、若此旨偽申者、」鎮守八幡大井・稲荷五社并大師三宝伽藍」護法等御罰可罷蒙者也、仍謹請文之状如件、

　延徳三年六月十一日　　越前法橋 弘慶（花押）311

花押311（弘慶）

七〇五　上桂庄預所職請文　（セ函六一号）

(1)権大僧都甚清上桂庄預所職条々請文

（端裏書）
「甚清法印請文文安四十七」

請定

東寺領山城国上野庄預所職事

右為寺恩被宛行上者、付惣別専興隆、毎」事可致忠節事、

一　向後譲与之時者、必寺家不退常住寺僧之中、」撰器要可令譲与、員外非分輩不可申置事、

一　於得分者、任寺家諸給主之例、従代官方、可致」所納之由、存知申候、

右条々、雖為一事、令違越者、付預所職、可及御」沙汰者也、仍為後日、請文之状如件、

文安四季十月七日　権大僧都甚清（花押）235

(2)定清上桂庄預所職請文

（端裏書）
「上野庄預所職請文康正元十一十九」

東寺領上野庄預所職事

為寺家任御補任之旨、寺僧之」外、於員外非分之輩者、不可有譲与」之儀候、若背此旨申者、可及御」沙汰候、仍請文之状如件、

康正元年十一月十九日　定清（花押）248

(3)融盛上桂庄預所職請文

花押312（融盛）

花押313（祐寛）

東寺領上野庄預所職事
為寺家任御補任之旨、寺僧之」外、於員外非分之輩者、不可有」譲与之儀候、若背此旨申
者、」可及御沙汰候、仍請文之状如件、
延徳三年十二月廿日　融盛（花押）312

七〇六　上桂庄年貢請文（教王護国寺二〇四七号）

（包紙ウワ書）
「□（年）貢未進事、乗円請文延徳三 十二 廿八」

就□□上野庄去年御年貢」□□進事、祐深引負治定、」□可致其弁候、万一、難」渋
□者、私領之内、雖為何在」□□当分、可被押召候、仍」□文状如件、
（延）□徳参年十二月廿八日
乗円
祐寛（花押）313

七〇七　光明講方年貢算用状　（レ函二一一号）

（端裏書）
「乗慶所進
光明講方年貢算用状延徳三年分
同四年勘定了」

注進　光明講方御年貢米御算用状事

合　延徳参年分辛亥

一　上野庄　壱段六十歩

合壱石四斗内　五升　梅宮并松尾井料

三斗六升反別三斗一升
諸名近例之由申　当免

以上四斗一升引之

現納　九斗九升

下行成　壱石六升九合二夕内　三升二合　減分

残壱石参升七合二夕

代玖百四十三文　和市一斗一升

（中略）

以上壱貫玖百五十文内

弐百文　乗慶給分

花押314（乗慶）

定残壱貫七百五十文　送進之壬子二月十三日

右御算用状如件、

延徳四年二月　日　　乗慶（花押）314

○この文書の紙継目裏に、宝菩提院教済の花押300がある。

七〇八　備後法橋聡秀上桂庄代官職条々請文　（ヤ函一五六号）

（包紙ウワ書）
「上野庄代官備後法橋請文延徳四年五月十日」

謹請申

東寺領山城国上桂上野庄御代官職之事

右為寺恩、被補御代官職上者、背寺命、毎事不可」有自由緩怠之儀事、

一　毎年御年貢米并地子・藁・糠・人夫等、不過其時分、可令」寺納之事、

一　有新開田地之時者、上使申下、可有御検知事、

一　新開田畠等興行之時、雖為段歩令出現者、無隠密之儀、」相当御年貢等、必可執沙汰申

事、

一　就御年貢以下、両人之内雖為無沙汰、為今一人可弁申事、

一　御年貢并公事物等、悉可納申惣御倉、若号少分、」於私在所令収納者、堅可預御罪科事、

一　損免事、仮令名主百姓等雖申、一切不可執次申事、

一　算用世諦、為両代官、毎年五百文進之内、半分弐百五十文、」可致其沙汰事、

右条〻、雖為一事、万一令違背者、不日可有改替御代官職、」其時一言不可申子細者也、就中依不法之儀、雖被召放御」代官職、令已用於年貢者、就子〻孫〻可被召之、若此旨」偽申者、可罷蒙　鎮守八幡大菩薩・稲荷五社并」大師三宝伽藍護法等御罰者也、仍謹請文之状如件、

延徳三年五月十日　　備後法橋
聡秀（花押315）

花押315（聡秀）

七〇九　某書状案（ゆ函四九号）

○この文書は、上桂庄と関係がないので省略する。

紙背(1)上桂庄給主分未進注文（折紙）

（折紙端裏書）
「上野未進分 寺崎注進」

上野庄御給主分

五石一斗 宝徳三 九月十八日 十一月十六日両度分

同 四年分

三石 未下四石六斗

紙背(2)妹尾重康書状（折紙）

○この文書は、上桂庄と関係がないので省略する。

七一〇 寺領惣安堵文書包紙 （テ函一五一号）

（包紙ウワ書）
「寺領惣安堵 綸旨 将軍御判」

（包紙裏）
「一通 綸旨 延文元 二八

一通 綸旨 宝徳三 十一三

一通　勝定院殿(足利義持)　御判　応永廿一 六 十一　　一通　賀茂段銭免除奉書　永享三 十 十一

一通　細川殿(勝元)　御教書　文安四 九 廿一　　一通　畠山殿(持国)　守護遵行　宝徳二 三 廿九

一通　畠山殿(持国)　御教書　宝徳二 三 廿九　　一通　普広院殿(足利義教)　御判　永享六 三 廿六

□通　慈照院殿(足利義政)　御判　長禄三 十二 廿　　一通　慈照院殿(足利義政)　御判　長禄三 十二 廿

□　同　御判　文□(明十) 六 九　　一通　御判　延徳二 八 廿八

以上十二通

一惣安堵御教書　□□元(宝徳) 十二 廿六　　一惣寺領諸役免除御奉書　文明十八 六月十七日

一免除綸旨　文明十八 六 十一　　一諸役免除御奉書　文明応五 二ヽ十七

明応二年五月廿六日目録之、

同五年校合、重而加四通、」

○　この文書の「寺領惣安堵」という包紙ウワ書の筆跡は、廿一口方重書案（東寺文書　追加之部二二号）の表紙裏の「寺領惣安堵」と同一である。詳しくは四一五号（廿一口方重書案）

の注記を参照のこと。

七一一　山城国東寺領注文案（を函三二一号）

当国東寺領所々散在事

一　紀伊郡　　女御田 散在

同郡　　拝師庄 散在

同郡内　　散在名田畠有之

一　葛野郡　　植松庄

同郡　　上野庄 本庄并散在

同郡　　散在名田畠有之

一　乙訓郡　　久世上下庄

同郡　　散在名田畠有之

一　愛宕郡　　柳原 寂勝光院之敷地

同郡　　散在名田畠敷地等

右大概注進如件、

明応二年九月　日　聡快
増祐

七一二　山城国東寺領注文案（教王護国寺文書二〇六八号）

○この文書は、前号（を函三二一号）とほぼ同文なので省略する。

○この文書は、前号（を函三二一号）とくらべて、愛宕郡の記載がなく、柳原は紀伊郡に入れられ、愛宕郡の散在名田畠敷地等の項が欠落している。

七一三　上桂庄百姓右衛門九郎書状（折紙）（チ函一四四号）

（折紙端裏書）
「明応弐　十一　十七
上野庄。入《ヨリ》花当年《ヨリ》米ニテ。可進事」《毎年》

尚〻時之御代官ハ、いつま」てもにて御座候へとも、同者、」御寺家よりの御一行

を」給へく候、後の支証之」為ニ申上候、

東寺花田之事、」当年始而米にて可被」召之由、蒙仰候、御百姓ハ」ともかくもにて候、然者、」寺家御百姓末代之御」事にて御座候へハ、十五」荷之花、御年貢にて被」召候上ハ、於已後者、花」を被召ましき由ハ」御一行を、為寺家可」被下候、さ様ニ候ハヽ、早〻」御米を沙汰申へく候、『若御一行候ハすハ、」いつまても御米ハ無」沙汰可致候、更〻御百」姓之くわんたいにてハ候」ましく候、為其乍恐、」おりかミにて申上候、」御代官と御寺家との御」一行を給へく候、大事之」御公事にて御座候間、懇可」申入候、以後花にてハ被召」ましき、御米にて被召候」とあそはして給へく候、」恐惶敬白、

十一月十七日　御百姓

右衛門九郎

東寺寺家

并御代官へ

参人〻御中

七一四　上桂庄百姓等連署請文　（教王護国寺文書二〇八二号）

（端裏書）
「上野兵衛三郎白状　明応三　正　廿八日」

略押316（太郎三郎）
略押317（道円）
略押318（五郎次郎）
略押319（彦三郎）
略押320（兵衛太郎）
略押321（三郎次郎）
略押322（五郎太郎）
略押323（右衛門二郎）
略押324（弥五郎）
略押325（二郎太郎）
略押326（左衛門三郎）
略押327（弥九郎）

就明応参年正月廿一日夜上野庄左衛門大郎」家火付ニ、申上候、仍犯科人兵衛三郎・同子」
□(与)五郎、彼両人所行必定候、堅可預」御罪科候、万一、率介之子細於申上候者、」此為連判
之衆、罷出可申入候、仍地下」一同ニ所申上如件、

明応参年正月廿七日

政所

太郎三郎（略押）316
道円（略押）317
五郎次郎（略押）318
彦三郎（略押）319
兵衛大(太)郎（略押）320
三郎次郎（略押）321
五郎太郎（略押）322
右衛門二郎（略押）323
弥五郎（略押）324
二郎大(太)郎（略押）325
左衛門三郎（略押）326
弥九郎（略押）327

略押328（与五郎）

略押329（兵衛三郎）

七一五　上桂庄百姓兵衛三郎・与五郎連署請文

（教王護国寺文書二〇八三号）

今月廿一日夜上野庄左衛門太郎家ニ火を」□くる事、所存外なる子細あるによつて、」火をつくる事一定間、たゝいましやうかい」□せられ候、さりなから、別段の御慈悲を」もつて、御たすけにあつからゝ、親子ともに」出頭つかまつるへく候、万一、於向後、地下并」りんかうゑ立ゐる事候ハヽ、其時、重而しやう」かいをかせられ候へく候、仍為後日の」状如件、

明応参年正月廿九日

上野庄　与五郎（略押）328

同親　兵衛三郎（略押）329

七一六　光明講方年貢算用状

（レ函二一五号）

（端裏書）「光明講方年貢算用状明応弐年分 同三年二月廿日 勘定早」

注進　光明講御方御算用状之事

合　明応弐癸丑年分

一上野庄　壱段六十部内大　分米壱石四斗　庄ノ升定
半　政所　大郎三郎
　　次郎大郎
大八斗内。六斗二升八合去年井料当免之由申不成之大郎三郎
現納壱斗七升二合
半六斗内。弐斗　梅宮井料　松尾井料当免由申　二郎大郎
現納四斗
現納　已上伍斗七升二合
下行延陸斗壱升五合五夕　此升一斗八　下行一斗八合延

（中略）

已上壱貫百廿二文内
弐百文　乗慶給分
定残玖百廿二文　進之
右御算用状如件、
明応参年二月十七日　乗慶（花押）314

○この文書の紙継目裏に、妙観院公遍の花押298がある。

七一七　納所乗慶上桂庄代官職条々請文（ヤ函一六〇号）

（包紙ウワ書）
「上野庄一方代官納所乗慶請文案文（正）明応三三月十二日」

謹請申
　東寺御領山城国上桂上野庄御代官職事
一為御寺恩、被補御代官職上者、毎事重寺命、不可有」自由緩怠之儀事、
一毎年御年貢米并地子・藁・糠・人夫等、不過其時分、可令寺」納之事、
一有新開田地之時者、上使申下、可有御検知事、
一新開田畠等興行之時者、雖為段歩令出現者、無隠密之」儀、相当御年貢等、可厳密執沙汰申事、
一御年貢等一方御代官、雖有無沙汰之儀、為私弁可進上申事、
一御年貢并公事物等、惣御倉可納申、若号小分、於私宅」令収納者、堅可預御罪科事、
一損免事、従名主百姓等雖申、一切不可執次申事、
一算用之世諦、為両代官、毎年五百文進之内半分弐百五十文、」可致其沙汰事、
一就万一不法緩怠、雖被召放御代官、於収納分御年貢等者、遂」算用、悉寺納可申、自然無沙汰、難渋之儀有之者、可被召」私相伝名田并住宅、其時一言不可子細申事、

右条〻、雖為一事、万一令違背者、不日可有改替御代官職、」其時一言不可申子細者也、若背此旨申者、鎮守八幡大菩薩・」稲荷五社并大師三宝伽藍護法等御罰可罷蒙者也、」仍謹請文之状如件、

明応三年三月十二日　　納所乗慶（花押）314

七一八　山城国配当算用状　（な函二〇〇号）

明応弐癸丑年分

当国御配当算用状事

一　久世上下庄　十七貫六百六十五文内

未進　二百五十文　御子　六十五文　師子

百卅七文　故上総法眼

已上　四百五十四文　引之

現納　十七貫二百十一文

一　正賢名　百七十五文　現納分

一　植松庄　十三貫二百文内

未進　百十文　故上総方雑掌分
　　　百十文　同御代官分
　已上　二百廿文　引之
現納　十二貫九百七十七文
一　女御田　十四貫廿五文内
未進　百八十三文　故上総方雑掌分
　　　百八十三文　同御代官分
　　　百一文　定使孫三郎分
　已上　四百七十文　引之
現納　十三貫五百五十二文
一　上野庄　二貫二百文　現納分
一　拝師庄　四貫三百廿五文　同
一　切田　三貫七百廿二文　同
一　大巷所　二貫二百文　同
一　柳原　一貫百文　同
一　水田　八百卅五文　同
一　水田諸下　一貫三百廿六文内

未進　二百九十一文　敬実
現納　一貫卌二文
一　水田執行方　一貫八百七十文　現納分
一　南田執行方　三百八十四文　同
一　不動堂預給田　百十文　同
一　鍛冶両所分　百九文　同
一　大炊三百歩　六十文　同
一　納所給田一段　百十文　同
一　職□給田一反　百十文　同
一　御油田五段　一貫百文内　五百四十八文者除之
現納　五百五十文
一　講代二段　百六十八文　現納分
一　御供田二段　百六十八文　同
一　鎮守預給浄琳給田両所分　百五十八文　同
一　職事給田一反　九十五文　同
一　鐘突給二段　百六十八文　同
一　大工両所分　二百五文　同

一　畳大工一段　　　九十五文　　　　同
一　公文所給田二段　二百廿文　　　　同
　　都合六十五貫九百卅三文内
　　未進壱貫九百八十九文
　　現納　六十三貫九百四十一文内
　　　二貫文　催促分
　　　四百文　両定使分
　　　　已上二貫四百文引之
　　残　六十一貫五百四十一文内
　　五十貫九百廿四文　御遣足本利定
　　定残十貫六百十七文
右御算用状如件、
　　明応参年五月　日　公文所法眼（聡快）（花押）246

七一九　光明講方年貢算用状（ゐ函一四〇号）

（端裏書）
「光明講方年貢算用状明応参年分同四年二月廿日勘定早」

注進　光明講御方御算用状事

合　明応参甲寅年分

一　上野庄　壱段六十歩内　分米壱石四斗　庄升定

大　八斗内　六升　梅宮并ニ松尾井料　太郎三郎

二斗五升　当免

現納　四斗九升　庄斗定

半　六斗内　四升　同井料　二郎太郎

一斗八升七合　当免

現納　三斗七升三合　同斗定

合　八斗六升三合

下行成　九斗三升一合八夕　此升一斗八　下行一斗八合延

（中略）

已上　壱貫弐百七十三文内

二百文　乗慶給分

定残　壱貫七十三文　進之

右御算用状如件、

花押330（成印）

花押331（諏訪貞通）

明応四乙卯年二月十六日　乗慶（花押）314

○この文書の紙継目裏に、治部卿成印の花押330がある。

七二〇　室町幕府奉行人連署奉書（東寺文書　楽甲六）

東寺領山城国久世上下庄・上野・拝師・植松・」八条院町拾参ヶ所・寂勝光院敷地号柳原・宝荘」厳院敷地・当寺境内・同巷所八条以南堀川以西　九条以北朱雀以東・」東西九条号女御田・教令院敷地・同水田・洛中屋」地并散在名田畠目録在別紙・丹波国大山庄・播磨」国矢野庄内例名方・若狭国太良庄・大和国」平野殿庄・同国河原城庄・近江国三村庄・摂津」国垂水庄・備中国新見庄等、段銭・臨時」課役・地口・棟別・人夫・伝馬・關所検断以下事、任」度〻証文之旨、被免除訖、早為守護使不入」地、寺家弥全領知、可被専御祈禱之由、所被仰下也、」仍執達如件、

明応五年二月十七日　（飯尾清房）加賀前司（花押）305

（諏訪貞通）信濃前司（花押）331

当寺雑掌

(1)室町幕府奉行人連署奉書案

七二一　室町幕府奉行人連署奉書案（廿一口方重書案（東寺文書　追加之部二二号㈦））

○この文書は、前号（東寺文書　楽甲六）の案文なので省略する。

七二二　室町幕府奉行人連署奉書案（廿一口方重書案（東寺文書　追加之部二三号㈦））

○この文書は、七二〇号（東寺文書　楽甲六）の案文なので省略する。

七二三　山城国東西九条女御田文書案（ミ函一四四号）

○この文書は、七二〇号（東寺文書　楽甲六）の案文なので省略する。

(2)足利義政御判
御教書案

○この文書は、六五八号（東寺文書　千文字）の案文なので本文を省略する。

(3)足利義政御判
御教書案

慈照院殿御判

○この文書は、五七四号（東寺文書　書一二）の案文なので本文を省略する。

○ミ函一四四号の山城国東西九条女御田文書案は、一一通からなる文書案であるが、上桂庄に関係がある一・二・三通目をここに収めた。

七二四　光明講方年貢算用状　（レ函二三二号）

（端裏書）
「光明講方年貢算用状明応四年分 同五年二月十八勘定早」

注進　光明講御方御算用状事
　合　明応四年乙卯分
一上野庄　壱段六十歩　分米壱石四斗　庄斗定
大　八斗内　六升　梅宮并松尾井料　大郎三郎
　　二斗　当免

現納五斗四升

半　六斗内　四升　同両所井料　次郎大郎

一斗五升　当免

現納三斗九升〔四斗壱升〕

已上玖斗三升〔五升〕納之　此升一斗ハ下行一斗八合延

下行成　壱石四合四夕〔弐升六合〕

（中略）

已上壱貫弐百廿〔卅〕一文内

二百文　給分

定残壱貫廿〔卅〕一文　進之

右御算用状如件、

明応五年二月十八日　乗慶（花押）314

○この文書の紙継目裏に、妙観院公遍の花押298がある。

七二五　正覚院慶清田地名主職売券　（革嶋家文書一一六号）

永代売渡申上野庄之内名主職事
合弐町者 字坪付別紙在之
右件田地者、正覚院法印慶清買得相伝」当知行無相違私領也、雖然依有要用、□（直）銭」捌拾貫文仁、本所先補任并手続壱通相副、」革嶋新五郎泰宣仁売渡申処実正也、但本年」貢者、庄斗ニ壱段別六斗宛、此外無諸公事、万一」売主之号弟子・同法・新類（ママ）ト、違乱煩申輩有出」来者、手続ノ任文言旨、為 公方堅可被処」重科者也、仍為後証売券状如件、
明応五丙辰年十一月十四日　　（正覚院）法印慶清（花押）332

花押332（慶清）

七二六　中路広次等連署書状（折紙）（キ函一一七号）

（折紙端裏書）
「明応六　四　廿二」
就上野庄要水之」儀、諸名主等以折紙、」令致注進候、さ候間、如」先ゝ溝を堀上者、要」水を下候処ニ、連ゝ」川つきのき候て、当年ニ」於て一向要水不下候、」如今者可及荒哉、如」此候処を、為御本所」不被及是非之御沙汰、」被置捨事、近比無」勿体候、早ゝ被検使」

花押333（中路広次）

花押334（河嶋泰宣）

花押335（宣慶）

立在所之時宜を「可被」見候、さ候ハ、名主中」も相共ニ涯分可致」忠節候、此趣早々寺」
家様へ、可預御披露』候、尚々巨細者、百姓」中ニ可有御尋候、恐々」謹言、
卯月廿一日　御料所御代官中路　広次（花押）333
河嶋　泰宣（花押）334
長国寺納所　宣慶（花押）335
吉寧寺　永蔵主
上野庄御代官

七二七　中路広次・革嶋泰宣連署書状（折紙）（キ函一一八号）

（折紙端裏書）「明応六　五　九」
猶巨細者、百姓中」御尋可有候、
雖以参可申候、先」以折紙申入候、仍」先度折紙ニて申候」上野庄溝之事、」かうさく取向
候処、」為御本所、新堀を」御延引不然候、いまの分者、」可不作候哉、所詮」急度見使（検）を
たて」られ、其時諸名主罷」出、地下を仕候、溝を」ほりあけ要水を可下候、』然者御本所

御ほり」分も、不移時日、ほら」せられ、用水を下、」かうさくをはしめ」まいり候、か様の所を」御延引ニて八、御領も」可捨候か、以前も以」折紙注進申候処ニ」是非の不預御返事候、」いか様の子細候哉、」巨細者、此使可申」入候、恐惶謹言、

五月九日　御料所代官 中路五郎左衛門尉 広次（花押）333

(革嶋) 泰宣（花押）334

両御代官

参

七二八　中路広次・革嶋泰宣連署書状（折紙）（キ函一一九号）

(折紙端裏書)
「明応六　六　二」

度々以折紙注進」申候、上野之庄要」水儀、早々井口をあけ」させられて、可然存候、」御樽代御下行可」有事、先以目出存候、」弐百疋の分ニて候」程ニ、百性中不便」事も可然様ニ、為」御代官御取合」奉憑候、巨細者、」百性中可令申候、」名主中もかい分』合力仕、溝を可」掘候、急度有御」下行井口あけ候者、」於名主中も」畏入存候、恐々」謹言、

六月二日　御料所御代官(中路) 広次（花押）333

泰宣（革嶋）（花押）334
東寺
両御代官
参

七二九　上桂庄名主革嶋泰宣書状（折紙）（ニ函九九号）

（折紙端裏書）
「明応六　六　廿六」

就上野庄井溝儀」任遣申候処、御念」比に被仰旨、為名」主かい分ふしんを」仕、至今日までいてを」仕候、御たるの代百性」にハ、御渡あるましき」よし申候間、為名」主中使を遣し」此者に被懸御意候者、」畏入存候、巨細者重而」百性可申候、ことの外』大儀共定使に見せ」られ候へく候、恐々謹言、

六月廿六日　名主中　泰宣（花押）334

東寺
御政所
参

略押336（右衛門太郎）

七三〇　用水一献料請取（チ函一四五号）

（端裏書）
「上野庄新溝普請極代請取文明（ママ）六 六二八」
請取申　上野庄用水一献銭」事
合参貫文者
右所請取申如件、
明応六年六月廿八日
寿念寺坂所 彦三郎（略押）319
川嶋坂所 右衛門太郎（略押）336
長国寺坂所 弥五郎（略押）324
北ノ御所坂所 太郎三郎（略押）316

○　この文書と七二六号（キ函一一七号）・七二七号（キ函一一八号）・七二八号（キ函一一九号）・七二九号（ニ函九九号）の端裏書の筆跡は同じである。

七三一　光明講方年貢算用状　（レ函二三一号）

（端裏書）
「光明講方年貢算用状 明応六年丁巳分 同七年二月十九日　算勘□（了）」

注進　光明講御方御算用状事

合　明応六年丁巳分

一上野庄田数　壱段六十部（歩）　分米一石四斗 庄斗定

大　分米　八斗内 六升　二斗四升　梅宮并松尾井料
　二斗一升八合　当免　大郎三郎
　代百五十文　用水当銭

現納　弐斗八升二合

半　分米　六斗内 四升　一斗六升　同所両井料
　一斗四升五合　当免　二郎大郎
　代百文　用水当銭

現納　弐斗五升五合

合　伍斗三升七合

下行延　五斗七升九合七夕 此升一斗八 下行一斗八合ニ延

（中略）

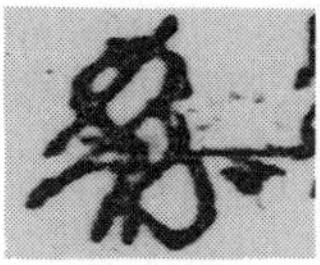

花押337（宗承）

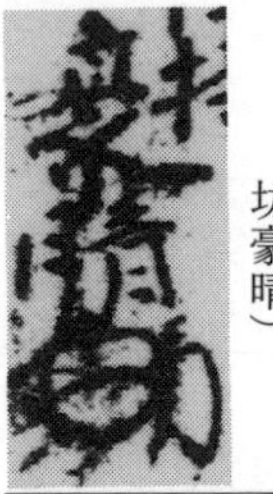

花押338（谷東南坊豪晴）

已上　壱貫七十八文内

弐百文　　給分

残　捌百七十八文　　進之

右御算用状如件、

明応七年戊午二月十三日　乗慶（花押）314

○この文書の紙継目裏に、宝輪院宗承の花押337がある。

七三二　㝡福寺東南坊住持豪晴田地売券（宮内庁書陵部所蔵革嶋文書）

（端裏書）
「たにとうなん□う」

永代売渡申田地之事

合壱段六十歩者在山城国葛野郡上野庄内　字号向河原　四至本券ニ見タリ

右田地者、谷東南坊数十年知行無相違私領也、」雖然依有要用、直銭陸貫文ニ、限永代革嶋」新五郎殿泰宣ニ、本券四通并本所西芳寺折紙等」相副、売渡申処実正也、本役ハ本券文ニ見タリ、」此外ニ万雑公事無之、然上者、更以不可有他妨者也、」若号弟子同法等、違乱煩

花押339（乗円坊快晴）

申輩出来在之者、」於　公方盗人ノ罪科ニ可被処者也、仍為後日」売券之状如件、

明応八年己未五月三日

谷東南坊住持　豪晴（花押）338

証明　乗円坊　快晴（花押）339

七三三　山城国東寺領注進状（を函三六九号）

当国東寺領所々散在事

一　紀伊郡　女御田散在

同郡　拝師庄散在

同郡内　散在名田畠有之

一　葛野郡　植松庄

同郡　上野庄本庄并散在

同郡　散在名田畠有之

一　乙訓郡　久世上下庄

同郡　散在名田畠有之

一　愛宕郡　　　柳原〔寂勝光院敷地〕
同郡　　　散在名田畠敷地等
右大概注進如件、
明応八年七月　　日　　聡快（花押）246
聡秀（花押）315

七三四　山城国東寺領注進状案（を函三七〇号）

○この文書は、前号（を函三六九号）の案文なので省略する。

七三五　室町幕府奉行人連署奉書（折紙）（ト函一四五号）

（折紙端裏書）
「かミの」
内裏御近辺堀」普請事、来廿日」已前、可致其沙汰、」於難渋者、可被処」罪科之状如件、

花押340（松田頼亮）

明応八
八月十六日　（松田）頼亮（花押）340
　　　　　　（飯尾）元行（花押）306

上野沙汰人中

七三六　室町幕府奉行人連署奉書　（高山寺所蔵東寺文書）

東寺領山城国久世上下庄・上野・」拝師・植松・八条院町拾参ヶ所以下」所〻散在、当寺
境内等　禁裏」御普請事、任度〻証文之旨、被免」除訖、早令存知其段、可被専御祈禱」
由、所被仰下也、仍執達如件、

明応八年九月三日　（飯尾清房）加賀前司（花押）305
　　　　　　　　　（飯尾元行）大和守（花押）306
　　　　　　　　　（松田頼亮）豊前守（花押）340

東寺雑掌

花押341（寒川家光）

花押342（石原利助）

花押343（大藪国豊）

花押344（石原貞宗）

七三七　寒川家光等連署折紙（折紙）（つ函五号(二)）

就河州御執相之儀」当所内寺社本所領」半済事、自御屋形様」為兵粮料被成　御奉書、」被
仰付訖、然上者、来」十日以前、可有納所之、」若於御無沙汰者、可致」譴責候、御下知安（案）文」
相副申候へく候、仍状如件、

（明応八年）十月一日

寒河太郎三郎 家光（花押）341
石原次郎左衛門尉 利助（花押）342
大藪左近将監 国豊（花押）343
石原雅楽助 貞宗（花押）344

上野庄
名主沙汰人御中

七三八　室町幕府奉行人連署奉書案（折紙）（リ函二二八号）

東寺八幡宮領城州」久世上下庄、同寺領植松・」上野・拝師・女御田・院町・」柳原并所
々散在田地等事、」今度号下知、西岡中脈」被官人等、寄事於左右、年□（貢カ）」可半済云々、事

実者言語」道断次第也、所詮早任奉書」旨、退彼等妨、如先々厳密」被致成敗、可被全当寺」雑掌所務之由、被仰出候也、」仍執達如件、

明応八
十月十四日　清房（飯尾）（花押）305
　　　　　　元行（飯尾）（花押）306

右京兆代（細川政元）

○この文書の二人の奉行人の花押は墨抹されている。

七三九　室町幕府奉行人連署奉書案（折紙）（を函三七四号）

東寺八幡宮領城州」久世上下庄并上野・植松・」拝師・女御田・院町・柳原」以下所々散在田地等事、」今度号下知、西岡中」脈被官人等、寄事於」左右、可半済云々、言語道断」次第也、所詮早任奉書之」旨、退彼等妨、厳密被」致成敗、可被全彼雑掌」所務之由、被仰出候也、仍」執達如件、

明応八
十月十四日　清房（飯尾）　判

元行（飯尾）　判

右京兆代（細川政元）

七四〇　室町幕府奉行人連署奉書（折紙）（チ函一四七号）

□□（東寺）雑掌申当寺領」城州久世上下庄・植松・上野・」拝師・女御田・院町・柳原」并所々
散在田地等事、今」□（度）号右京兆下知、西岡」中脈被官中、寄事於左」右、年貢可半済云々、
事実」者言語道断次第也、所詮」□（早）任奉書之旨、退彼等妨、」年貢諸公事以下、如先々」厳
密可沙汰渡当寺」雑掌、若猶許容押領」人致緩怠者、可被処厳」科之由、被仰出候也、仍
執達」如件、

明応八
十月十四日　清房（飯尾）（花押）305
元行（飯尾）（花押）306

当所名主沙汰人中

○この文書の不明のところは、次号（ミ函一五六号）の案文で補った。

七四一　室町幕府奉行人連署奉書案（折紙）（ミ函一五六号）

○この文書は、前号（チ函一四七号）の案文なので省略する。

七四二　光明講方年貢算用状（ゐ函一四六号）

（端裏書）
「光明講方年貢算用状　明応八己未分　同九年庚申□月十三日　勘定早」

注進　光明講御方御算用状之事

合　明応八年己未分

上野庄

壱段六十部　分米壱石四斗皆捨　太郎三郎　次郎太郎

（中略）

已上九百十三文内

二百文　　給分
残七百十三文　進之
右御算用状如件、
明応九年二月十二日　　乗慶（花押）314

七四三　室町幕府奉行人連署奉書案（折紙）（二函一二二号）

東寺○八幡宮領城州久世」上下庄并上野・植松・」拝師・女御田・院町・柳原」以下所々散在田地等事、」号下知西岡中脈被官」人等、寄事於左右、可」半済段相触候条、去年」被成奉書之処、未休云々、」太不可然、所詮早退彼」等妨、任上裁堅可被致」成敗之由、被仰出候也、仍」執達如件、

明応九
四月七日　　（飯尾）清房判
（松田）長秀判

（細川政元）右京兆代

七四四　山城国半済文書案（折紙）（を函三八〇号）

⑴（赤沢宗益）奉書案（折紙）

東寺八幡宮領城州」久世上下庄并上野・植松・」拝師・女御田・院町・柳原」以下所々散在田地等」半済事、去年十月」十四日、任　公方御下知」之旨、被免除早、」然上者、如先々年貢・」諸公事物以下、可致」寺納、万一有違犯之」族者、可被処厳科」之由候也、仍執達如件、

明応九
六月一日

当方御被官中

⑵（赤沢宗益）奉書案（折紙）

東寺八幡宮領城州」久世上下庄并上野・植松・」拝師・女御田・院町・柳原」以下所々散在田地等」半済事、去年十月十四日」任　公方御下知之旨、」被免除早、万一背」此旨、有難渋之輩者、」可被注進交名、然上者、」如先々被全知行、」弥。（可被専）天下安全可被専」御祈禱之由候也、仍執達」如件、

（明応九年）
六月一日

当寺雑掌

〇この文書の⑴・⑵は、それぞれ折紙の両面に書かれている。

花押345（赤沢宗益）

七四五　赤沢宗益書状（折紙）（い函一一一号）

当寺八幡宮領城州」久世上下庄并上野・」植松・拝師・女御田・院町・」柳原以下所〻散在田」地等半済事、去年以来」為　公方被成免除之御」下知上者、速寺家」代官如前〻、可専所務」之由、御意ニ候条、其分」可存知之由、彼所名主百」性等、可被相触候、恐〻」謹言、

（明応九年）九月十六日　沢蔵軒宗益（花押345）

東寺雑掌

○この文書は、年紀を欠くが、前号（を函三八〇号）に関する書状と推定されるので、明応九年のものとした。

七四六　細川政元奉行人斎藤元右奉書（折紙）（つ函五号㈤）

東寺同八幡宮領」山城国久世上下庄・」上野・植松・拝師・女」御田・院町・柳原・巷」所・寺辺境内以下」并所〻散在田地等半」済事、去年当年及」度〻、被成公方御下知之」

花押346（斎藤元右）

上者、半済臨時課役等」被免除条、可被全寺務、」若有違乱之族者、可被処」罪科之由候
也、仍執達如件、

明応九
十月十四日　　　元右（斎藤）（花押）346

当寺雑掌

七四七　細川政元奉行人斎藤元右奉書（折紙）　（い函四八号）

東寺雑掌申城」州久世上下庄・上野・」植松・拝師・女御田・院」町・柳原・巷所・寺辺」
境内以下所々散在田」地等半済事、去年当」年及度々、被成公方」御下知上者、臨時課役」
半済等被免除了、然早」年貢諸公事物、如先々」可令全寺納、若又有」難渋之族者、可被
処罪」科之由候也、仍執達如件、

明応九
十月十四日　　　元右（斎藤）（花押）346

当所名主百姓中

七四八　光明講方年貢算用状　（レ函一三九号）

（端裏書）
「光明講方年貢散用状明応九庚申分 同十年辛酉二月十九日 勘定訖」

注進　光明講御方算用状之事

合　　明応九年分庚申

上野庄　壱段六十部　分米壱石四斗内

大　八斗内　六升　梅宮并松尾井料　　左衛門太郎

二斗六升　当免

以上　三斗二升引之

現納　四斗八升

半　六斗内　四升　同　井料　　次郎太郎

一斗六升　当免

以上　弐斗引之

現納　四斗

合　捌斗八升　　此升一斗八下行一斗八合二延

下行延　九斗伍升四夕

（中略）

已上壱貫四百六十文内
弐百文　　給分
残　壱貫弐百六十文　　進之
右御算用状如件、
明応十年正月廿九日　乗慶（花押）314

七四九　上桂庄内検帳（折紙仮綴）（メ函二七四号）

上野庄内検帳之事
文亀元年辛酉分
一　西代
大内　半荒　惣庄
大内　小荒　彦三郎
大内《コシマ》　五十歩荒　念阿ミ
一反小内　大荒　地蔵田
二反小内　三百歩荒　大郎三郎

二反内　小荒　二郎大郎
大将宮角
大　皆川成　念阿ミ
同所
一反　皆川　大郎三郎
藪下
一反　皆川　兵衛三郎跡
以上五段小五十歩

一　同庄向頬稲田分
二反内　小荒　弥九郎
二反内　一段荒　彦三郎
壱段小』

一　光明講田并若衆御方
□□（半内カ）　小卌歩荒　次郎大郎
大内　半荒　左衛門大郎
若衆方
一反内　小荒　弥三郎
弥五郎子
北ノ御所
一反　半十歩荒　弥九郎
以上壱段大四十歩

一　同□□□時分
一反小内　一反荒　大郎三郎

一反　皆川　同
一反小内　小荒　弥九郎
一反内　六十歩荒　大郎三郎
一反八十歩内　五十歩荒　彦三郎
半内　廿歩荒　同作
三百歩　皆荒　彦六作　大郎三郎
以上三段半十歩
合壱町弐段四十歩
一　五段　仮屋』
以上壱町七段四十歩
分米拾石弐斗七升七合
一斗　桂舟賃
都合拾石参斗七升七合
一　東代
一町七反半　本田　中野跡
一町二反八十歩　新開　同作
已上弐町九反大廿歩

花押347（聡賢）

花押348（増秀）

花押349（浄成）

文亀元年辛酉
八月十九日
皆川成

納所 聡賢（花押347）
御代管納所 乗慶（花押314）
夏衆奉行代 増秀（花押348）
公文所 浄成（花押349）
御代管 聡秀（花押315）

七五〇 光明講方年貢算用状 （レ函二四三号）

（端裏書）「光明講方年貢算用状文亀弐年分 同参年二月九日 勘定早」

注進 光明講御方御算用状之事

合 文亀弐年壬戌分

上野庄 一段六十部 分米 壱石四斗内
大八斗内 六升 梅宮并松尾井料
三斗 当免 左衛門太郎

以上三斗六升引之

現納四斗四升

半六斗内　四升　同　井料

二斗　当免　次郎太郎

以上弐斗四升引之

現納　三斗六升

合　八斗　此升一斗八
下行一斗八合ニ延

下行延　八斗六升四合

（中略）

以上九百二文内 卅六文 〃

二百文　給分

残　七百二文 卅六文 〃　進之

卅四文　庫未進

右御算用状如件、　乗慶（花押）314

文亀三年二月七日

七五一　東寺領諸庄園并寺官等請文出納日記（袋綴）（あ函四八号）

諸請文目録 諸庄園并寺官等 長禄弐年戊寅

一　十八口方請文等　一結

一　聖請文等　一結

一　上野　給主請文等　一結

一　同庄　玄雅寺崎請文 奉書副進之 但奉書正文上野箱納入　一紙

一　同庄　両代官乗観乗円請文　一結

一　同庄　梅宮別当并玄雅以下請文　一結

一　同庄　長国寺請文

一　垂水庄代官請文　一結

一　上野庄西芳寺請文

一　矢野庄供学代官并田所請文

一　三村庄代官川井請文等

一　其国寺付仏事田請文

（以下上桂庄関係のみを記載する）

一　上野薮□□□□□請文　一通　同日

一　上野庄宍畠　越後法橋請文　一通納之

一　上野庄給主職請文　一通納之長禄四 十二 廿七

一　上野庄千代原百姓請文　一通納之寛正二 五 十七

一　就上野庄并女御田乗観請文一通亦折紙一
納之旱　寛正二 七 卅

一　上野庄□□□原百□梅津僧 応仁二 十一 廿七　請文　同日

一　上野庄給主請文一結　六通出之
延徳三年十二月十五日　成印（花押）330
慶清（花押）332
納之　此外今度融盛請文納之　同十二月晦
覚永（花押）247
公遍（花押）298

一　上野代官納所乗慶請文一通納是
明応三年三月廿六日　成印（花押）330

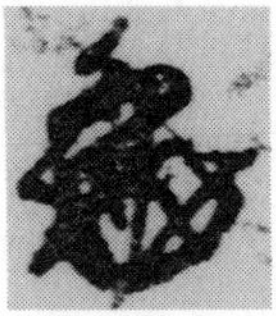
花押350（真海）

真海（花押）350

一　㝡勝光院公文請文一通□□□□
一　上野庄一方代官上野浄寿請文一通
一　金堂預幸千代請文一通
一　食堂預幸夜叉請文一通
一　植松庄代官乗泉請文一通
一　院町代官浄請文一通円

已上六通納之了

文亀三年癸亥十二月廿九日　□□（花押）

□□（花押）

七五二　左衛門太郎屋敷年貢請文（尊経閣古文書纂編年文書三四三）

（端裏書）「上野屋敷請状」

請乞申　上野庄内兵衛太郎屋敷之事

合壱所者

略押351（左衛門太郎二）

右御屋敷之御年貢米、雖為五斗内」壱斗分、依侘事申御免候、定米四斗」毎年可納申、万一無沙汰仕候ハヽ」此屋敷を被召放可申、其時一言子細」申万敷候、仍而為後日請乞状如件、

永正元元《ヒ》年甲子三月廿一日

作人
左衛門太郎（略押）351

七五三　光明講方年貢算用状　（レ函二四八号）

（端裏書）
「光明講方年貢算用状永正元甲子年分
同弐二月十七日　勘定了」

注進　光明講御算用状之事

合　永正元甲子年分

上野庄　壱段六十歩　分米　壱石四斗内

大　八斗内　九升　梅宮并松尾井料

三斗七升　当免

左衛門太郎

現納　三斗四升

半　六斗内　七升　同　井料

次郎太郎

二斗四升　当免

現納　二斗九升

合　六斗三升

下行成　六斗八升四夕　此升一斗八下行一斗八合

（中略）

以上　壱貫十文内

二百文　御給分

残　八百十文　進之

右御算用状如件、

永正二年二月十三日　乗慶（花押）314

○この文書の紙継目裏に、宝菩提院俊雄の花押352がある。

花押352（俊雄）

七五四　光明講方年貢算用状　（ゑ函一五〇号）

（端裏書）
「光明講方年貢算用状 永正二年乙丑分 同参年丙寅二月十七日 勘定早」

注進　光明講御方御算用状之事

上野庄
合　永正弐乙丑年分

壱段六十歩内　庄升定

大　分米八斗内　梅宮并松尾井料

当免　子丑半済方等　左衛門太郎

出之間一円ニ無之候由申

半　分米六斗内　同前無之候由申　次郎太郎

（中略）

以上　四百四十五文内

除　二百文　給分

残　二百四十五文　進之

右、御算用状如件、

花押353（祐源）

永正参年二月十六日　　宗永（乗慶）（花押）314

○この文書の紙継目裏に、宝厳院祐源の花押353がある。

七五五　東寺領山城国近年押領所々注文　（チ函一四九号）

（端裏書）
「飯尾賀州方へ遣治定□永正三三　廿□」

東寺領山城国中近年押領所事

一　上久世庄之内、公文名之本所分事、
　近年波々伯部源次郎押領、
一　竹田庄之内、拝師并女御田散在田地之事、
　自永正元年藤宰相家押領、
一　鳥羽庄之内、拝師并女御田散在田地土貢之」内、号八幡御燈料之段銭、毎年盗取事、
一　神泉苑築垣并犬走事、
　近年淡路彦四郎殿押領　此一ヶ所者依賀州意見免除之了無謂事也

一　此外当国之寺領、久世上下庄・植松庄・上野庄・」院町・柳原等、此外所々散在○名田畠并境内
以下、悉」従去々年、香西又六半済押領之事、
已上
永正三年三月十六日
当寺雑掌
鎮宗（花押354）
同
浄寿（花押355）

花押354（鎮宗）

花押355（浄寿）

七五六　光明講方年貢算用状　（レ函二五四号）

（端裏書）
「光明講方年貢算用状 永正参丙寅年分 同四年丁卯二月十八日　勘定了」

注進　光明講御方御算用状之事

合　永正参丙寅年

一上野庄　壱反六十歩内
大　八斗　庄斗定　梅宮　松尾井料引之
○残ハ国方給人一円取之由申
左衛門太郎

花押356（杲琛）

●半　六斗　同前　　同

（中略）

以上　四百一文内

弐百文　　　　給分

定残　二百一文　　進之

右御算用状如件、

永正四年二月十八日　宗永（乗慶）（花押314）

○この文書の紙継目裏に、金勝院杲琛の花押356がある。

七五七　革嶋泰宣知行目録　（革嶋家文書）

（裏打紙端裏書）
「肥前守泰宣知行并所々散在之分目録自筆判」
（端裏書一）
「肥前守」
（端裏書二）
「泰宣知行一紙目録自筆」

革嶋泰宣知行目録之事

一　城州革嶋庄地頭職同下司職同南北庄内買得田地之事

一　同所高野田御代官職之事

城州所ゝ散在買得之事

一　岡庄内

一　広野陵庄内

一　下津林庄内

一　上野庄内

一　桂上下庄内并朝原庄内

一　下山田西庄内

一　寺戸庄内

一　土川白井庄内

一　上野庄内

一　泉乗寺村内

一　西七条内

一　外畑庄内

一　丹波国桑田郡中畑内

一　同国田能村内

以上

永正四年丁卯二月吉日　　　泰宣（革嶋）（花押）334

七五八　光明講方年貢算用状　（レ函二五六号）

（端裏書）「光明講方年貢算用状 永正四丁卯年分 同五年戊辰二月十九日 勘定早」

注進　光明講方御算用状之事

合　　永正四丁卯年分

一　上野庄　一反六十歩之内

大　八斗　庄斗定　　左衛門太郎

半　六斗　同斗　　次郎太郎

以上　一石四斗内

一斗五升五合　梅宮并松尾井料

三斗八升　当免

以上　五斗三升五合引之

残八斗六升五合内

四斗三升二合　半済

現納　四斗三升三合

下行　四斗六升七合四夕　此升一斗八下行一斗八合

（中略）

都合　五百五十七文内

二百文　御給分

定残　三百五十七文　進之

右御算用状如件、

永正五年二月　日　宗永（花押）314

○この文書の紙継目裏に、宝厳院祐源の花押353がある。

七五九　山城国東寺領所々散在注進状　（オ函一九九号）

当国東寺領所〻散在事
一　紀伊郡　　女御田散在
　　同郡　　拝師庄散在
　　同郡内　散在名田畠有之
一　葛野郡　植松庄
　　同郡　　上野庄本庄并散在
　　同郡　　散在名田畠有之
一　乙訓郡　久世上下庄
　　同郡　　散在名田畠有之
一　愛宕郡　柳原寂勝光院敷地
　　同郡　　散在名田畠敷地等
右大概注進如件、
　永正五年十一月　日　雑掌(宗)　鎮秀（花押）354
　　　　　　　　　　　同　　　　浄寿（花押）355

花押357（松田英致）

○この文書の裏中央下よりに、室町幕府奉行人松田英致の花押357がある。

七六〇　山城国東寺領所々散在注進状案（リ函二四〇号）

○この文書は、前号（オ函一九九号）と同文なので省略する。

○この文書は、前号（オ函一九九号）と同筆で花押も据えられているが松田英致の裏花押がない。

七六一　光明講方年貢算用状（レ函二五七号）

（端裏書）
「光明講方年貢算用状 永正五戊辰年分 同六己巳年二月廿日　勘定𠦄」

注進　光明講御方御算用状事

永正五戊辰年分

合

上野庄　壱段六十歩之内
大　八斗　庄斗定　　左衛門太郎
半　六斗　同斗　　二郎太郎
以上　一石四斗内
一斗七升　　梅宮松尾井料
三斗二升　　当免
以上　四斗九升　引之
現納　九斗一升　　此升ハ下行一斗八合延
下行　九斗八升二合八夕

（中略）

都合　一貫七十五文内
二百文　　給分
残　八百七十五文　進之
右御算用状如件、
永正六年二月廿日　　宗永（花押）314

○　この文書の紙継目裏に、金勝院杲琛の花押356がある。

七六二　光明講方年貢算用状　（ゐ函一五六号）

（端裏書）
「光明講方年貢算用状 永正六年己巳分 同七年庚午二月廿日　勘定早」

注進　光明講御算用状事

　合　永正六己巳年分

上野庄

大　八斗　左衛門大郎

半　六斗　次郎大郎

　以上　一石四斗内

同所

一斗八升　梅宮并松尾井料

三斗四升五合　当免

　以上　五斗二升五合

現納　八斗七升五合　此一斗八下行一斗八合延

下行成　九斗四升五合

（中略）

都合　一貫二百七十八文内

二百文　給分

定残　一貫七十八文　進之

右御算用状如件、

永正七年二月十九日　宗永（花押）314

○この文書の紙継目裏に、宝厳院祐源353の花押がある。

七六三　光明講方年貢算用状　（レ函二五九号）

（端裏書）
「光明講方年貢算用状 永正七年庚午分 同八年二月廿日 勘定了」

注進　光明講方御算用状事

　合　　　　　　　永正七庚午年分

上野庄
大　庄斗定分米　八斗　　　左衛門大郎
同
半　同　分米　六斗　　　次良大郎

　　以上　壱石四斗内

　一斗八升　梅宮并松尾井料

　三斗四升五合　当免

　以上　五斗二升五合　引之

現納　八斗七升五合

下行　九斗四升五合　此一斗八下行　一斗八合延

（中略）

　　都合　一貫四百五十三文内

二百文　　　　　給分

定残　一貫二百五十三文　進之

右御算用状如件、

永正八年二月十六日　　　宗永（花押）314

○この文書の紙継目裏に、宝菩提院俊雄の花押352がある。

七六四　次郎左衛門田地売券

（国立歴史民俗博物館所蔵田中教忠氏旧蔵文書）

（端裏書）「上桂次郎左衛門うりけん」

永代売渡申田地事

合参段者　在山城国葛野郡上桂東庄内 字号北垣内 四至 東限類地　西限類地　南限類地　北限土居

右田地者、上桂次郎左衛門先祖相伝無相違」私領也、雖然依有要用、直銭捌貫文仁」革嶋勘解由左衛門尉泰宣仁売渡申処」実正也、但本所者、東庄江自参段内庄之斗仁」壱石五斗六升九合并夫銭壱貫百文納之、同草代」弐百十六文四月晦日仁納之、三宮殿年頭銭」百五十文、九ヶ年仁一度東庄政所へ納之、此外者」聊無万雑公事、此方御徳分拾合枡壱石」五斗納所可申候、然間証文等相副可進之処、去」文明年中一乱ニ失却候間、此以売券一通」売渡申者也、更不可有他妨候、若号子ゝ孫ゝ、支証」違乱煩申輩出来在之者、於　公方可被処盗人之」罪科者也、仍為後日売券状如件、

花押358（次郎左衛門）

花押359（四郎左衛門）

永正八辛未年四月十一日

売主次郎左衛門（花押358）

請人四郎左衛門（花押359）

七六五　敬実興俊上桂庄一方代官職条々請文（ヱ函二五一号）

（端裏書）
「上野庄代官　敬実法師請文永正九 三 十二」

謹請申

東寺領山城国上桂上野庄御代官職事

一　為寺恩被補御代官職上者、背寺命毎事」不可有自由緩怠之儀事、

一　毎年御年貢米并地子・藁・糠・人夫等、不過其」時分可令寺納事、

一　有新開田地之時者、上使申下、可有御検知事、

一　新開田畠等興行之時、雖為段歩令出現者、無」隠密之儀、相当御年貢等、必可執沙汰申事、

一　就御年貢以下、両人之内、雖為無沙汰、為今一人可弁」申事、

一　御年貢并公事物等、悉惣御倉可納申、若号」少分、於私在所令収納者、堅可預御罪科事、

花押360（興俊）

一　損免事、仮令名主百姓等雖申、一切不可執次申事、

一　算用之世諦、為両代官、毎年五百文進之内、半」分弐百五十文、可致其沙汰事、

右条々、雖為一事、万一令違背者、不日可有改」易御代官職、其時一言不可申子細者也、若此旨」偽申者、鎮守八幡大菩薩・稲荷五社并大師三宝伽藍護」法等、御罰可罷蒙者也、仍謹請文之状如件、

永正九年三月十二日　興俊《敬実》（花押）360

七六六　（西院文庫）文書出納日記抄　（さ函一二六号）

仏事方請文二通敬法浄円

両納所請文二通有之円秀慶一

上野庄請文一通敬実寄進田下箱入之、

右五通納之、

花押361（宝祐）

永正九年壬申卯月朔日　俊雄（花押）352

宝祐（花押）361

七六七　上桂庄内検帳（折紙）（ヌ函二三七号）

上野庄内検帳之事

合　永正九壬申年分

西代

大　皆捨　惣庄

大内　五十歩捨　兵衛

大内　小捨　念阿ミ

一段小内　一段捨　地蔵田

二段内　大捨　次郎大郎

二段小内　一段大捨　大郎三郎

以上四段小五十歩

分米二石六斗八升四合

大将軍
大　　皆川成　　念阿ミ
一段　　皆川成　　大郎三郎
一段　　皆川成　　兵衛三郎
以上二段大
分米二石六斗』

同庄向西稲田分
二段内　　一段捨　　弥九郎
一　光明講田并若衆御方
半　　皆捨　　次郎大郎
大　　同　　左衛門五郎
一段内　　六十歩捨　　弥三郎
一段内　　半卅歩捨　　弥九郎
以上二段三百卅歩
分米一石七斗五升
一　同庄新川成

大荒堀
一段小　皆川成　二郎大郎
一段内　大川成　大郎三郎
一段内　大川成　同作
三百歩　皆川成　大郎三郎
二段　新川成　彦兵衛』
一段　同川成　弥九郎
大　同　二郎大郎
一段小　皆川　弥九郎
大　皆川成　二郎大郎
堀免
一段小内　六十歩捨　弥九郎
半　捨　弥四郎
同
六十歩　丶　次郎大郎
五段　仮屋
一斗　桂舟渡

以上弐町五段八十歩
分米拾伍石壱斗三升四合
永正九年九月廿日

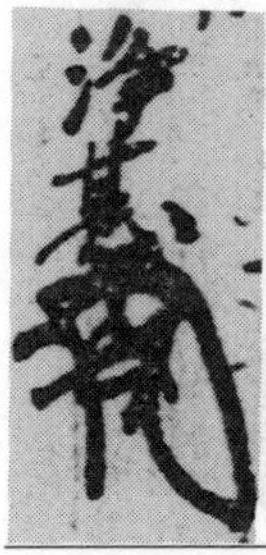
花押362（浄甚）

花押363（祐慶）

花押364（宗賢）

花押365（有馬秀侍者）

納所　浄甚（花押）362
納所　祐慶（花押）363
御代官　興俊（花押）360』
夏衆奉行　宗賢（花押）364
御代官　浄寿（花押）355
公文所　浄成（花押）349

七六八　正幢院住持周琛田地売券（革嶋家文書）

（端裏書）
「売券正幢院名 永正九年十月　日 買徳周琛ヨリ」

（有馬秀侍者）
（花押）365

永代売渡申田地之事
合七段半者 在山城州葛野郡□（谷）上桂□□（散） 目録別紙在之 号正幢院名
右田地者、正幢院住持周琛先祖相伝無」相違領知也、雖然依有要用、直銭拾五」貫仁証文等并目録相副、革嶋勘解左（マヽ）衛門尉」泰宣江売渡申処実正也、但本所雖為」桂東庄、以下地六段半、本役諸公事於致」沙汰、相残七段余者無諸役、当知行無相」違地也、然本証文等者、嵯峨三会院江預ケ」置処、寺家炎上之時依令失却、文明」年中安堵之御下知お申給、同手継之案文相副、此」売券仁寺僧有馬秀侍者加袖判、売渡申上者、聊」不可有相違候、猶以自然号弟子法券、大違乱申輩出来」在之者、於　公方可被処盗人之罪科者也、仍為後日売」券状如件、

永正九壬申年十月廿一日　　周琛（花押）366

花押366（正憧院周琛）

七六九　上桂庄重内検帳（折紙仮綴）（た函一三五号）

上野庄重内検帳事

合　永正九壬申年

一段八十歩内　半捨　三斗　次郎大郎（ママ、以下同じ）

大廿歩内　捨一斗四升　左衛門三郎

小内　捨六升七合　小大郎

一段内　五升捨　弥三郎

一段小内　捨六升五合　念阿ミ

三百卌歩内　捨六升五合　弥四郎
一段内　捨五升　左衛門五郎
小内　捨七升　衛門次郎
小内　捨一斗　弥次郎
一段内　捨三斗二升　次郎大郎」
大内　捨一斗　弥次郎
半内　捨五升　小大郎
半卌歩内　捨一斗一升六合　彦兵衛
一段内　捨三斗　大郎衛門
大内　捨七升　与三郎
一段内　捨一斗五升　弥四郎
半内　捨一斗五升　大郎衛門
一段内　捨一斗　九郎衛門
一段内　捨五升　大郎五郎
一段内　捨一斗五升　三郎次郎
一段内　捨三斗　大郎衛門
一段内　捨一斗　次郎三郎」

一段内　捨二斗五升　彦兵衛
一段内　捨一斗二升　左衛門三郎
一段内　捨一斗二升　衛門次郎
一段内　捨一斗二升　与大郎
一段内　捨一斗　九郎衛門
二段内　捨五斗　彦兵衛
半　皆捨　小大郎
革島分
一段小内　捨二斗七升　与三郎
一段内　捨一斗五升　左衛門五郎
五斗　仮屋

以上五石二斗九升三合

田数　八段三百歩

永正九年十月廿六日

納所　浄甚（花押）362
納所　祐慶（花押）363』
御代官　興俊（花押）360
夏衆奉行　宗賢（花押）364
御代官　浄寿（花押）355

公文所
浄成（花押）349

〇　この文書には、仮綴をした紐が残っている。

七七〇　光明講方年貢算用状（ゐ函一六〇号）

（端裏書）
「光明講方年貢算用状 永正十九年分 同十ゝ二月十八日 勘定了」

注進　光明講御方御算用状事

合　永正九壬申年分

上野庄一段六十歩
大　八斗庄斗定　弥四郎

半　六斗　次郎太郎

以上　一石四斗内

一斗九升　梅宮并松尾井料

三斗五升　当免

以上伍斗四升内

残八斗六升内

○庄未進

○一斗九升　弥四郎

○二斗　次郎太郎

以上三斗九升　永正十算用状出之

現納　四斗七升

下行成　伍斗七合六夕　此一斗八下行 一斗八合延

（中略）

都合　壱貫四百十五文内

弐百文　給分

定残　一貫二百十五文　進之

右御算用状如件、

永正拾年二月十七日　祐慶（花押）363

七七一　植松下司助衛門田地作職売券（宮内庁書陵部所蔵革嶋文書）

（端裏書）
「売券□植松下司助衛門」

永代売渡申田地之事

合半者在山城州葛野郡上桂庄植松之内 字号五尺之井ノ口也

四至 東アセヲ限　西類地ノアセヲ限　南ミソヲ限　北土居ヲ限　土居モ此内也

右田地者、植松下司助衛門先祖相伝無相」違私領也、雖然依有要用、直銭壱貫」五百文仁、革嶋勘解由左衛門尉泰宣江売」渡申処実正也、但本役者、谷之奥之堂」江植松之納枡定五斗納之、此外万雑」公事無之、此方徳分者、九合五夕之枡定」四斗、無旱水風損可有御知行候、為此」方作職之間、別証文無之候、此売券一」通可為肝要者也、若号子々孫々、違乱」煩申輩出来在之者、於　公方可」被処盗人之罪科者也、仍為後日」売券状如件、

永正十癸酉年三月廿二日

売主植松下司 助衛門（花押）367
請人上桂 四郎左衛門（花押）359
助衛門子 五郎太郎（花押）368

花押367（助衛門）

花押368（五郎太郎）

七七二　鳥居橋基宗田地売券　（尊経閣古文書纂編年雑纂二一三―一五）

（端裏書）
「コモフチ南ノ田売券
上野太郎右衛門口入」

永代売渡申田地之事

合壱段者在山城州葛野郡上桂庄内 字号鷹淵之南藤木之下也

四至限東本所公事田　西地蔵田　南溝　北円願寺田

合小者在所同前 字号鷹淵西新免之内

四至限東類地　西随求坊田　南類地　北類地

右田地者、鳥居橋平五郎基宗買得相伝当知行」無相違地也、雖然依有要用、直銭五貫五百文」仁手継証文等相副、革嶋勘解由左衛門尉泰宣江」売渡申処実正也、但本役者九合五夕枡定六斗」谷観行坊江納之、此外無万雑公事、加地子徳分者、」拾合舛定八斗也、又小者本所新免枡定仁麦三」升四合納之、此外無万雑公事、加地子徳分者、拾」合舛定参斗也、若号子々孫々、違乱煩申輩」出来在之者、於　公方可被処盗人之罪科者」也、仍為後日売券状如件、

永正十癸酉年四月晦日

売主鳥居橋平五郎
基宗（花押）369

請人上桂
四郎左衛門

花押369（鳥居橋基宗）

略押370（太郎衛門）

上野
太郎衛門（略押）370

○この文書は、前号（宮内庁書陵部所蔵革嶋文書）と同筆である。

七七三　光明講方年貢算用状（レ函二六三号）

（端裏書）
「光明講方年貢算用状　永正十癸酉年分
同十一年甲戌二月十八日　勘定了」

注進　光明講御方御算用状事

合　　永正拾癸酉年分

大　上野庄一反六十歩　八斗庄斗定　　弥四郎

半　　六斗　　次郎太郎

以上一石四斗内

二斗一升　梅宮并松尾井料　三斗五升　当免

以上　五斗六升　引之

残　八斗四升

請加　三斗九升　去年未進現納
以上　一石二斗三升内
庄未進
一斗九升　弥四郎　二斗　次郎太郎
以上　三斗九升　永正十一年甲戌算用状入之
現納　八斗四升　下行成　九斗七合二夕（此升一斗八下行一斗八合延）

（中略）

都合　壱貫百八十六文内
二百文　祐慶給
定残　九百八十六文　進之
右御算用状如件、
永正拾一年二月十八日　祐慶（花押）363

○　この文書の紙継目裏に、観智院真海の花押350がある。

編者略歴

一九二四年、三重県に生まれる。

京都大学文学部史学科（国史学専攻）卒業。京都府立総合資料館古文書課長・摂南大学教授などを経て、現在摂南大学名誉教授。文学博士。

著書—『京郊庄園村落の研究』（塙書房）、『戦乱と一揆』（講談社現代新書）、『東寺文書聚英』図版編・解説編（同朋舎出版）、『東寺・東寺文書の研究』（思文閣出版）等。

現住所—京都市北区平野八丁柳町三一—二

山城国上桂庄史料中巻

二〇〇〇年二月二〇日　初版印刷
二〇〇〇年二月二五日　初版発行

編　者　上島《うえじま》　有《たもつ》
発行者　大橋信夫
組版所　㈱東京コピイ
印刷所　株式会社平文社
製本所　渡辺製本株式会社

発行所　株式会社　**東京堂出版**
東京都千代田区神田錦町三—七（〒一〇一—〇〇五四）
電話〇三—三二三三—三七四一　振替〇〇一三〇—七—二七〇

ISBN4-490-20398-5 C3321
Printed in Japan